PEN PALS

Sexting, storie e sesso virtuali

All'amore e a Cupido

Rinaldo Pilla, Venafro, 14 Aprile 2012.

In Matthew 1:1-6 and Luke 3:31-34 131 of the New Testament, Jesus Christ is described as a member of the tribe of Judah by lineage.

And that's where Judaism and Christianity diverge to infinity. They killed their man, and we made it our God.

The School of Athens, Inc. is legally registered and effective with the Iowa Secretary of State since May 28, 2008, at 10:51 AM; Corporation number 36399 and U.S. Federal Employer Identification Number 26-2739417

America is the feminine noun of Amerigo Vespucci's Latin first name, Americus.

I love America!

America è il sostantivo femminile del nome latino di Amerigo Vespucci, Americus.

Amo l'America!

Indice:

1. JASMINE

14 LUGLIO, 2011

Rinaldo:
Grazie per avermi aggiunto.
Sei stupenda.

Jasmine:
Grazie!! ☺

Rinaldo:
Sei solare, fai bene alla salute!

Jasmine:
Ma ci conosciamo?

Rinaldo:
Penso proprio di no, cioè ciao sono
Aldo. Immagino di si adesso, più o
meno, ovviamente.

Jasmine:
Piacere! ☺

Rinaldo:
Tutto mio. Ma cosa fai su?

Jasmine:
Cosa?

Rinaldo:
Non so, mi pare di aver letto che vivi
su al nord. Novara leggo.. ma sei di
giù, Agrigento. Come ci sei finita su?

Jasmine:
Si sono trasferiti i miei per lavoro...

Rinaldo:
Ok

Jasmine:
☺ Tu?

Rinaldo:
Uhm.. Io sono tornato da quasi due
anni in Italia dopo averne passati 10
negli Stati Uniti. Ancora sotto shock
diciamo.

Jasmine:
Come sono gli Stati Uniti?

Rinaldo:
Bella domanda. Direi che è molto in
sintonia con ciò che dice la tua foto,
ossia che la bellezza sta negli occhi.

Jasmine:
Ah ok... ☺

Rinaldo:
Mi piacciono comunque. Tanto, ma
mi piace anche l'Italia a dire il vero se
non fosse per via della cultura degli
italiani però.

Jasmine:
Va beh... ☺

Rinaldo:
Tu sei ancora a scuola vero?

Jasmine:
A settembre farò il 4°

Rinaldo:
Brava, cosa studi?

Jasmine:
Moda…

Rinaldo:
Sembri molto più grande dalle foto

Jasmine:
Grazie! ☺

Rinaldo:
Figurati è vero, fai girar la testa molto facilmente.

Jasmine:
Tienila ferma... ☺ Ma tu quanti anni hai?^??

Rinaldo:
☺ Non esisto neppure.

Jasmine:
???

Rinaldo:
Ma ti sembra una cosa bella chiedere, l'età?

Jasmine:
Ai maschi si può chiedere... ☺

Rinaldo:
Diciamo che ho vissuto un po' più di te. Ah ecco, quella cosa quando vi conviene..

Jasmine:
Va beh... da quanto vivi?

Rinaldo:
Da qualche secolo? Sai qual'è l'organismo più longevo sul pianeta?

Jasmine:
No...

Rinaldo:
Matusalemme è un albero di 4843 anni.. quindi diciamo che a confronto non ho neppure ancora cominciato la pubertà. Da Wikipedia, Matusalemme (albero):

Matusalemme è il nome di un pino dai coni setolosi (bristlecone pine) della specie Pinus longaeva che si trova nelle White Mountains della California, nella contea di Inyo. La sua germinazione è stata stimata al 2832 a.C., per cui la sua età attuale (2011) è di 4.843 anni.

Questo ne fa il più vecchio albero, e anche il più vecchio organismo vivente non appartenente ad un genet, cioè ad una colonia clonata.

L'albero prende il nome dal patriarca Matusalemme, che visse secondo la Bibbia 969 anni. Si trova ad una quota di 2900-3000 metri nella "Forest of Ancients" delle White Mountains, in una zona chiamata Methuselah Grove, poco distante dal confine col Nevada. È alto 8-9 metri, e la sua esatta ubicazione non è stata resa nota per precauzione contro possibili vandalismi.

Un esemplare ancora più vecchio, chiamato Prometeo, aveva 4.844 anni quando fu abbattuto nel 1964.

Nella stessa zona esiste anche un esemplare morto di pino bristlecone, ma ancora in piedi grazie alla sua resina, la cui età è stimata in circa 10.000 anni.

Jasmine:
Ma ti fai di matusalemme? ☺

Rinaldo:
Magari! No, è solo l'esperienza che insegna. Sono al naturale, giuro.

Jasmine:
Ma dove hai studiato?

Rinaldo:
Un po' in Italia e tanto all'estero.

Jasmine:
Quindi? Quanti anni hai?

Rinaldo:
Non te lo dico perché tanto potrebbe non essere vero. Del tipo, anche tu potresti solo non dire la verità sulla tua età o no? Meglio non pensarci, tanto non sto facendo nulla di illegale quindi neppure nulla di male.

Jasmine:
Non c'è niente di male neanche di sapere la tua età.

Rinaldo:
Nessuno ti vieta di leggerla, poi però bisogna vedere se è vero..

Jasmine:
Va beh... ci sentiremo... devo andare.. ciao!

Rinaldo:
Ciao, è stato un piacere. Ah, il doppio di te comunque..

Jasmine:
Ah, ok ☺

15 LUGLIO

Rinaldo:
Beh, dal mio punto di vista è più che OK anche se non posso certamente provarci con te, almeno fino al giorno del tuo 18° compleanno perché a

differenza di Berlusconi non ho l'immunità!

Jasmine:
Ahahahah allora aspetta.. ☺

Rinaldo:
Cosa? Perché ne val la pena? Di aspettare dico.. la pena, sai.

Jasmine:
Certo che ne vale la pena!! ☺

Rinaldo:
Poi c'è sempre l'incognita che tu 18 anni in realtà già li abbia ma non lo dici solo per depistare.

Jasmine:
Ho 17 anni!!

Rinaldo:
Allora bisognerà solo vedere se ti ricorderai ancora di me quando ne avrei 18.

Jasmine:
Cominciamo a sentirci....

Rinaldo:
Mi pare che lo stiamo già facendo. Ma ti parlo solo come "mentor", nulla più.

Jasmine:
Meglio che niente.... ☺

Rinaldo:
Ci mancherebbe. I giovani sono a priori più intelligenti, anche se poi in molti ogni generazione finiscono a male, un po' come la moda che gira in

fondo sempre intorno le stesse cose e prima o poi tutto ritorna sempre.

Jasmine:
Ah ok... ☺

Rinaldo:
Hey do you study English? Can speak it? I am kind of a brain trainer in reality.

Jasmine:
Ah ok... but I don't speak very well English...

Rinaldo:
But it's important for the fashion business. Learn it well, it will be useful!

Jasmine:
I know... but I don't like it...

Rinaldo:
I know, I understand. It's difficult, especially for Italians. Many Italians choose not to learn it, but then they become subjects to the people who speak it.

Jasmine:
Ah ok... ☺

Rinaldo:
Yeah, do you get it? Nobody will take Italian away from you. You just have to add another language. Hey, but what's your name, Jasmine or Natasha?

Jasmine:
Jasmine! ☺

Rinaldo:
Is it English?

Jasmine:
I don't know...

Rinaldo:
Ok. Is it the same in Italian?

Jasmine:
This name I have given my parents. Yes..

Rinaldo:
..my parents gave (past) me this name. Do you mind if I help with your English?

Jasmine:
No, go ahead ... Indeed, thanks!

Rinaldo:
Good. I am bilingual, but I am not sure which language I prefer. It's kind of strange. Però pare che tu lo capisca abbastanza bene.

Jasmine:
Ascoltandolo non lo capisco bene... ma scritto si... ☺

Rinaldo:
That's a good start. I wonna go grab a bite, do you understand? I wonna go get something to eat basically, I'm hungry.

Jasmine:
Okay! Enjoy your meal!!

Rinaldo:
Thanks! Hey, just a quick question, are you on vacation now?

12

Jasmine:
Yes… and you?

Rinaldo:
Yeah, pretty much.

Jasmine:
Why?

Rinaldo:
Well, I teach English, but in reality I am an author, i write books. So, I am not teaching at the moment but I have been finishing up some of my work.

Jasmine:
Ah okay! ☺

Rinaldo:
Are you going anywhere this summer?

Jasmine:
Grotte (Agrigento)

Rinaldo:
Ok, cool. I like Sicily.

Jasmine:
Very well! ☺ I love Sicily! ☺

Rinaldo:
How long are you gonna be there?

Jasmine:
3 months...

Rinaldo:
3 months? Till October?

Jasmine:
No September .. I left in early June ..

Rinaldo:

Oh, so you're already there.

Jasmine:
Yes!! ☺

Rinaldo:
Do you like the sea?

Jasmine:
Yes!! xD

Rinaldo:
What do you do down there, do you have relatives?

Jasmine:
Yes.. there are my grandparents.

Rinaldo:
Have you got cousins?

Jasmine:
Exactly... 10 cousins.

Rinaldo:
Wahoo, you're not alone then!

Jasmine:
Je dois aller... aurevoir!!

Rinaldo:
Uhm..

Jasmine:
Francese...xD

Rinaldo:
Si, quello non tanto lo capisco. Me lo traduci tu o lo devo fare io? Traduco io.. Bye..

Jasmine:

13

Vuol dire.. devo andare arrivederci! xD*!!!

Rinaldo:
Si ho tradotto.. Grazie lo stesso comunque..

Jasmine:
Ah ok ☺

Rinaldo:
Tra l'altro non sono ancora andato a mangiare.

Jasmine:
Ahahahah di niente! ☺ Ahahahah ok ☺

Rinaldo:
Insomma Novara non ti manca per niente, eh!?

Jasmine:
Per ora proprio per niente...

Rinaldo:
☺ E meno male.

Jasmine:
☺ Eh si,..

Rinaldo:
Dai, ora hai pure un nuovo pen pal!

Jasmine:
Ahahahah it's true! ☺

Rinaldo:
Yeah! Dove preferisci vivere, giù o su?

Jasmine:
Vivere su ma le vacanze assolutamente giù...

Rinaldo:
Convinta!

Jasmine:
Sìì, perché?

Rinaldo:
Così. Vedo che tu usi bene gli accenti, anche coi perché.

Jasmine:
Eh sì...sono abbastanza erudita... ☺

Rinaldo:
Noto, com'è?

Jasmine:
Com'è cosa?

Rinaldo:
Come mai sei così erudita? Ti piace la cultura?

Jasmine:
Non più di tanto.. ma il mio dovere a quest'età è studiare...

Rinaldo:
Ah.. pensavo lo facessi non perché ti viene imposto.

Jasmine:
Dipende... se una cosa mi interessa approfondisco i miei studi... altrimenti le altre cose le studio superficialmente...

Rinaldo:
Ah certo. Ehi Jasmine, io vado a mangiare. Ciao!

Jasmine:
Ciao!! ☺

14

Rinaldo:
Ti ricordi ancora di me?

Jasmine:
Certo!!

Rinaldo:
Ehm, ok.. volevo solo controllare.

Jasmine:
Ahahahahah hai fatto bene! ☺

Rinaldo:
Perché? Non dirmi che ti sono mancato! In senso prettamente platonico, ovviamente.

Jasmine:
Ahahah non più di tanto...xD

Rinaldo:
Ma ti piace veramente chattare?

Jasmine:
Si... ☺

Rinaldo:
Da paura allora..

Jasmine:
Ma no... perchè? xD

Rinaldo:
Con l'accento sbagliato, com'è?

Jasmine:
Ho sbagliato a schiacciare un pulsante...

Rinaldo:
Da paura perché è bello. Tranqui!

Jasmine:

Ah ok.

Rinaldo:
Era per sfottere più che altro. Io manco ce l'ho il pulsante..

Jasmine:
Ahahahah.. ☺

Rinaldo:
Uso l'apostrofo per tutto. Sei stata al mare?

Jasmine:
Si... ☺

Rinaldo:
Ti credo che no ti sono mancato per niente! Ma non sei di carnagione un po' chiara? Non ti scotti?

Jasmine:
Metto la crema solare...

Rinaldo:
Regge tutto il giorno?

Jasmine:
Di solito la metto 3 o 4 volte...

Rinaldo:
Ok, quindi ti fai tre mesi di mare eh, brava la signorina!

Jasmine:
Grazie!! ☺

Rinaldo:
E per cosa? Beata te! Sei fortunatissima.

Jasmine:
Ahahahah lo so! ☺

Rinaldo:
Vivi l'età più bella!

Jasmine:
Ok. ☺

Rinaldo:
Non ci credi?

Jasmine:
Si che ci credo! ☺

Rinaldo:
Ok. Io scappo, grazie della chiacchierata. Buon proseguimento di serata.

Jasmine:
Grazie e altrettanto! ☺

Rinaldo:
Ciao e grazie!

Jasmine:
Ciaooo!!! ☺

18 LUGLIO

Rinaldo:
Comunque debbo confessarti di avere un debole per le bionde e non per provarci, ma solo per raccontarti di me, ovviamente.

Jasmine:
Ah ok... vai tranquillo! ☺

Rinaldo:
Beh allora vado, infatti va anche detto che le donne maturano prima degli uomini in genere a tal punto che si dice che gli uomini più longevi sono quelli che hanno a loro fianco una donna parecchio più giovane. Forse per questo Berlusconi punta alle tue coetanee. Io però non sono mica come lui!

Jasmine:
Lo spero bene! ☺

Rinaldo:
Va beh.. infatti è solo che poiché in Italia ci sono troppo poche bionde che mi piace chattare con te.

Jasmine:
Finché chattiamo va bene... ☺

Rinaldo:
Eh per forza, sei minorenne. Ti ho già detto che non ho l'immunità. E poi hai une bella mente.

Jasmine:
Ahahahahah

Rinaldo:
Quella intriga non poco. E bionda per giunta..

Jasmine:
Ahahahahahah, manca solo un anno poi sono maggiorenne! xD Non vedo l'ora di prendere la patente!

Rinaldo:
Poi mi vieni a trovare? ☺

Jasmine:
Certo! ☺

Rinaldo:
In Molise ci sei mai stata?

Jasmine:

16

Farò le vacanze.... no... purtroppo...

Rinaldo:
Debbo scappare, ci sentiamo dopo se sei ancora online. Ciao.

Jasmine:
Ciaoooo!! ☺

Rinaldo:
C'è anche un altro detto tra noi maschietti però riguardo le belle donne più giovani, ora che ci penso.

Jasmine:
Quale?

Rinaldo:
Uhm.. non sono sicuro di volertelo dire..

Jasmine:
Dimmelo!!! ☺

Rinaldo:
Te lo dico la prossima volta.

Jasmine:
No ora!! Ti prego!!

Rinaldo:
Nope. Scappo. Ciao! La prossima volta però te lo dico.

Jasmine:
Ciao! ☹

Rinaldo:
Promesso!

Jasmine:
Ah ok... ci conto!!! ☺

Rinaldo:
Però non so come una donna potrebbe intendere certi discorsi da uomini. Non che voglia sembrare un "sessista", ma è solo per via del fatto di ciò che gli uomini dicono delle donne quando sono da soli e viceversa, nulla di strano insomma.

Jasmine:
Dimmi il detto tra voi maschietti...Xd ☺

Rinaldo:
Beh, solo se mi prometti elasticità mentale..

Jasmine:
Promesso!

Rinaldo:
Ok.

Jasmine:
Dimmi! ☺

Rinaldo:
Innanzitutto vale sia per il grezzo che per l'intellettuale che sulla cosa in qualche modo convergono anche se ognuno a modo suo. Noi diciamo che non c'è nulla di meglio di una donna più giovane perché..

Jasmine:
Perchè? xD

Rinaldo:
Tu cosa dici, perché? Vediamo cosa immagina una donna, facciamo questo giochino.

Jasmine:

Sinceramente non saprei...

Rinaldo:
Prova allora, testiamo la tua conoscenza della psiche maschile, dì la tua, poi magari puoi testare me sulla psiche femminile.

Jasmine:
Non mi viene in mente niente..

Rinaldo:
Nulla?

Jasmine:
Nulla...

Rinaldo:
Ok, tu condividi quello che dicono molte donne sugli uomini che pensano solo e sempre al sesso?

Jasmine:
No... dipende... ci sono uomini che pensano solo al sesso ed altri che pensano anche ad altro...

Rinaldo:
Ok, allora sei già sulla buona strada.

Jasmine:
E la fine del detto? xD

Rinaldo:
Guarda che questa cosa ha anche una certa valenza culturale ed antropologica. Sai, in Sicilia ci furono i califfi, i mori ed i saraceni in passato.

Jasmine:
Scusa ma non capisco cosa c'entri con il detto...

Rinaldo:
Eh c'entra.. c'entra.. entra e come!

Jasmine:
Ah ok... e quindi? ☺

Rinaldo:
Ok, sono le migliori perché "ce le possiamo crescere noi". E non sono un maschilista!

Jasmine:
Ah già... lo avevo sentito questo detto... in un bar... lo aveva detto un signore credo settantenne all'amico riferendosi a me...

Rinaldo:
Mica era il Berlusca?

Jasmine:
Nono! ahahahah

Rinaldo:
E capisci il nesso culturale all'Oriente in genere?

Jasmine:
Sinceramente non molto...

Rinaldo:
Uhm... sai il significato della parola Mediterraneo? Ti faccio da mentor, un po' vuol dire quello il detto a dire il vero.

Jasmine:
Ahhhhh adesso ho capito! xD

Rinaldo:
Cosa? Dai, dimmelo tu adesso.

Jasmine:

18

No, aspetta un secondo!! Mi hai mandato in confusione!! xD

Rinaldo:
Tranquilla, porto io il segno per te, o ne vogliamo parlare la prossima volta?

Jasmine:
No!! Adesso devo capire!! ☺

Rinaldo:
Ok, allora sai cosa vuol dire Mediterraneo?

Jasmine:
Io per mediterraneo intendo il mare..

Rinaldo:
Ok, ma perché chiamare l'intera regione Mediterraneo però.. perché proprio quel nome? Immagino i tuoi abbiano scelto il tuo nome per un motivo ben preciso, o anche solo perché magari gli piaceva.

Jasmine:
Non lo so... perché mediterraneo?

Rinaldo:
Perché è la terra di mezzo, è in mezzo tra l'Africa e l'Europa.

Jasmine:
Ah ok...

Rinaldo:
Mi segui?

Jasmine:
Sisi!

Rinaldo:

Sei intelligentissima! La mente domina il corpo. ☺ Sembro tipo un film.

Jasmine:
Ahahahah.. xD

Rinaldo:
E allora qual'è il nesso tra mediterraneo e il detto?

Jasmine:
Mi sento ignorante, ma non ho ancora capito molto..

Rinaldo:
Sei stanca. Io pure sono ignorante, non oso neppure immaginare quanto! Continuiamo la prossima volta?

Jasmine:
No! Devo capirlo! Altrimenti stanotte non dormo! ☺

Rinaldo:
Verrei io a spiegartelo di persona se vivessimo più vicino. Ma è un retaggio culturale che ci trasciniamo dal Medio Oriente. Poi quella è un'altra storia, comunque l'idea di poter crescere una donna è vecchia quanto il sogno maschile dell'harem.

Jasmine:
Ah..

Rinaldo:
Si, ma sempre non nel senso di soggiogazione della donna o sottomissione. In realtà è la donna che fa l'uomo, in tutti i sensi, a partire col dargli la vita.

Jasmine:

☺

Rinaldo:
Ma di che colore sono i tuoi occhi?
Blu o verdi?

Jasmine:
Verdi...

Rinaldo:
Belli!

Jasmine:
Grazie! ☺

Rinaldo:
Grazie a te, sei tu che porti gioia e
piacere, sei tu la donna!

Jasmine:
** ☺

Rinaldo Pilla:
Soprattutto perché bionda e con gli
occhi verdi dalla Sicilia! Capisci il
nesso di mezza terra? Sei una "celta"
sicula!

Jasmine:
Ahahahah, mi stai facendo diventare
rossa...

Rinaldo:
Il che è bellissimo! Un piacere oltre
che un onore!

Jasmine:
Ahahah, sono diventata un peperone...

Rinaldo:
Ripieno?

Jasmine:

No, rosso! xD

Rinaldo:
Peperoncino o peperone?

Jasmine:
Peperone... xD.. Perché il
peperoncino non mi piace molto...

Rinaldo:
Comunque quello che ti ho detto è
tutto vero, il che poi diventa un'arma
a doppio taglio per l'uomo.

Jasmine:
Ahahahah..

Rinaldo:
Cosa?

Jasmine:
Niente... è che quando arrossisco mi
viene da ridere per qualunque cosa...

Rinaldo:
Insomma sei da sposare!

Jasmine:
Ahahahah, grazie!

Rinaldo:
Eh si, prima le cresciamo poi ci
abbandonano!

Jasmine:
Non sono sempre le donne ad
abbandonare... ci sono anche uomini...

Rinaldo:
Ovviamente, ci sono anche tante cose
poi che complicano la vita in genere.

Jasmine:

Già..

Rinaldo:
Ma anche quello è tutto un altro discorso.

Jasmine:
Eh si...

Rinaldo:
Chissà se ti ricorderai ancora di me tra un anno?

Jasmine:
Credo di si... sei la prima persona che incontro che riesce a fare un discorso serio con me...

Rinaldo:
Vabbè, non vuol dire poi che non ti chiederò una cartolina col tuo nudo l'anno prossimo, che sia ben chiaro!

Jasmine:
Ahahahah, ma almeno riesci a fare un discorso serio... mentre tutti quelli che conosco non sanno che dirmi we bella hai da fare sta sera?...

Rinaldo:
Eh, io non te lo posso dire perché non hai l'età. Sono pur sempre un uomo, anche se non ho 70 anni e passa come il Berlusca..

Jasmine:
Tu sei uno che va a letto con una già al primo appuntamento?

Rinaldo:
No. Sai come si dice in inglese? "Easy comes easy goes." Capisci cosa vuol dire? È un altro detto tra uomini che

poi, come anche per le donne, ci sono uomini ed uomini e donne e donne. Tutto sta nel conoscersi bene e cercare solo quello che veramente si desidera per se stessi.

Jasmine:
Vero! ☺

Rinaldo:
Però penso che poi tutto dipenda dalle emozioni del momento. Ma non penso sia una cosa saggia se non si vogliono avere poi ripensamenti o sensi di colpa. Quelli farebbero male e per certe cose non penso bisognerebbe avere fretta. Il proverbio è chiaro, "Easy comes, easy goes!"

Jasmine:
Finalmente ho trovato un ragazzo che non va a letto con una già al primo appuntamento!

Rinaldo:
Il fatto è che in molti neppure raggiungono una certa maturità mentale tale da non ragionare solo in virtù di istinti fisici. In molti poi si spacciano addirittura per grandi moralisti senza esserlo, quelli poi sono i peggio.

Jasmine:
Hai ragione! ☺

Rinaldo:
Non darmi ragione ti prego! È vero non perché lo dico io. Sai l'altro detto.. "la ragione è per gli sciocchi.."

Jasmine:

È vero! xD

Rinaldo:
Comunque mi piace la tua profondità d'animo. Ti ho detto che sei intelligentissima! Sono sicuro che sarai circondata da squali!

Jasmine:
Si...

Rinaldo:
Non ne avevo dubbi.

Jasmine:
Ma non ho mai trovato uno come te...

Rinaldo:
Ti ringrazio. Sono il tuo mentor e pen pal. ☺

Jasmine:
☺

Rinaldo:
La vita è tua però, quindi ti appartiene. È bello che ascolti, poi dovrai fare tu le scelte che vorrai. Io posso solo dirti di non aver fretta anzi.. prenditela con comodo! Sai, è come nei film dove c'hai un colpo solo.. sei sbagli paghi, ed il segreto sta tutto là, proprio nella donna che sta appena sbocciando, la cosa più bella al mondo, il frutto proibito e tanto ambito..

Jasmine:
Me la prenderò con molta tranquillità... xD

Rinaldo:

Ah, io di sicuro ti farò compagnia sino al 18° compleanno. ☺ Sempre se vorrai tu, ovviamente!

Jasmine:
Certo che voglio!

Rinaldo:
Ok pen pal, ascolta, nel frattempo a me è venuta fame.. io vado.

Jasmine:
Ok! Buon appetito! Ciao! ☺

Rinaldo:
Ciao bella!

Jasmine:
Ciao! ☺

19 LUGLIO

Rinaldo:
Comunque, pensavo una cosa. Se continuiamo a chattare per un anno intero tanto vale che tu salvi tutto su di un file che alla fine potrebbe uscirci un intero libro. Che ne dici? Ah, per tutto intendo proprio tutto, incluso questo! Dai, scriviamo un libro assieme, un dialogo, ti va? Due personaggi, io e te.

Jasmine:
Non è una brutta idea... ☺

Rinaldo:
Ti vedo in chat ma facebook non mi fa inviare messaggi..

Jasmine:
Io non ti sto scrivendo niente... ☺

Rinaldo:
Chi è quella ragazza che mi hai suggerito?

Jasmine:
È una mia amica... xD
Se vuoi non accettarla...

Rinaldo:
Di Novara?

Jasmine:
Trecate..

Rinaldo:
Dov'è Trecate?

Jasmine:
Vicino Novara...

Rinaldo:
E perché me l'hai mandata? Io sono nato a Torino, ma è da tanto che manco su.

Jasmine:
Perché mi aveva chiesto chi era il ragazzo che mi manda in confusione...

Rinaldo:
E perché ti mando in confusione? Non sari mica in panne? Ancora cioè da ieri..

Jasmine:
Un pochino...xD

Rinaldo:
Ed è un bene? Non sono immaginare cosa tu abbia potuto dire alla tua amica.

Jasmine:

Sisi certo! ☺

Rinaldo:
Ottimo allora, in effetti potrei confonderti ancora di più se ti va. ☺

Jasmine:
Ok! ☺

Rinaldo:
Mi piacciono i giochini mentali.

Jasmine:
Ahahahah, perfetto! ☺

Rinaldo:
Purché sani ovviamente. Allora, cosa le hai detto? Le hai addirittura parlato di me?

Jasmine:
Ma niente di tanto interessante...

Rinaldo:
Ah ecco..

Jasmine:
E su di te le ho detto di cosa parliamo e che tipo sei...

Rinaldo:
E che tipo sarei?

Jasmine:
Intelligente, simpatico,...

Rinaldo:
E la tua amica cosa ne pensa? Senza conoscermi ovviamente..

Jasmine:
Secondo lei sei un tipo interessante...

Rinaldo:
Le hai detto del detto?

Jasmine:
Si... ma non capiva neanche lei... ☺

Rinaldo:
Ma tu hai capito?

Jasmine:
Più o meno ieri sera si... ora mi sono
già dimenticata... diciamo che più che
spiegarglielo le ho inviato un piccolo
pezzo di conversazione (il detto e la
spiegazione)...

Rinaldo:
E non l'ha capito?

Jasmine:
Dopo che ha letto si... ma prima no...

Rinaldo:
E lo ha trovato interessante?

Jasmine:
Si...

Rinaldo:
Però tu l'hai già dimenticato. Vedi, ti
dimenticherai presto anche di me!

Jasmine:
Di te non mi dimenticherò mai! Io la
penso come lei... sei un tipo molto
interessante... e mi piacciono i tipi
come te...

Rinaldo:
Meno male! Il fatto è che la sintonia
tra due esseri viventi non può venire
dal fisico, per tornare alla domanda
che mi facesti ieri. È più una

questione prima spirituale, ci deve
essere connessione tra due anime, poi
il fattore fisico complementa. Ma ciò
non è la norma nella società in cui
viviamo e di questo addirittura ho già
scritto veramente tanto!

Jasmine:
☺

Rinaldo:
La cosa più ironica poi è proprio che
per me è più facile parlare con te, che
sei più giovane di me, proprio come
dice il detto! Non fa una piega!

Jasmine:
Ahahahah ☺
Sono contenta! ☺

Rinaldo:
Io di più. Comunque dovresti salvare
le nostre conversazioni, dico sul serio.
Sai, ne ho scritti tre di libri, ne so
qualcosa.

Jasmine:
Ahahahah, appena userò il mio
computer sarà la prima cosa che farò!!
☺

Jasmine:
Ora devo andare... ci sentiamo più
tardi se ci sei... ☺

Rinaldo:
Ok, ciao pen pal!

Jasmine:
Ciao!

Jasmine:
Ehi!! ☺

Rinaldo:
Dimmi che c'è!

Rinaldo:
Comunque, devo dirti una cosa che forse ti irriterà e magari modificherà anche in qualche modo la tua opinione su di me, o forse la completerà soltanto. Innanzitutto val la pena chiederti se a questo punto hai capito oltre al detto anche cosa sia un mentor, che dici? A scanso di equivoci te lo dico lo stesso, ieri sono stato un po' online ma tu non c'eri ed avrei voluto scrivertelo allora, ma invece lo farò stamani e poi ti invierò il messaggio. Comunque, un "mentor" è un'ancora, un caposaldo, un punto di appiglio nell'altrimenti continuo moto o flusso dell'esistenza. Mi spiego ancora meglio, poi mi dici se hai capito cosa intendo dire. La mente è infatti sempre in continuo movimento, a tal punto che se due giorni fa ti avevo raccontato del detto tra noi maschietti che le donne vanno prese giovani perché così ce le si può crescere, il che è simile al sogno più nascosto e profondo di un uomo di vivere in un harem e tutto da un retaggio culturale medio-orientale che è particolarmente sentito dai popoli mediterranei che sono proprio geograficamente e culturalmente a metà tra Africa e Europa. Ad ogni modo, ieri mi hai detto di aver già dimenticato quel discorso, ed in effetti è molto normale perché la mente, in particolar modo alla tua età, non vuole stagnarsi ma espandersi il più possibile. Come ogni cosa questo è sicuramente un bene, ma al tempo stesso poi diventa anche il tallone di Achille per molti giovani. Di questo però vorrei parlare con te chattando, non con un messaggio. Sappi solo che come mentor sono come un'ancora per la mente, tutto qua. Non mi posso opporre al flusso ed allo scorrere dell'esistenza stessa, sarebbe da pazzi, ma posso in qualche modo trovare un punto d'osservazione che mi aiuti meglio a navigare. Voglio vedere proprio se ti confondo pure oggi! Tornando al discorso originale, ho visto alcune foto della tua amica ed altri vostri contatti ed ho notato che c'è nel vostro gruppo una persona di colore. Io non frequento persone di colore per svariati motivi e questa è la cosa che potrebbe più irritarti di me. Sai, non tutte le ciambelle escono col buco, anch'io quindi ho le mie pecche. In realtà poi quello per me è un tasto veramente dolente in quanto il cugino di mio padre, Francesco Paga, durante una missione ONU per consegnare farmaci alle popolazioni in Congo benché fosse disarmato fu massacrato e cannibalizzato. Questo è quanto dice Wikipedia:

L'eccidio di Kindu (o massacro di Kindu) avvenne l'11 o il 12 novembre 1961 a Kindu, nell'ex Congo belga, dove furono trucidati tredici aviatori italiani, facenti parte del contingente dell'Operazione delle Nazioni Unite in Congo inviato a ristabilire l'ordine nel paese sconvolto dalla guerra civile. I tredici militari italiani formavano gli equipaggi di due C-119, bimotori da trasporto conosciuti come i vagoni volanti, della 46ª Aerobrigata di stanza a Pisa.

Poi ovviamente oltre a quello ci sono tutta una serie di esperienze che mi hanno portato ad essere contro la propaganda multietnica e multiculturale che proprio non sopporto. Preferisco le bionde con gli occhi verdi, meglio ancora poi se "celte" sicule!

20 LUGLIO

Jasmine:
La mia opinione su di te non è Per niente cambiata... ☺

Rinaldo:
Good! There is another saying in English; I don't know you know it, "Once you black, you never back." È un po' duro ma in pratica si dice che quando una ragazza Bianca va con un nero diventa nera e non torna più indietro, nel senso che non viene più accolta dal suo clan d'origine.

Jasmine:
Ah ☺

Rinaldo:
Ciao!

Jasmine:
Ciao! ☺

Rinaldo:
Ah, cosa?

Jasmine:

Ho sbagliato ad inviare il messaggio... scusa xD

Rinaldo:
Ma figurati, è già tanto che non mi odi..

Jasmine:
Perché dovrei?

Rinaldo:
Non so sai, per via delle mie idee..

Jasmine:
Ma va!! Ci vuole ben altro per farmi odiare una persona...

Rinaldo:
Sei stata al mare oggi?

Jasmine:
Certo!

Rinaldo:
Hai fatto il bagno?

Jasmine:
Si!! ☺

Rinaldo:
Come va l'abbronzatura?

Jasmine:
Sono nerissima!! ☺

Rinaldo:
Marrone forse.

Jasmine:
Sisi! ☺

Rinaldo:
E i capelli?

26

Jasmine:
Sono biondissimi.. molto chiari...

Rinaldo:
Sai la storia dei colori?

Jasmine:
No, quale?

Rinaldo:
Un attimo.. mio cugino a tel..

Jasmine:
Ah ok ☺

Rinaldo:
Ci sei ancora?

Jasmine:
Sisi! ☺

Rinaldo:
Sai come si mischiano i colori? È roba tipo d'artistica, non so se la fate a moda..

Jasmine:
Qualcosina facciamo... ma i miei professori.. secondo un mio parere non sono molto degni di insegnare...

Rinaldo:
Scrivi tu..

Jasmine:
Nono... stavo sbagliando persona...

Rinaldo:
Ok. ☺ Ci sono i colori primari, secondari e terziari, giusto?

Jasmine:
Si.

Rinaldo:
Ad esempio, tu hai gli occhi verdi, io marroni come la tua pelle (ora che sei abbronzata).

Jasmine:
Si.. (mi piacciono gli occhi marroni..)

Rinaldo:
Uhm.. vediamo allora se ti piacciono ancora di più. Il marrone è un colore terziario e per farlo ci vogliono prima altri colori. Si comincia a mischiare il giallo (come i tuoi capelli) ed il blu che sono colori primari. Così si fa il verde, colore secondario, come i tuoi occhi. Poi si mischia il verde con un altro colore primario, il rosso (passione) e così vien fuori il marrone.

Jasmine:
Si mi piace di più... ☺

Rinaldo:
A me piacciono le bionde... anche per altri motivi, sempre legati al colore ovviamente.

Jasmine:
Posso sapere almeno un motivo per cui ti piacciono le bionde?

Rinaldo:
È un'altra lunga storia, la prossima volta?

Jasmine:
Ook

Rinaldo:
Ok, alla prossima allora.

Jasmine:

Ahahah, ok. ☺
Devo andare ciao! ☺
Rinaldo:
Ciao.

21 LUGLIO

Rinaldo:
Comunque, la figura della "sgualdrina" è nell'immaginario comune maschile una vera e propria bomba erotica e presuppongo ciò sia dovuto dal desiderio da parte del maschio di completa sottomissione della femmina.

Jasmine:
Ah ok ==*☺

Rinaldo:
Ma ce la fai a seguirmi o ti ho già fusa per sempre? Scrivere libri è difficile come le storie d'amore perché non è semplice rimanere focalizzati o tenere l'attenzione su di uno stesso argomento per un lungo periodo di tempo. Ci vuole un'enorme sforzo mentale!

23 LUGLIO

Rinaldo Pilla:
Comunque, tornando a quella frase che hai condiviso, "Ci sono uomini così perversi che dicono che le donne sono tutte sgualdrine solo perché una non volle esserlo", mi fa pensare troppo del sogno erotico della "sgualdrina". Come dici tu infatti la bellezza sta negli occhi, e non solo per via del gioco dei colori di cui ti ho parlato, ma anche perché con essi si può guardare il seno prominente di una bella donna mentre è in ginocchio lavorando duro per raccogliere il seme del suo amante. Quindi, se la perversione maschile venisse ben canalizzata, allora credo sarebbe solo un'energia positiva, che ne dici tu?

Jasmine:
Si... non hai torto... xD
Rinaldo:
Sono contento che riesci ancora a seguirmi allora, per un attimo avevo pensato di averti persa! Secondo me infatti la vagina è come un frutto che va mangiato e assaporato maturo. Quindi bisogna prima far sbocciare o aprire il fiore per poi poterne godere a fondo del frutto. E così ci ritroviamo sempre a confermare il vecchio detto che le donne bisogna crescersele se le si vuole speciali! Secondo il tuo parere di donna, sarei in grado di far sbocciare un fiore senza neppure toccarlo? E sempre secondo te, sarebbe possibile per deduzione mettere in cinta una donna sempre senza neppure toccarla?

Rinaldo:
Ah comunque sei talmente acuta da non avermi dato ragione ma dicendomi di non aver torto. Sei impressionante!

24 LUGLIO

Jasmine:
Ahahahah, grazie!! ☺
Secondo me non credo che un fiore sboccia senza essere toccato...
*secondo un mio parere...

Rinaldo:
Temo proprio che il tuo parere allora sia da considerarsi come dato di fatto. Ma perché non mi racconti qualcosa di te invece?

25 LUGLIO

Jasmine:
Dimmi... cosa vuoi sapere di me??

Rinaldo:
Mi piacerebbe sapere un po' tutto di te. Non saprei, magari sarebbe bello se cominciassi a raccontarmi cosa dicono ti te i tuoi amici e cugino. Ad esempio, i miei cugini mi chiamano "Rinaldo o'Congolese", che non suona proprio come "Sir William Wallace", ma che ci posso fare! Anche se però tutti mi chiamano Aldo, non Rinaldo.

Jasmine:
Ahahahah, comunque gli amici e cugini maschi non fanno altro che provarci... mentre le femmine... non so cosa dicono... ☺

Rinaldo:
Come non sai cosa dicono?

Jasmine:
Diciamo che quando sono con me sono carine e simpatiche come mi giro mi sparlano dietro...

Rinaldo:
O magari questo è solo ciò che voi donne dite a noi uomini solo per diciamo così.. mantenere una certa distanza.. ed in questo modo continuare a dominarci perché in

fondo sapete bene che siete voi a comandare? Sempre così misteriose e vaghe quando dovete parlare di voi..

Jasmine:
Ahahahah nel mio caso è vero.. xD

Rinaldo:
Beh, per fortuna lo ammetti, è già qualcosa. È molto più bello chattare con te che mandarti messaggi comunque.

Jasmine:
☺

Rinaldo:
Mi hai assuefatto!

Jasmine:
☺

Rinaldo:
Sei veramente simpatica, ma questo lo dico io però, dimmi qualcosa di te che non so!

Jasmine:
Cosa vuoi sapere??

Rinaldo:
Dimmi ad esempio cosa ti piace fare di più.

Jasmine:
Adoro farmi fare foto... oppure la moda...

Rinaldo:
E perché? Perché ti piace farti fotografare?
Jasmine:

Perché mi trovo a mio agio davanti a una macchina fotografica...

Rinaldo:
E a cosa pensi quando guardi nell'obiettivo?

Jasmine:
Dipende dal tipo di scatto che devo fare... se devo fare uno scatto sexy.. penso a qualche personaggio famoso maschile...

Rinaldo:
Tipo me?

Jasmine:
Adesso che ti conosco potrei anche pensarti..

Rinaldo:
Ed io però vorrei fotografati per vederti attraverso l'obiettivo.

Jasmine:
Si potrebbe fare...

Rinaldo:
Mi piacerebbe.

Jasmine:
☺ Che tipo di scatto vuoi fare??

Rinaldo:
Una serie, per poi sceglierne uno ovviamente.

Jasmine:
Si ma sexy, nudo, uno che rappresenti la mia quotidianità...???

Rinaldo:

Beh, per farlo dovrei prima incendiarti, metterti il fuoco dentro per poi spegnerlo con uno scatto. Vorrei cominciare dalla quotidianità più semplice, poi farti bramare per spogliarti senza poterlo fare se non quando lo dicessi io. Vorrei che fosse uno scatto simile frutto di una lunga preparazione.

Jasmine:
Ook. ☺

Rinaldo:
A me piace lavorare intensamente e per un lungo periodo di tempo come un allenamento.

Jasmine:
Ah ok. ☺

Rinaldo:
Però è importante creare prima il giusto feeling, cioè una certa sintonia e complicità, quasi come se si trattasse di amore platonico e poi scattare il desiderio di vivere quest'amore senza averlo ovviamente ancora consumato.

Jasmine:
Credo sia la cosa giusta.. ☺

Rinaldo:
Da chi ti fai fotografare in genere? Chi è il tuo/a fotografo/a preferito/a?

Jasmine:
La ragazza di mio cugino...

Rinaldo:
Mi piacerebbe ad esempio se mentre ti ritraessi tu mi terresti sempre eccitato, non so se rendo l'idea. Capisci cosa

30

voglio dire? È un gioco mentale. Senza potermi toccare ma solo parlarmi attraverso l'obiettivo.

Jasmine:
Ci proverò... ☺☺

Rinaldo:
Con me?

Jasmine:
Certo.. ☺

Rinaldo:
Ok. Mi piacerebbe vedere altri tuoi scatti.

Jasmine:
Gli altri sono a casa (Novara)... ☺ appena ritornerò su li metto... ☺

Rinaldo:
Ok. E cosa pensi degli uomini invece?

Jasmine:
Uomini in generale?

Rinaldo:
Si e poi anche di me in particolare.

Jasmine:
In generale: molti hanno paura a mostrare i propri sentimenti, credo che sia per orgoglio... e questo ce li fa vedere come "stronzi"... mentre di te... penso che tu sia una persona meravigliosa perché intelligente, simpatica...

Rinaldo:
E cosa pensi a riguardo del fatto che stai parlando con un uomo che ha il doppio della tua età? Che peso ha per te l'età?

Jasmine:
Per me non ha molta importanza... basta che mi rispetti...

Rinaldo:
Ma tu sei una che la moda la crea o la segue. Mi spiego meglio, tu sei una che pensa di testa sua o si uniforma alle circostanze e alle compagnie?

Jasmine:
Penso di testa mia...

Rinaldo:
Che valore hanno ad esempio per te le nostre "chiacchierate"?

Jasmine:
Hanno un valore immenso... sia per la persona con cui sto parlando sia perché sto imparando cose nuove... ∫=) * ☺

Rinaldo:
Non sono troppo "impegnative"?

Jasmine:
No, non tanto... ☺

Rinaldo:
E ti masturberesti mai pensando a me? E guarda che non ci sto provando, non ho dimenticato che sei ancora minorenne!

Jasmine:
Si, lo farei...

Rinaldo:

31

Quant'è importante l'erotismo nella tua vita?

Jasmine:
In una scala da 1 a 10 credo 6/7

Rinaldo:
E la fedeltà e la sincerità?

Jasmine:
Fedeltà 10 sincerità 9...

Rinaldo:
☺

Jasmine:
☺

Rinaldo:
Sempre per mantenere la tua vera identità, vero? Sai a chi mi fai pensare, Anna Oxa. C'è una canzone in particolare che mi fai tornare in mente, "Donna con te". La conosci?

Jasmine:
Si.. me l'ha fatta ascoltare Martina un po' di tempo fa... ma non ricordo il motivo.. ☺

Rinaldo:
Ascoltala allora.

Jasmine:
Aspetta due minuti che finisce la canzone che sto ascoltando... ☺

Rinaldo:
Certo

Jasmine:
Ora la ascolto! ☺

Rinaldo:
Ok, anch'io.

Jasmine:
È bella! ☺

Rinaldo:
Meno male va!

Jasmine:
Tutte la canzoni che mi fa ascoltare Martina le adoro!! Devi sapere che lei ama la musica.. e riesca a farmi piacere ogni canzone che mi fa ascoltare.. ☺

Rinaldo:
È bello avere vicino persone con un animo "artistico".

Jasmine:
Già.. ☺

Rinaldo:
Comunque sai un'altra cosa, non voglio fare comparazioni, ma è vero che le donne più giovani sono le migliori. Ruby rubacuori è poco più grande di te e a parte le presunte prestazioni di cui solo lei ovviante può sapere, è bello vedere dopotutto che ha posato per la promozione dei libri di Alfonso Luigi Marra. Niente male per una della sua e tua età, soprattutto se consideri che la maggior parte delle persone neanche comprende l'argomento! Sai a cosa mi riferisco? Al signoraggio bancario!

Jasmine:
Ah ok. ☺ Capito! ☺

Rinaldo:

32

E dimmi un'altra cosa, ti sei già masturbata pensando a me?

Jasmine:
Si...

Rinaldo:
E a cosa ti ispiri, cosa ti piace di me?

Jasmine:
Penso a come potresti essere fisicamente... oppure ti immagino mentre mi parli..

Rinaldo:
Ma ti piacerebbe sentire la mia voce?

Jasmine:
Si... mi piacerebbe anche vederti...

Rinaldo:
Anche a me, quando sarai maggiorenne però!

Jasmine:
Beh si... ☺

Rinaldo:
Conosci il detto latino "verba volant, scripta manent"?

Jasmine:
Si.

Rinaldo:
Vai..

Jasmine:
Le parole volano lo scritto rimane. Giusto?

Rinaldo:
Si.

Jasmine:
☺

Rinaldo:
Capisci cosa voglio dire?

Jasmine:
Non proprio....

Rinaldo:
Beh per quando sarai maggiorenne avrai una collezione delle nostre conversazioni da farci veramente un libro!

Jasmine:
Ah ok. ☺

Rinaldo:
E dimmi, sei anche già venuta pensando a me?

Jasmine:
Si...

Rinaldo:
E com'è?

Jasmine:
È bello! È una sensazione stupenda...

Rinaldo:
Sei curiosa di sapere se sarebbe lo stesso di persona?

Jasmine:
Si, molto...

Rinaldo:
E cosa pensi a riguardo?

Jasmine:
Provo ad immaginare come sarà...

Rinaldo:
Tu come vorresti che fosse?

Jasmine:
Spero sia uguale come quando faccio io...

Rinaldo:
OK.

Jasmine:
Se non meglio...

Rinaldo:
Dovrò fare del mio meglio per non deluderti allora!

Jasmine:
Ahahahah ☺ Credo che tu sia in grado di far venire una ragazza, no?

Rinaldo:
Beh lo spero bene! Sempre purché maggiorenne, ovviamente! Poi diciamo che imparo anche abbastanza alla svelta. Mi piace dare piacere e riceverne in dietro, come in tutte le altre cose della vita.

Jasmine:
Non ti è mai successo di far venire una ragazza/donne? *donna

Rinaldo:
Si, ma considerando il fatto che non sono rimaste con me questo mi lascia pensare che il sesso non è veramente tutto nella vita.

Jasmine:
Sono d'accordo che il sesso non è tutto nella vita... però in certi casi può anche aiutare... secondo me.. ☺

Rinaldo:
Ah non c'è dubbio! Se c'è feeling c' è, punto e basta.

Jasmine:
Posso sapere quante donne hai avuto?

Rinaldo:
Non penso sia una domanda da fare così tanto per sapere quando a mala pena si conosce qualcuno. Per esempio, cosa ti piacerebbe fare nella tua vita?

Jasmine:
Ok scusa.. ☺

Rinaldo:
No figurati!

Jasmine:
Devo staccare.. ☺
Ci sentiamo domani... Ciaooo! E buona notte per dopo.. ☺

Rinaldo:
Ciao! Notte!

26 LUGLIO

Jasmine:
Ciao! ☺

Rinaldo:
Ehi ciao! Buon giorno. Non sei al mare?

Jasmine:
No.. vado al pomeriggio... stamattina dovevo andare a trovare mia zia... ☺

Rinaldo:

Comunque mi ha colpito la tua affermazione sulla fedeltà e sincerità di ieri. Ed anche la tua domanda su quante donne io abbia avuto.

Jasmine:
Perché?

Rinaldo:
Perché non capisco, come uomo, perché sia importante. Ne intravedo solo come una sorta di rivalità se mi concedi, tra voi donne.

Jasmine:
La mia era curiosità... ☺

Rinaldo:
Si lo capisco ma per me è interessante notare come l'uomo sogni l'harem e la donna invece il contrario.

Jasmine:
☺

Rinaldo:
Il fatto è che a me piace l'armonia non la competizione. Mi considero più come un classico, culturalmente un greco-romano, sai come i poeti tipo Virgilio ad esempio.

Jasmine:
Ah ok ☺

Rinaldo:
Cosa intende quindi una donna come te per fedeltà?

Jasmine:
Amare una sola donna...

Rinaldo:

Ed amarla in che senso?

Jasmine:
Provare un sentimento forte, che chiamiamo amore, verso solo quella donna...

Rinaldo:
Quindi la donna prova quello che prova un uomo che vuole anch'esso che la sua donna ami soltanto lui e non altri?

Jasmine:
Credo di si...

Rinaldo:
È bella questa cosa del "credo", sai? E dico sul serio.

Jasmine:
☺

Rinaldo:
Uomini e donne sono infatti due mondi distinti ma con lo stesso destino. È difficile imparare e conoscersi a vicenda sino in fondo, tu cosa ne pensi? È per questo che la sincerità è per te meno importante della fedeltà?

Jasmine:
Si! ☺

Rinaldo:
C'è un bel libro in inglese intitolato "Men Are from Mars, Women Are from Venus" che tratta dell'argomento.

Jasmine:

35

Ne ho già sentito parlare.. gli uomini vengono da marte, le donne da venere...

Rinaldo:
Esatto.

Jasmine:

Rinaldo:
Però poi non posso far a meno di pensare anche alla più palese ed evidente diversità biologica e fisiologica che passa tra i due sessi.

Jasmine:

Rinaldo:
La donna infatti fa maturare un solo ovulo al mese, mentre l'uomo miglia e miglia di spermatozoi. Questa differenza numerica per me è indice del fatto che l'uomo per andare a segno ha bisogno di più colpi, mentre alla donna ne basta uno! E quindi l'harem verso la fedeltà più assoluta, cosa ne pensi?

Jasmine:
Sono d'accordo! ☺

Rinaldo:
Siamo tanto simili eppure tanto diversi, vero?

Jasmine:
Già.. ☺

Rinaldo:
E cosa vorresti fare nella vita?

Jasmine:

Modella... ☺

Rinaldo:
E perché?

Jasmine:
Come ti ho detto ieri mi piace essere fotografata, e poi vorrei provare a sfilare...

Rinaldo:
Ti consideri un'artista allora, vero?
Jasmine:
Si... ☺

Rinaldo:
Io non sono molto esperto del mondo della moda, ma so che non è un ambiente moralmente molto elevato e che miete moltissime vittime.

Jasmine:
Si, lo so... ma mi piace... ☺

Rinaldo:
E se un giorno un'altra donna chiedesse al tuo uomo di darle dei figli sempre in virtù del fatto che l'uomo produce miglia di spermatozoi tu cosa penseresti? E guarda che non ho figli, lo sto solo chiedendo per curiosità.

Jasmine:
Se la donna non può avere figli dal suo uomo, non mi dispiacerebbe, ma se è una donna che ci sta provando, potrei anche litigarci...

Rinaldo:
E se fosse una donna che volesse figli dal tuo uomo perché ritiene di voler mettere al mondo prole del tuo uomo non per farti ingelosire ma per

validare il valore del tuo uomo tu cosa penseresti allora? Sempre in virtù della diversità fisiologica tra uomo e donna ovviamente.

Jasmine:
Non si deve azzardare, il mio uomo se vuole un figlio lo deve avere con me e basta...

Rinaldo:
Ti sto gettando addosso dei concetti un po' strani e lo capisco, ma in realtà voglio stimolare il tuo senso critico anche in tema di "inconscio" ed "istinto", per raggiungere un livello di coscienza molto più profondo insomma.

Jasmine:
Ah ok ☺

Rinaldo:
Diciamo che secondo me fare certi discorsi è in realtà un esercizio mentale proprio perché forza quelli che sono i limiti del pudore, della moralità dell'individuo e del proprio credo.

Jasmine:
Ook ☺

Rinaldo:
Cosa ti troveresti a fare ad esempio se per aver successo nel mondo della moda ti venisse chiesto di dover "vendere" il tuo corpo? Avresti un successo assicurato come Ruby rubacuori ma poi cosa resterebbe di quella stessa moralità per cui non

accetteresti che il tuo uomo possa avere figli anche con altre donne?

Jasmine:
Se dovessi vendere il mio corpo per fare successo preferisco non farlo...

Rinaldo:
Quindi moralmente parlando secondo te i due scenari sono simili? Sul piano etico intendo!

Jasmine:
Si...

Rinaldo:
Sono contento e non riesco neppure a credere che tu mi abbia seguito in tutto il ragionamento. Sei veramente molto intelligente!

Jasmine:
Grazie! ☺

Rinaldo:
Comunque posso solo dirti che la vita ti testerà poi su queste stesse cose e solo allora si vedrà il tuo vero carattere!

Jasmine:
Ah ok ☺

Rinaldo:
Sono si il tuo pen pal, ma sono pur sempre anche il tuo mentor. Certe cose debbo dirtele.

Jasmine:
Fai bene a dirmele! ☺

Rinaldo:
Spero potranno esserti utili.

Jasmine:
Vedremo..

Rinaldo:
Certo!

Jasmine:
Ieri tu mi hai chiesto se io mi sono mai masturbata pensandoti e io ti avevo detto di si... ma tu ti sei mai masturbato pensandomi?

Rinaldo:
Si.

Jasmine:

Rinaldo:
Non è reato!

Jasmine:
Posso sapere a cosa hai pensato?

Rinaldo:
A te.

Jasmine:
Ma a cosa di me?

Rinaldo:
Spogliarti, abbassarti le mutandine, stringerti forte il seno, guardati negli occhi mentre venivo..

Jasmine:

Rinaldo:
Perché mi hai sentito?

Jasmine:
No...

Rinaldo:
Quindi posso continuare a farlo?

Jasmine:
Certo!

Rinaldo:
E ti masturbi spesso pensando anche ad altri?

Jasmine:
Si... tu?

Rinaldo:
E chi ti piace di più?

Jasmine:
Di solito penso a personaggi famosi come Gabriel Garko... Raoul Bova...

Rinaldo:
Beh, io invece diciamo che da quanto ti conosco sei quasi un chiodo fisso.

Jasmine:
La maggior parte delle volte penso a te...

Rinaldo:
Idem.

Jasmine:
Il luogo in cui ti masturbi?

Rinaldo:
Sono in un semi-interrato, una sorte d'ufficio dove tengo anche i tutti i miei libri. C'è un divano, un piccolo "salotto".

Jasmine:

Rinaldo:
Tu invece?

Jasmine:
Sul letto della mia stanza o nella vasca da bagno..

Rinaldo:
Con l'acqua?

Jasmine:
Anche...

Rinaldo:
Sotto la doccia quindi?

Jasmine:
Si...

Rinaldo:
Per quanto tempo lo fai in genere?

Jasmine:
Intendi quanto tempo ci impiego?

Rinaldo:
Si.

Jasmine:
Dipende... possono essere 10 minuti come 20 minuti...

Rinaldo:
Come me..

Jasmine:
☺ Scusa mi dispiace ma devo interrompere la conversazione... devo andare riprendiamo il discorso sta sera? ☺

Rinaldo:
Ok. Ciao.

Jasmine:
Ciao! ☺

Rinaldo:
Comunque con te mi sembra proprio di star riscrivendo il Decamerone di Boccaccio, inclusi i personaggi danteschi di Paolo e Francesca!

Jasmine:
☺

Rinaldo:
Si potrebbe anche dire che stiamo scrivendo il primo "manga" letterario italiano. Se non stiamo attenti rischiamo di far riaccendere pure il rinascimento!

Jasmine:
Ahahahah ☺
Ciao! ☺

Rinaldo:
Ciao bella. Cosa fai di bello?

Jasmine:
Niente... ☺ Tu?

Rinaldo:
Uhm.. io mi ero preso una pausa. Sono stato a salvare una prima parte delle nostre conversazioni che sto formattando a modi libro.

Jasmine:
☺

Rinaldo:
Poi te lo mando per sapere tu che ne dici.

Jasmine:
Ooook ☺

Rinaldo:
Posso chiederti anche un'altra cosa?

Jasmine:
Dimmi! ☺

Rinaldo:
Ma quante volte al giorno ti tocchi?

Jasmine:
Dove intendi che mi tocco?

Rinaldo:
☺ Non saprei, pensavo mi avessi detto che per farlo sbocciare un fiore bisognava toccarlo!

Jasmine:
Ahhhh beh... dipende dal giorno...

Rinaldo:
Uhm.. quindi tutti i giorni!

Jasmine:
xD

Rinaldo:
Sei un sogno!

Jasmine:
ahahahah ☺

Rinaldo:
Hai studiato Dante e la Divina Commedia?

Jasmine:
Si... ☺

Rinaldo:

Ti ricordi di Paolo e Francesca allora, vero?

Jasmine:
Si... ☺

Rinaldo:
Dante dice di averli incontrati all'inferno nel cerchio dei lussuriosi. Che dici, faremo anche noi quella fine?

Jasmine:
Può darsi...

Rinaldo:
Io però penso di no!

Jasmine:
Perché?

Rinaldo:
Sempre per quel discorso che facevamo poc'anzi a proposito dell'inconscio e dell'istinto, ricordi?

Jasmine:
Ah si... ☺

Rinaldo:
Esatto, a proposito dell'ovulo e degli spermatozoi. Quindi mi fido dell'istinto che mi dice di star facendo solo la cosa giusta, secondo natura. Però riconosco anche che la virtù è nel mezzo, ossia nella moderazione.

Jasmine:
Ah ok

Rinaldo:
Non penso che una forte libido faccia alcun male a nessuno, in particolar

modo agli amanti. Temo più coloro che invece dal sesso sono ossessionati come se esso fosse solo un istinto da placare e non una possibilità da vivere a fondo per il proprio benessere fisico e spirituale.

Jasmine:
La pensiamo allo stesso modo... ☺

Rinaldo:
Meno male! Io personalmente mi ritengo dotato di una certa stamina e quindi la metto a frutto, tutto qua!

Jasmine Natasha
☺

Rinaldo:
Cosa?

Jasmine:
Scusa ho sbagliato....xD ☺

Rinaldo:
Figurati!

Jasmine:
☺

Rinaldo:
Mica pensi di essere una ninfomane?

Jasmine:
No, non penso di esserlo...

Rinaldo:
Ti contieni abbastanza bene allora! E per quanto riguarda la sessualità, sei una tipa promiscua?

Jasmine:
Cosa significa promiscua?

Rinaldo:
Che va a letto con tanti partner.

Jasmine:
Ah ok... no! ☺ Diciamo che prima di darla a qualcuno ci vuole un bel po' di tempo...

Rinaldo:
Insomma siamo al sicuro, non finiremo mai all'inferno nel cerchio dei lussuriosi come Paolo e Francesca!

Jasmine:
Ahahahah, credo di si.. ☺
devo andare ci sentiamo dopo... ☺

Rinaldo:
Ciao!

Jasmine:
Eccomi!! ☺ Dicevamo?

Rinaldo:
Uhm... Le ragazze promiscue mi inibiscono, sempre a livello inconscio perché non sono un animale.

Jasmine:
Ah ok ☺

Rinaldo:
Sempre in virtù di quel proverbio di cui ti avevo parlato, "Easy comes, easy goes!"

Jasmine:
☺

Rinaldo:
Eh si, quanto più facilmente te la da, tanto più facilmente se ne va!

Jasmine:
Già...

Rinaldo:
Penso sia perché in realtà sono vuote dentro e quindi sentono di non aver null'altro da dare se non il proprio sesso.

Jasmine:
Sisi ho capito... e io la penso come te... ☺

Rinaldo:
Penso quella sia vera lussuria, il sesso senza amore e non la frequenza con cui veri amanti si scambiano vero amore.

Jasmine:
Già.. ☺

Rinaldo:
La vita però è dura e mette alla prova chiunque, quindi non voglio neppure giudicare troppo gli altri perché anche quello sarebbe un grave errore.

Jasmine:
Ook ☺

Rinaldo:
Questo è particolarmente vero per te che in un certo qual modo ancora non hai lasciato il nido..

Jasmine:
Lo so..

Rinaldo:
Infatti è anche importante che tu capisca che non devi lasciarti influenzare troppo neppure da me!

Jasmine:
Si stai tranquillo... io sono una testona.. ragiono sempre di testa mia...

Rinaldo:
Però ti ripeto, la mia esperienza è che la maggior parte di ogni generazione poi si brucia in un modo o nell'altro, ma questo poi è tutto un altro discorso..

Jasmine:
Ook ☺

Rinaldo:
Il problema è che la società stessa in cui viviamo è finta, malata e cannibale, sebbene poi questi discorsi non vengano mai presi sul serio proprio dai giovani che poi finiscono per capirlo solo e sempre a proprie spese quando è troppo tardi.

Jasmine:
☺

Rinaldo:
E dopo questa predica non potrei dire altro che mi piacerebbe sfilarti le mutandine per tirarci un po' su il morale!

Jasmine:
Piacerebbe anche a me...

Rinaldo:
Farlo a me o che io lo facessi a te?

Jasmine:
Entrambe...

Rinaldo:

42

Beh puoi sempre toccarti!

Jasmine:
Ehm... ☺

Rinaldo:
Cosa?

Jasmine:
Lo sto facendo...

Rinaldo:
Che cosa indossi?

Jasmine:
Un perizoma nero e un reggiseno abbinato...

Rinaldo:
Non indossi altro?

Jasmine:
No...

Rinaldo:
Di che materiale è il tuo perizoma?

Jasmine:
Cotone...

Rinaldo:
Adoro il cotone.. E la mano da dove la infili, da sopra o dal fianco?

Jasmine:
In questo momento dal fianco...

Rinaldo:
E con l'altra cosa fai? Tieni il perizoma spostato verso il lato o ti tocchi il seno?

Jasmine:

Mi tocco il seno..

Rinaldo:
E come scrivi?

Jasmine:
Lascio il seno...

Rinaldo:
Sei bagnata?

Jasmine:
Si...

Rinaldo:
Onestamente, quante volte sei venuta oggi?

Jasmine:
Questa una con questa due...

Rinaldo:
Adesso?

Jasmine:
No... quasi...

Rinaldo:
E quando la prima volta?

Jasmine:
Stamattina prima di andare da mia zia...

Rinaldo:
E vuoi venire anche adesso?

Jasmine:
Si...

Rinaldo:
Mentre ti parlo?

Jasmine:
Si...

Rinaldo:
Mi usi come un oggetto sessuale?

Jasmine:
No!!

Rinaldo:
Beh, io te lo lascio comunque fare!

Jasmine:
Ahahah ok ☺

Rinaldo:
Dovremmo cercare di venire assieme.

Jasmine:
Proviamoci...

Rinaldo:
Guidami tu, hai tu in mano il cambio!
Fuoco..acqua, fuochino?

Jasmine:
Fuochino...

Rinaldo:
ok

Jasmine:
Fuoco....

Rinaldo:
ok

Jasmine:
Fuochissimoo!!!

Rinaldo:
Okkk..ahh...

Jasmine:
Che c'è?

Rinaldo:
Eh, io ho dato..

Jasmine:
Si, anch'io... è bellissimo... ☺
*è stato bellissimo...

Rinaldo:
Il sesso virtuale è certamente una gran
bella cosa..

Jasmine:
Però tu non mi hai detto come sei
vestito...

Rinaldo:
Ho dei pantaloncini della Polizia e
degli slip. I pantaloncini sono di mio
fratello che fa il poliziotto a Milano. Il
resto è mio.

Jasmine:
☺

Rinaldo:
Mi hai distrutto!

Jasmine:
Aahahah posso dire lo stesso... ☺

Rinaldo:
Hi buttato giù il colosso di Rodi! Ua
tocca che ti dai una calmata o presto
non avrò neanche più le forze per
alzarmi dal letto la mattina.

Jasmine:
Aahahah ☺

Rinaldo:

Ah, comunque sei l'unica con cui lo faccio. Io insegno inglese e frequento le tue coetanee ma mai mi sarei permesso di fare questo con le mie studentesse, tu sei l'eccezione che conferma la regola, diciamo così!

Jasmine:
Ah ok... ☺

Rinaldo:
Eh si! Ho un po' di sensi di colpa, anche se non proprio!

Jasmine:
Stai tranquillo!! Non sono una tua alunna... xD

Rinaldo:
☺

Jasmine:
Poi se ti piace, perché dovresti avere sensi di colpa?

Rinaldo:
Assolutamente, comunque sta venendo fuori un gran bel libro. È un lavoraccio formattarlo, poi deciderai tu cosa farci.

Jasmine:
Oook ☺

Rinaldo:
È incredibile quanto ci siamo già scritti!

Jasmine:
Ahahahah ☺ Ops... mi sa che i miei parenti mi hanno sentita... ☺

Rinaldo:

Beh, digli sempre la verità. Stai chattando con un pen pal.

Jasmine:
Sisi... ☺

Rinaldo:
Poi non dovranno mica leggerlo per forza il libro.. quando sarai maggiorenne, ovviamente!

Jasmine:
Sisi!

Rinaldo:
Noi poeti siamo delle brutte bestie, vero?

Jasmine:
Mo, se siete tutti così, come te, siete carini e simpatici... *no

Rinaldo:
Se cerchi il mio nome su Google Books trovi gli tre che ho scritto. Non sono però per niente erotici anzi, fin troppo noiosi!

Jasmine:
Oook ☺

Rinaldo:
Ehi, mi son venuti gli occhi da civetta a fissare il monitor. Penso di voler staccare..

Jasmine:
Ahahahah oook ☺
Ciao!! grazie per prima...

Rinaldo:
Grazie a te! Notte!

Jasmine:
Notte!!

Rinaldo:
E sogni d'oro!

28 LUGLIO

Rinaldo:
Ciao bella, spero tu abbia avuto modo di recuperare un po' ieri. I miei neuroni sono sicuramente lieti della tregua. Ti ho mandato un'email comunque, ma non so se hai controllato la posta. Ma tu fai sesso virtuale spesso?

Jasmine:
Non guardo mai la posta... comunque no...

Rinaldo:
Controllati la posta elettronica allora, ieri ti ho inviato un file. E le tue coetanee si masturbano o fanno sesso virtuale con persone più grandi come te? Tu lo fai anche con i tuoi coetanei?

Jasmine:
Non posso controllare la posta, sono sul computer degli zii... non lo so, ma credo che le mie coetanee lo facciano con coetanei... e una volta l'ho fatto con un mio coetaneo...

Rinaldo:
E quale ti è piaciuta di più?

Jasmine:
Quella con te...

Rinaldo:
Sono contento allora!

Jasmine:
☺

Rinaldo:
Tanto o poco di più?

Jasmine:
Tanto...

Rinaldo:
Tu sei la prima con cui io l'abbia fatto!

Jasmine:
Ahahah, mi fa piacere!!! ☺

Rinaldo:
Anche a me, è molto bello!

Jasmine:
☺

Rinaldo:
E secondo te nel sesso virtuale conta o meno la dimensione del pene del tuo partner virtuale? Cioè, in termini di sensazione, cosa ti fa sentire meglio, un pene grosso o dei potenti testicoli pieni di testosterone?

Jasmine:
La seconda...

Rinaldo:
Allora posso dire di essere il più bel cazzo del web, virtualmente parlando ovviamente?

Jasmine:
Ahahahah ☺

Rinaldo:
Ah, ma poi l'altra sera ti sentirono i tuoi parenti?

Jasmine:
Si... ☺

Rinaldo:
E?

Jasmine:
Si... ma non ci hanno fatto molto caso...

Rinaldo:
Scusa mi è caduta la connessione ed ho dovuto riavviare il computer. Ma cosa hanno sentito esattamente?

Jasmine:
Credo che mi abbiano sentita ansimare... perché stavano origliando...

Rinaldo:
Ops.. ma hai tempo o vai di fretta?

Jasmine:
No no, ho tempo! ☺

Rinaldo:
Allora qual è il colore predominante della tua biancheria intima?

Jasmine:
Nero, bianco, beige...

Rinaldo:
Ma quello di cui ne hai più capi?

Jasmine:
Credo nero...

Rinaldo:
Ok, sai perché te lo chiedo?

Jasmine:

No...

Rinaldo:
Ti ricordi quando parlammo del gioco dei colori riguardo agli occhi?

Jasmine:
Si..

Rinaldo:
Beh c'è anche una storiella riguardo al carattere della donna in base al colore d'intimo che indossa.

Jasmine:
Ah si?? Non lo sapevo... raccontamela... ☺

Rinaldo:
Da quale colore vuoi cominciare?

Jasmine:
Nero! ☺

Rinaldo:
Ok. Il nero indica una donna vigorosa e sensuale, con fascino sottile e profondamente appassionata. Poi, che colore?

Jasmine:
Bianco...

Rinaldo:
Ok. Il bianco indica una donna innocente, ma aperta a suggerimenti. Una donna che opta per un reggiseno bianco è di solito ben disposta ad imparare. Beige?

Jasmine?
Si!

Rinaldo:
Il beige o nudo indica una donna rilassata, con nulla da nascondere. Un reggiseno nudo o color carne denota una personalità che è naturale, rilassata, semplice e trasparente. Posso ancora dirti il rosso ed il rosa. Quale vuoi sapere?

Jasmine:
Rosso! ☺

Rinaldo:
Appassionata, energica e motivata. Questa donna non è timida di chiedere ciò che vuole. I suoi sbalzi d'umore e necessità di dramma sono anche parte del suo fascino. Vuoi sapere anche il rosa?

Jasmine:
No... non ho niente di rosa... ☺

Rinaldo:
Ed io te lo dico lo stesso! Romantica, gentile e bisognosa di affetto. Lei è femminile, sensuale e non vorrebbe mai prendere l'iniziativa. Comunque ho tradotto tutto da uno studio di sociologi e sessuologi britannici, quindi non mi sono inventato nulla!

Jasmine:
Ooook ☺

Rinaldo:
E secondo te queste descrizioni rispecchiano la tua personalità?

Jasmine:
Si... ☺

Rinaldo:

Quindi immagino tu stia indossando qualcosa di nero anche oggi, giusto?

Jasmine:
Si... ☺

Rinaldo:
Sotto e sopra?

Jasmine:
Si! ☺

Rinaldo:
Vestiti ne indossi oggi?

Jasmine:
Ora no...

Rinaldo:
Ti sei già toccata oggi?

Jasmine:
Non ancora...

Rinaldo:
Ti andrebbe di venire?

Jasmine:
Si... ☺

Rinaldo:
A me piacerebbe tanto allargarti le gambe allora.

Jasmine:
Vorrei anch'io che tu lo facessi...

Rinaldo:
Poi mi piacerebbe stringerti forte i glutei con le mie braccia mentre sono in ginocchio avvicinandoti al mio petto.

Jasmine:
Piacerebbe anche a me...

Rinaldo:
Poi ti stringerti forte le cosce tra le mie braccia ed il mio tronco, tenendole ben strette mentre ti bacio il pancino ed il i fianchi..

Jasmine:
E poi? ☺

Rinaldo:
Poi distoglierei la tua attenzione baciandoti il seno lasciato scoperto dal reggiseno.

Jasmine:
Mi piacerebbe molto.... ☺

Rinaldo:
Poi ti chiederei la temperatura, sai.. fuoco, fuochino.. e ti comincerei a stringere forte il seno lasciandoti libera di allargare le cosce, continuando a baciarti il seno mentre lo stringo voglioso di succhiarti i capezzoli!

Jasmine:
Si!!... fuochino...

Rinaldo:
Allora ti slaccerei il reggiseno scoprendoti il seno per poi riposarvi sopra le mie mani e continuare a stringerlo ed a leccarti i capezzoli mentre di tanto in tanto con una mano gentilmente ti prenderei il mento per farmi baciare.

Jasmine:
Sii.... quasi fuoco....

Rinaldo:
E mentre mi baci ti toccherei le clavicole, le spalle, sino ad accarezzarti tutte le braccia, il dorso, le scapole, il fondoschiena e di nuovo i glutei per poi riaccarezzarti il seno e stringerti le mani con passione.

Jasmine:
Ci sei quasi.... ☺

Rinaldo:
Poi mi riabbasserei per accarezzarti le gambe, prima esternamente, stringerti le caviglie ed i piedi, poi ritornare su accarezzandoti la parte posteriore, palpando i polpacci, facendo un giro attorno alle tua ginocchia per poi forzare le tue cosce in modo da farle aprire e carezzandone l'interno sino a sfiorare la tua biancheria.

Jasmine:
Poi?

Rinaldo:
A quel punto continuerei a toccarti e carezzarti, infilando le miei mani dentro di te attraverso la tua biancheria facendoti sentire il calore del mio membro eccitato e voglioso di essere toccato.

Jasmine:
A quel punto... credo che toccherà a me...

Rinaldo:
Ti lascerei toccarmi mentre io continuo a toccare te, facendoti bagnare e facendoti crescere la voglia di infilarmi dentro di te.

Jasmine:
Una volta eccitati entrambi... io con la voglia di farti infilare dentro di me?? ☺

Rinaldo:
Aspetterei che tu mi dicessi che mi vuoi e solo allora di colpo ti sfilerei le mutandine e ti farei l'amore sino a venirti dentro con tutta l'anima!

Jasmine:
FUOCO!! ☺

Rinaldo:
Ti bacerei follemente mentre ti penetro alternando penetrazioni lente e dolci a veloci e possenti, godendo di te e della tua vagina bagnata..

Jasmine:
Siiii!!!! Fuochissimo!!

Rinaldo:
Poi te lo infilerei profondo, tutto dentro e mi lascerei andare dentro di te... spingendo forte..

Jasmine:
Sisisi!!!!! Hai superato il fuochissimo!!!

Rinaldo:
E a questo punto sarebbe un incendio!

Jasmine:
Si... ☺

Rinaldo:
Si.

Jasmine:
Mi hai sfinita....

Rinaldo:
Sono contento!

Jasmine:
☺

Rinaldo:
Ti riesce di sentirle le emozioni?

Jasmine:
Si...

Rinaldo:
E cosa ne pensi?

Jasmine:
Stupendo!!

Rinaldo:
E cosa penseranno i tuoi genitori che sicuramente si saranno già insospettiti del fatto che spendi un sacco di tempo in chat ormai, oltre ovviamente ai rumorini dovuti alla piacevole attività collaterale col tuo pen pal?

Jasmine:
Ma, i miei genitori non sono qua... sono al nord che stanno lavorando... e i miei parenti non mi cagano più di tanto... ☺

Rinaldo:
Ok.

Jasmine:
☺

Rinaldo:
Oltre ad usare il loro computer ovviamente.

Jasmine:

50

☺

Rinaldo:
Tu sei venuta?

Jasmine:
Siii!!! ☺

Rinaldo:
Ti basterà per oggi?

Jasmine:
Credo di si...

Rinaldo:
Meno male! Sai, la mia scorta di
spermatozoi non è illimitata.

Jasmine:
Ahahahahah

Rinaldo:
Ma sei io non venissi tu verresti lo
stesso?

Jasmine:
Si...

Rinaldo:
Ah, quindi il venire assieme è solo un
di più..

Jasmine:
Si... ☺

Rinaldo:
E la mia stamina invece la riesci a
percepire?

Jasmine:
Si...

Rinaldo:

Ma ti piacerebbe continuare a
masturbarti virtualmente con me?

Jasmine:
Si!!! =)= * ☺

Rinaldo:
Viva la sincerità!

Jasmine:
☺

Rinaldo:
Temo che metterai a dura prova la
mia fantasia oltre che alla mia stessa
stamina.

Jasmine:
Ahahahah ☺

Rinaldo:
E cosa ti aspetti da me?

Jasmine:
Niente... non mi aspetto mai niente
dalle persone... in modo che non mi
possano deludere e mi possano
sorprendere.

Rinaldo:
Ti piace quello che ti ho scritto, ti ha
fatto eccitare?

Jasmine:
Moltissimo... ☺

Rinaldo:
A me ha fatto eccitare l'idea di
scriverlo pensando che tu poi lo stessi
leggendo.

Jasmine:
☺

Rinaldo:
E mentre poi lo rileggevo dopo
avertelo inviato.

Jasmine:
☺

Rinaldo:
Ma non pensi che a un certo punto il
fatto che tu ti senta con un uomo che
ha il doppio della tua età possa irritare
qualcuno?

Jasmine:
Si.. ogni tanto ci penso... ma
sinceramente mi piace sentirmi con
te... quindi non mi interessa di cosa
pensano gli altri...

Rinaldo:
Si anche a me, ma non vorrei
indispettire nessuno. Proprio come
l'altra sera, è il ritorno del rimorso che
torna dopo il godimento, ricordi?

Jasmine:
Si...

Rinaldo:
Strana la vita, non saprei cosa altro
dire!

Jasmine:
Già... ☺

Rinaldo:
Mi sento anche estremamente
rilassato e calmo comunque adesso
dopo la nostra situazione virtuale.

Jasmine:
☺ Scusami... devo andare, ci sentiamo
stasera? Bacio, ciao!

Rinaldo:
Ciao, e a dopo. Ti mando comunque
questo messaggio che leggerai stasera.
C'è infatti anche da dire che questa
tecnologia è anch'essa una realtà,
incluso anche il sesso virtuale che noi
facciamo, sebbene non tutti riescono e
riusciranno mai neppure a
comprenderla.

29 LUGLIO

Jasmine:

Rinaldo:
Il fatto è che gran parte dei miei
coetanei è già mentalmente atrofizzato
e quindi non c'è proprio verso di
riuscire innanzitutto a parlargli, poi
figuriamoci a far capire loro la
cosiddetta "elttro-telepatia" che in
inglese su Wikipedia la si trova
definita come "Technologically
enabled telepathy" o anche
"techlepathy", "telepatia sintetica", o
"psychotronics". Cosa possiamo farci
noi se la capiamo e la usiamo, giusto?

Jasmine:
Giusto! ☺

Rinaldo:
Ciao bella!

Jasmine:
Ciao.

Rinaldo:
Buon giorno, come stai?

Jasmine:
Bene, tu?

Rinaldo:
Bene.

Jasmine:
☺

Rinaldo:
Sei già eccitata di prima mattina?

Jasmine:
Per il momento no... ma si può
rimediare.. ☺

Rinaldo:
Ma sei insaziabile!

Jasmine:
Ahahahahah ☺

Rinaldo:
Mi hai recluso ad una sorte di
monogamia virtuale poiché
praticamente mi tieni talmente
occupato mentalmente ed
eroticamente che non ho neppure le
energie per poter pensare al mio
piacere sessuale al di fuori di quando
chatto con te.

Jasmine:
Ahahahahah

Rinaldo:
Ricordi quando ti avevo detto che
prima vi cresciamo poi vi perdiamo e
tu mi dicesti che non sono sempre le
donne ad andarsene ma anche gli
uomini? Sono sempre più convinto
che è quello che succederà con te!

Jasmine:
Ahahah ok ==) *☺

Rinaldo:
Tu cosa ne pensi?

Jasmine:
Che se un uomo se ne va... non mi
merita...

Rinaldo:
Ma secondo te c'è il rischio che finirai
per innamorarti di me se continuerai a
masturbarti con me o vuoi solo che io
mi innamori di te per usarmi come
uno straccio?

Jasmine:
Potrei anche innamorarmi...

Rinaldo:
E sarebbe pericoloso secondo te?

Jasmine:
Non credo...

Rinaldo:
E poi come glielo diresti ai tuoi che tu
17enne ti sei innamorata di un poeta
34enne?

Jasmine:
Boh... prima però devo innamorarmi...

Jasmine:
☺ Scusa ma devo andare, ciaooo!! ☺

Rinaldo:
Ciao

Rinaldo:
Comunque ho voglia di te, se vieni
online e hai voglia di giocare un po'
come me mi farebbe piacere..

Jasmine:

Eccomi!! ☺

Rinaldo:
Ehi ci sei?

Jasmine:
Certo!

Rinaldo:
Ti va di giocare un po' con me?

Jasmine:
Si... ☺

Rinaldo:
Ho voglia di farti innamorare

Jasmine:
Ok ☺

Rinaldo:
Perdutamente!

Jasmine:
Sarà molto dura...

Rinaldo:
Ah si! E perché?

Jasmine:
Perché mi innamoro difficilmente...

Rinaldo:
Allora mi dovrò dar da fare
immagino..

Jasmine:
Eh già...

Rinaldo:
Dovrò fare in modo che tu mi corra
dietro!

Jasmine:
Già! ☺

Rinaldo:
Ed ho la vaga impressione di sapere
come fare, forse..

Jasmine:
Come?

Rinaldo:
Beh dovrò fare in modo che tu non
riesca più a togliermi dalla tua testa..o
meglio, dai tuoi pensieri..

Jasmine:
E come farai? ☺

Rinaldo:
Diciamo che già ci sto lavorando.

Jasmine:
Ok ☺

Rinaldo:
Voglio farti morire dal desiderio per
me.

Jasmine:
Oook ☺

Rinaldo:
Secondo te ho qualche possibilità?

Jasmine:
Non lo so...

Rinaldo:
Ma quante volte ti ho fatto venire sino
ad ora?

Jasmine:
4...

Rinaldo:
E ti sei masturbata con altri oltre me?

Jasmine:
Con un mio caro amico... che molte donne / ragazze conoscono...

Rinaldo:
Quindi lo fai con altri mentre lo fai anche con me!

Jasmine:
Con te e con lui... (lui è il vibratore)...

Rinaldo:
Ah.. Non c'ero arrivato

Jasmine:
Ahahahahah ☺

Rinaldo:
Mi hai preso in contropiede.

Jasmine:
Ahahahahah

Rinaldo:
Cosa indossi ora?

Jasmine:
Tanga nero...

Rinaldo:
Stai già giocando anche col tuo amico?

Jasmine:
No..ma volevo iniziare.. ☺

Rinaldo:
Diciamo che io sto avendo un piccolo contrattempo.. Quindi per un po' debbo chiederti di non cominciare ad

usarlo ma puoi benissimo carezzarti il seno

Jasmine:
Ooook ☺

Rinaldo:
Infatti vorrei tanto amarti in un giorno qualsiasi, quando non ti aspetteresti che io voglia farti l'amore e magari proprio quando tu indossi una donna lunga e leggera ed una camicetta sottile

Jasmine:
Ok ☺

Rinaldo:
Di nascosto poi ti osserverei muoverti aspettando quando ti giri per vedere l'orlo della tua gonna allargarsi e roteare per poi riposarsi quando anche tu hai finito di muoverti e ti metti a fare qualche altra cosa.

Rinaldo:
Guardare le gonne che girano mi fa impazzire, soprattutto se si possono intravedere le gambe e senza calze.

Jasmine:
Gonne lunghe o mini?

Rinaldo:
Lunghe.

Jasmine:
Non ho gonne lunghe... ☺

Rinaldo:
Lunghe perché è più difficile vederci attraverso. Ne hai qualcuna ad altezza ginocchio?

Jasmine:
Una... bianca... ma non so se mi va ancora bene... l'ho messa l'anno scorso..ma non mi piace..

Rinaldo:
È larga sotto o è stretta?

Jasmine:
Larga...

Rinaldo:
Beh, allora farei in modo di fartela indossare solo per me, un giorno, dentro casa.

Jasmine:
Spero che tu non me la faccia tenere tutto il tempo..

Rinaldo:
E invece si, non ti sfilerei neppure le mutandine o il tanga.

Jasmine:
Ah ok...

Rinaldo:
Ti spingerei contro la scrivania toccandoti il pancino con la mano sinistra ed il seno con la destra mentre ti bacio.

Jasmine:
☺

Rinaldo:
Ti farei sentire il mio pene duro contro il tuo pube per poi spingerti verso di me stringendoti i glutei e senza farti sedere sulla scrivania.

Jasmine:

☺

Rinaldo:
Ti aprirei la camicetta tenendoti schiacciata alla scrivania col mio pene premuto sul tuo monte di venere.

Jasmine:
☺ Si! Poi?

Rinaldo:
Ti bacerei il collo, dietro le orecchie, gli zigomi, il mento e la mandibola e ti bacerei i trapezi mentre li massaggio un po'.

Jasmine:
Poi? ☺

Rinaldo:
Poi comincerei a sollevarti la gonna come per accarezzarti le gambe facendo su e giù con le mani cercando di sentire la tue mutandine attraverso la gonna.

Jasmine:
☺ Si!!!!! Dopo?

Rinaldo:
Infilerei la mia mano sinistra da dietro nella tua gonna per palparti i glutei mentre con la destra ti stringerei forte il seno mentre ti bacio con la lingua.

Jasmine:
Sisisi!! Poi? ☺

Rinaldo:
Cercherei di infilare la mia mano quanto più possibile per riuscire a toccare con la punta del mio medio un po' del tuo frutto per farlo bagnare.

56

Jasmine:
Siiiiii!!! ☺ Continua!

Rinaldo:
Poi ti chiederei di slacciarmi i pantaloni e di afferrare il mio pene e cominciare a masturbarmi.

Jasmine:
Solo sega? ☺

Rinaldo:
Si, poi toglierei la mano destra dal tuo seno e te la infilerei dentro da sotto le mutandine davanti tenendo sempre la sinistra premuta nel tuo interno cosce da dietro, ed il tutto mentre mi fai una sega.

Jasmine:
Siiiiiiiiiiiiiiiii!!! ☺ Dopo?

Rinaldo:
Ti toglierei la mano sinistra da dietro e la metterei dietro il tuo capo abbassandotelo appena un per farti capire di succhiarmelo un po'.

Jasmine:
Siiiii!!! Te lo succhierò!!! ☺ Poi?

Rinaldo:
Con la mano destra continuerei a farti bagnare sin quando tu non ne potrai più e mi pregherai per dartelo.

Jasmine:
Dammelo!!! Ti prego!! ☺

Rinaldo:
Poi ti poserei sulla scrivania con le gambe ben aperte e con la camicetta sbottonata ma ancora col reggiseno.

Ti sposterei di fianco le mutandine con la sinistra e con la destra continuerei ad infilarti dentro il mio dito medio per sentirti bagnata.

Jasmine:
Siiii!! ☺ Poi???

Rinaldo:
Poi con le labbra ti afferrerei dolcemente il clitoride mentre col dio medio continuerei dolcemente a penetrarti. Ti stringerei e leccherei il clitoride fino a farlo gonfiare.

Jasmine:
Siiii!!!

Rinaldo:
E di tanto in tanto toglierei il mio dito medio da dentro di te per toccarti e stimolarti il clitoride. Lo farei fino a farti venire.

Jasmine:
Siii!

Rinaldo:
E solo allora ti scoperei io fino a venirti tutto dentro! Così, fottendoti con la gonna e le mutandine spostate di fianco al mio pene.

Jasmine:
Siii!!!

Rinaldo:
Ah.. ah.. ah.. aah..

Jasmine:
Che c'è?

Rinaldo:

Godo, ti sto godendo, godo!

Jasmine:
Il mio amico mi sta aiutando... ☺

Rinaldo:
Vorrei tanto esserci io al posto suo, mi hai fatto venire!

Jasmine:
☺ Anche tu...

Rinaldo:
Sono 5 allora!

Jasmine:
Ahahahah si!

Rinaldo:
Ti sei innamorata ti me?

Jasmine:
Non ancora...

Rinaldo:
Beh te lo avevo detto che tra un anno mi avresti dimenticato!

Jasmine:
non è detto... un anno è lungo.. può succedere che mi innamori di te..ma può anche succedere che ti dimentichi.. adesso devo andare... grazie! Ci sentiamo! ☺

Rinaldo:
Ciao approfittatrice di uomini!

Rinaldo:
Comunque in tutto ciò non ti ho più neanche detto perché mi piacciono le bionde!

30 LUGLIO

Rinaldo:
Oggi sono stanco sai, ma ti vorrei fottere lo stesso! Ho tanta voglia di venirti dentro!

31 LUGLIO

Rinaldo:
Alla fine ieri mi sono masturbato lo stesso da solo pensandoti!

Jasmine:
☺ Scusami.. ☺
Io non ho ancora dato oggi.. quando ti connetti se ti va... xD

Rinaldo:
Mi fai sentire come il tuo giocattolo sessuale, una sorte di vibratore virtuale e guarda che io al contrario di te invece mi innamoro presto. Ah, comunque prima di venirti dentro ti chiederei sempre a che punto stai col ciclo!

Rinaldo:
E un'altra cosa. A dire il vero, stamattina prima che andassi al mare a Gaeta mi sono nuovamente masturbato pensandoti e poco dopo mi è venuto di pensare una cosa. Sono curioso di sapere infatti se oltre al sesso telematico esistesse anche il sesso telepatico, per cui tu sia in grado di "sentire" in un certo qual modo quando io vengo pensandoti. Che ne dici?

1 AGOSTO

Jasmine:
Non credo esista... ☺

Rinaldo:
Che peccato però. Guarda, oggi proprio sono talmente contento che se fosse possibile ti sfonderei d'amore facendotela ricordate come la più gran bella scopata della tua vita!

Jasmine:
☺

Rinaldo:
Non vuoi sapere cosa mi è successo oggi?

Jasmine:
Certo!! Se vuoi dirmelo!! ☺

Rinaldo:
Beh, sono stato dai Carabinieri ed ho denunciato il governatore della Banca d'Italia, nonché della Banca Centrale Europea, Mario Draghi, per: "Usura, signoraggio bancario e tutto quanto ne consegue perché l'appropriazione monetaria all'atto dell'emissione da parte della Banca d'Italia è in contraddizione con l'Art. 1 della Costituzione Italiana per cui anche la sovranità monetaria appartiene al popolo e per frode contabile e fiscale perché matematicamente il debito risultante dalla creazione monetaria non esiste".

Jasmine:
Ah ok

Rinaldo:

E lo sai invece perché ti chiederei a che giorno sei del ciclo prima di venirti dentro?

Jasmine:
No... perché?

Rinaldo:
In pratica, su 4 settimane che dura il tuo ciclo ti posso venire dentro per 2 settimane senza correre grossi rischi di metterti in cinta. Poiché il 14° giorno di ciclo è quello quando sei maggiormente fertile, basterebbe non venirti dentro dal 11° al 17° giorno di ciclo per evitare complicazioni.

Jasmine:
Ma usare un preservativo è troppo complicato? ☺

Rinaldo:
Beh, se tu fossi la mia ragazza e fedele come dici tu allora non servirebbe affatto un preservativo per le ragioni che ti ho appena detto. In quella settimana però sarebbe sicuramente meglio averlo per evitare anche minime perdite di liquido seminale che potrebbero farti prena.

Jasmine:
Ah ok... comunque se un giorno scopremo ti farò mettere lo stesso il preservativo..indipendentemente se sono la tua ragazza o no.. ☺

Rinaldo:
Ci mancherebbe, saresti solo una folle se non lo facessi.. non mi conosci affatto e sarebbe un rischio insensato

scoparmi senza un preservativo non conoscendo la mia situazione medica.

Jasmine:
Appunto! ☺

Rinaldo:
Sei troppo intelligente per non capirlo, non ne avevo dubbi. Poi però se dovessimo continuare a scopare perché ti piaccio talmente tanto che non potrai più fare a meno di me allora ti chiederò di farlo senza!

Jasmine:
Se dovesse arrivare quel giorno... te lo concederò...

Rinaldo:
Non posso che continuare a sognare che arrivi allora!

Jasmine:
Ahahahah ☺

Rinaldo:
Ah, un'altra cosa. Comunque, a proposito di gonne di cui parlammo qualche giorno fa, vuoi sapere cosa penso della differenza tra mini o lunghe?

Jasmine:
Si! ☺

Rinaldo:
La cosa è senza dubbio complessa, ma secondo me la donna che indossa le mini è meno selettiva, si fa guardare da tutti mentre quella che indossa quelle lunghe, anche ad altezza ginocchio, ovviamente è più attenta nel concedere lo sguardo e le sue

membra solo a chi le piace veramente e non c'è nulla di più eccitante di una sconosciuta che si scopre discretamente anche solo di pochi centimetri creando per un attimo un'atmosfera di complicità che è molto più intrigante di un paio di gambe messe in buona vista anche se ovviamente quelle non guastano mai...

Jasmine:
Ahahahah ☺

Rinaldo:
Voi donne siete la rovina degli uomini! Conosci il detto Bacco, tabacco e Venere riducono l'uomo in cenere?

Jasmine:
No... ☺

Rinaldo:
Adesso si però!

Jasmine:
Certo! ☺

Rinaldo:
Comunque, per non farmi illudere inutilmente, ora che ci penso, so di averti chiesto se facevi sesso virtuale con qualcun altro, ma non ti ho mai chiesto se ti vedi, esci con qualcuno o sei single? A parte l'amico di voi donne, ovviamente.

Jasmine:
Esco con dei ragazzi.. ma niente di serio..

Rinaldo:

Ok, quindi la partita è ancora tutta aperta vero?

Jasmine:
Sisi...

Rinaldo:
Però mi prometti che se le cose dovessero cambiare me lo dirai e non continuerai ad usarmi come un giocattolo sessuale?

Jasmine:
Sisi te lo prometto!

Rinaldo:
Sai, sono un tipo un po' geloso, ma non maniacalmente geloso però.

Jasmine:
Ah ok ☺

Rinaldo:
Tu invece?

Jasmine:
Non più di tanto..diciamo che sono più vendicativa che gelosa..

Rinaldo:
Quindi comunque non mi lasceresti vedere altre donne, vero?

Jasmine:
Per vedere si...vedere ma non toccare! ☺

Rinaldo:
E perché? Ti eccita il fatto che io possa guardare altre donne senza poterle toccare se non te?

Jasmine:

Non è che mi eccita... è che non vedo alcun male se un uomo o un ragazzo frequenti altre donne... ma non dove farci niente... perché altrimenti è la fine per lui..

Rinaldo:
Certo, volevo solo sapere se magari la cosa ti stimolasse anche in qualche modo dal punto di vista dell'eros!

Jasmine:
Ah ok ☺

Rinaldo:
Mi sei mancata in questi giorni, sai! Giocare da solo, anche se pensando a te non è come giocare con te sentendoti così vicina.

Jasmine:
Se vuoi possiamo rimediare subito... ☺

Rinaldo:
Perché, cosa vorresti farmi?

Jasmine:
Vorrei spogliarti, toccarti, baciarti, eccitarti...

Rinaldo:
E da dove cominceresti a spogliarmi?

Jasmine:
Ora come sei vestito?

Rinaldo:
Ho soltanto una canottiera bianca e dei pantaloncini, proprio quelli color blue notte della Polizia con un elastico in vita ed i laccetti.

Jasmine:
Inizierei nel toglierti la canottiera...
facendoti dei massaggi al petto...poi ti
bacerei la bocca, il collo, le spalle,
piano piano scendo fino ad arrivare
sotto l'ombelico...poi ti slaccerei i
pantaloni massaggiando il tuo pene, ti
toglierei le mutande, e poi..

Rinaldo:
Diventerei già duro nel frattempo..

Jasmine:
Ti farei la pompa più bella della tua
vita...

Rinaldo:
Mi vorresti far venire con un
pompino?

Jasmine:
Si...

Rinaldo:
E me lo premessi contro la tua faccia,
schiacciandomelo contro le tue
guance di tanto in tanto mentre me lo
succhi?

Jasmine:
Certo!! Poi ti leccherei le palle... e con
la lingua leccherei fino ad arrivare al
glande... poi ricomincerei a
succhiare...ù..

Rinaldo:
E me lo scapocchieresti anche forte
forte come facendomi una sega?

Jasmine:
Ovvio!!

Rinaldo:

Io ti darei del filo da torcere cercando
di toccarti le tette e stringerti i
capezzoli..

Jasmine:
Mmm.. si... ☺

Rinaldo:
Non riusciresti a staccarmi le mani
dalle tette..

Jasmine:
Puoi anche tenerle... io devo finire di
succhiartelo.. ☺

Rinaldo:
E dove mi faresti venire, in bocca
ingoiando il mio seme o in faccia?

Jasmine:
Dove preferisci...

Rinaldo:
Io vorrei tanto guardati negli occhi
mentre ti vengo sulla lingua tirata
fuori con la bocca aperta.

Jasmine:
Come vuoi... allora ingoierò... ☺

Rinaldo:
Però poi ti darei comunque un ultimo
schizzo in faccia, spalmandoti il seme
in attorno la bocca e sugli zigomi col
mio stesso pene!

Jasmine:
Ok.. mi piace... ☺

Rinaldo:
Per poi farti succhiare e pulirmi il fallo
che ormai si affloscia dopo aver
appena goduto.

Jasmine:
Certo!! ☺

Rinaldo:
Te lo lascerei in bocca e tra le mani anche flaccido, iper sensibile per fartelo continuare a leccare anche se mi duole!

Jasmine:
Molto gentile da parte tua! ☺

Rinaldo:
Mi piace..

Jasmine:
☺

Rinaldo:
Tu sei venuta nel frattempo?

Jasmine:
No... ☺

Rinaldo:
Infatti mi dispiacerebbe che tu mi abbia dato piacere senza averti ricambiato..E quindi per ringraziarti ti aprirei le gambe e ti comincerei a fare un ditalino mentre di bacio ed assaggio il sapore del mio sperma nella tua bocca..ù..

Jasmine:
Si... mi piace!! ☺

Rinaldo:
Ti infileri dentro il pollice mentre strofinerei il resto del mio polso contro il tuo clitoride per poterti infilare bene il pollice dentro.

Jasmine:

Sisisi!! ☺

Rinaldo:
Farei dentro e fuori col pollice fino a farti sbocciare la vagina quanto più aperta e bagnata possibile.

Jasmine:
Si!!!!!!! ☺

Rinaldo:
Con l'altra mano invece ti toccherei le tette, baciandole mente bacio anche la tua bocca di tanto in tanto.

Jasmine:
Stupendo!!! ☺

Rinaldo:
Poi mi abbasserei in ginocchio, sempre masturbandoti col pollice mentre con l'altro braccio ti stringerei forte il culo facendo forza da dietro contro il mio pollice per infilartelo meglio.

Jasmine:
Siii!!! ☺

Rinaldo:
A quel punto non sentiresti più il mio polso sul tuo clitoride, ma il mio indice che preme contro lo scroto per far entrare il pollice quanto più possibile.

Jasmine:
Siiiiisiiiisisisisisisisi!! ☺

Rinaldo:
Poi ti darei una sosta tirando fuori il pollice e con la stessa mano messa di fianco schiaccerei forte il polso tra il

63

pollice e l'indice come per farlo entrare nella tua vagina cercando di toccarti il clitoride col mio pollice.

Jasmine:
Siii!! ☺

Rinaldo:
Sempre col pollice poi ti stimolerei un po' il clitoride perché voglio farti venire per ringraziarti del pompino che mi ha appena dato.

Jasmine:
Sisissisisi!!!! ☺

Rinaldo:
Sei la mia bambina e ti voglio far godere!

Jasmine:
Ci stai riuscendo!!! ☺

Rinaldo:
E allora rinfilerei dentro il pollice continuando a penetrarti e questa volta userei l'altra mano per fare lo stesso da dietro.

Jasmine:
Ooooh siii!! ☺
Mi piace moltissimo!! ☺

Rinaldo:
Col medio dell'altra mano cercherei di entrati dentro da dietro assieme al pollice della mano che ti penetra da davanti!

Jasmine:
Siiii!!!!! ☺ Fuochino!!

Rinaldo:

Ti metterei lo scroto a fuoco!

Jasmine:
Siiiiiii!!!!! ☺

Rinaldo:
Poi ti metterei un po' più comoda con le gambe aperte per poter leccare il tuo succo.

Jasmine:
Uh si!!!!! ☺

Rinaldo:
Con una mano dall'alto usando pollice e indice ti terrei le labbra allargate per mettere il clitoride ben in vista.

Jasmine:
S!! ☺

Rinaldo:
Io starei sempre in ginocchio, da un lato, con l'esterno della tua coscia contro il mio petto mentre ti lecco e con il medio dell'altra mai mano ti penetro o faccio giochini concentrici intorno al tuo buco.

Jasmine:
Meraviglioso!! ☺

Rinaldo:
Fino a farti venire!

Jasmine:
Siiiiiiiiiiiiiiiiiiiiiiiiiiiiiiiiiiiiiiiiiiii!!!!!!!!!!! Ci sei riuscito!! ☺ Grazie bello! ☺ Ma ora devo andare!! Ciaoooo!!

Rinaldo:
Ok.. come al solito!

2 AGOSTO

Rinaldo:
Ma lo sai cosa significa il tuo nome in inglese?

Jasmine:
No.. cosa?

Rinaldo:
Gelsomino, il mio fiore preferito, dalla fragranza forte ed appiccicosa come il liquido seminale e vaginale eppure allo stesso tempo tanto delicata, sensuale ed afrodisiaca!

Jasmine:
Wow!! ☺

Rinaldo:
Che c'è?

Jasmine:
Non sapevo che significasse gelsomino.. ☺

Rinaldo:
E ora che lo sai cosa ne pensi?

Jasmine:
Che ho un bellissimo nome.. ☺

Rinaldo:
Beh direi proprio di si! Avevo provato a chiedertelo tempo fa, poi però mi era sfuggito di dirti se sapessi il significato quando ti chiesi se il tuo nome era Jasmine o Natasha.

Jasmine:
Sisi mi ricordo.. ☺ Ma non sapevo il significato..

Rinaldo:
Secondo me ti si addice tantissimo, tu per me sei come un gelsomino!

Jasmine:
Ahahahah che onore!! ☺

Rinaldo:
Beh direi che l'onore in verità è tutto mio poiché tu hai portato tanta gioia e piacere nella mia vita proprio come un gelsomino!

Jasmine:
Ahahaha ☺

Rinaldo:
Ma tu sei scesa in aereo vero?

Jasmine:
Eh si... Perché?

Rinaldo:
Così.. se fossi venuta in treno ti avrei chiesto d'incontrati a Roma in stazione, per i cinque minuti di sosta di un treno.

Jasmine:
Ah ok.. ☺

Rinaldo:
Tu cosa avresti detto?

Jasmine:
Che mi sarei fermata.. ☺

Rinaldo:
E se io ti avessi chiesto di baciarmi se guardandomi ti fossi piaciuto subito senza dirmi nulla, tu l'avresti fatto? Sempre che ti fossi piaciuto ovviamente!

65

Jasmine:
Certo.. ☺

Rinaldo:
Anche solo se per 5 minuti?

Jasmine:
Certo.. ☺

Rinaldo:
Meglio di niente, vero? Penso avrei
potuto farti l'amore in stazione se tu
l'avessi fatto!

Jasmine
Sarebbe stato stupendo.. ☺

Rinaldo:
Mi piace tantissimo quella foto di te
mentre sei sdraiata con le braccia
dietro la testa..

Jasmine:
Ahahah sono contenta che ti piaccia..
☺

Rinaldo:
Hai un seno stupendo, per non parlare
poi dell'addome e dei fianchi!

Jasmine:
Ahahahah grazie!! ☺

Rinaldo:
La tua dolcezza poi mi penetra nel
cuore.

Jasmine:

Rinaldo:
E mi fa impazzire dalla voglia di
aprirti le gambe.

Jasmine:
Vorrei tanto che tu lo facessi..

Rinaldo:
Non sai quanto vorrei infilarti la mano
tra le cosce, proprio mentre sei
allungata come nella foto.

Jasmine:
Sarebbe stupendo!! ☺

Rinaldo:
Vorrei vincere ogni tua resistenza,
accarezzarti per ore facendoti salire la
temperatura e bagnandoti le mutande
mentre te le pigio contro col mio dito.

Jasmine:
Siiii!! ☺ Meraviglioso!! ☺

Rinaldo:
Farei di tutto per tenere a bada il mio
impeto e la mia voglia di sfilartele.

Jasmine:
Io vorrei che me le sfilassi... ☺

Rinaldo:
Lo vorrei capire dalla dolcezza della
tua vagina che mi si rilassa sotto la
mano coperta ancora dalle tue
mutande. Con l'altra mano invece ti
bloccherei i polsi come se ti avessi
ammanettata e ti bacerei aspettando
che tu stringessi forte le cosce attorno
alla mia mano perché mi vuoi e mi
desideri ardentemente!

Jasmine:
Poi ?

Rinaldo:

66

Poi ti riaprirei nuovamente le cosce e mi ci piazzerei in mezzo con le mie mutande contro le tue, strusciando il mio pene contro la tua vagina e tenendoti entrambi i polsi, uno con ognuna delle mie mani.

Jasmine:
Ah si!! Dopo? ☺

Rinaldo:
Farei tanto petting.. slacciandoti il reggiseno e toccandoti il seno col mio petto come per schiacciartelo.

Jasmine:
Poi?

Rinaldo:
Poi mentre ti guardo negli occhi ti chiederei se mi ami, perché il sesso è tanto meglio quando c'è l'amore!

Jasmine:
Ah.. ☺ Dopo?

Rinaldo:
Si! Vorrei che tu me lo dicessi o non te lo darei.

Jasmine:
Dopo che ti avrò detto che ti amo cosa faresti?

Rinaldo:
Ti strapperei letteralmente le mutande di dosso in maniera che non ti possa più dimenticare quanto mi hai appena detto e te lo infilerei dentro come se fosse la prima volta!

Jasmine:
Siii!!! ☺

Rinaldo:
Poi vorrei allungarmi io sotto di te, mentre tu sei sempre col pancino all'insù e ti entrerei da sotto e dietro mentre tu tiene le gambe aperte ma ancora sdraiata su di me perché vorrei sentirti i capelli sulla faccia e sentirli bagnare dal sudore!

Jasmine:
Oh si!!! ☺

Rinaldo:
Poi ti solleverei la schiena con le mie braccia sino a farti sedere sul mio pene mentre ce l'hai ancora completamente dentro e mi lascerei fottere come in una sfida o prova di forza per vedere chi resiste di più!

Jasmine:
Oh si sisisisisi!! ☺

Rinaldo:
Te lo terrei duro dentro fino a sentire i flati vaginali per via di tutte le penetrazioni con cui ti ho goduto e della tua bagnatissima vagina! Con una mano ti stimolerei il clitoride mentre tu mi fotti e con l'altra mi aggrapperei ad uno dei tuoi fianchi per spingerti e schiacciarti contro di me per fartelo sentire meglio dentro. Poi a quel punto penso avrei solo la forza residua per farti girare con la faccia verso di me e farti continuare a scoparmi da sopra guardandoci negli occhi sino a che tu non mi dirai di venire insieme..

3 AGOSTO

67

Rinaldo:
Ma ieri cos'è successo, sei venuta e ti sei disconnessa? Temo di aver vinto io la sfida allora perché ti ho fatto venire prima che venissi io. Infatti, mentre ti scrivevo quel ultimo messaggio neppure mi ero accorto che tu non fossi più online!

Jasmine:
Ahahahah scusami per ieri ma non c'era più connessione.. e dopo 10 minuti ho deciso di spegnere..

Rinaldo:
Figurati! Vuoi sapere anche un'altra cosa molto curiosa?

Jasmine:
Certo!

Rinaldo:
Non ho più neppure né rimorsi né sensi di colpa per via della nostra differenza età anzi, al contrario sono sempre più convinto della veridicità del detto antico per cui le donne vanno prese giovani per crescersele bene! Comunque debbo ammettere che forse è un bene non poterci incontrare a Roma perché sei comunque ancora minorenne e non lo posso dimenticare.

Jasmine:
Ah ok ☺

Rinaldo:
Tu invece?

Jasmine:
Non ne ho neanche un rimorso! ☺

Rinaldo:
Beh, è anche vero però che una volta le donne si sposavano addirittura a 14 anni, che ovviamente mi sembra un po' troppo datosi i tempi in cui viviamo.

Jasmine:
Già.. ☺

Rinaldo:
E poi solo ora io ho il doppio dei tuoi anni. Poi non sarà così e non so quando questo si ripeterà, come le eclissi.. Infatti, quando tu avrai 18 anni ad esempio io ne avrò 35, quindi uno meno del doppio e quando tu ne avrai 19 io 36, quindi due meno del doppio...

Jasmine:
Ahahah giusto!! ☺

Rinaldo:
Mi piace la matematica, te lo confesso.

Jasmine:
Ahahahah io la odio!! ☺

Rinaldo:
Ti aiuto io allora.. ☺

Jasmine:
Grazie!! ☺

Rinaldo:
Dopotutto la mia stamina e passione non deriva dal fatto che sono in cerca di una scopata, per quello si può addirittura pagare e non dico solo la parcella di una prostituta, ma basta comprare un po' da bere ad una ragazza facile, raccontarle un po' di

frottole che la facciano sentire bene e poi la si porta a letto. Io cerco di più, ti sto corteggiando come se ti volessi prendere in moglie o meglio, come compagna per la vita! Credo infatti che meglio si trattano le donne meglio è il risultato ed ormai il mio scopo è veramente quello di farti innamorare pazzamente di me.

Jasmine:
Ah ok.. ☺

Rinaldo:
Almeno così conosci i miei scopi!

Jasmine:
Certo! E questo lo apprezzo molto! ☺

Rinaldo:
Anzi, sono anche contento che non ti sia già stancata di me!

Jasmine:
Ahahahah sei simpatico.. ☺

Rinaldo:
Conosci il Cantico dei Cantici?

Jasmine:
No...

Rinaldo:
I nostri dialoghi infatti oltre a Paolo e Francesca mi ricordano sempre più di Salomone e Sulammita che sono i personaggi dei dialoghi del Cantico dei Cantici.

Jasmine:
Ah ok

Rinaldo:

Il Cantico dei Cantici è un testo contenuto nella Bibbia ed in pratica dice che: "L'amore tra uomo e donna, in tutte le sue dimensioni, quando è capace di recuperare l'originaria relazione col Creatore, ha una forza superiore a quella della morte, e libera l'essere umano dalla sua paura; i due amanti ripristinano quindi la condizione edenica di Adamo ed Eva, che prima del peccato originale vivevano una relazione perfetta tra loro e con Dio".

Jasmine:
Ah.. non lo sapevo... ☺

Rinaldo:
Beh, non so se te ne sei accorta, ma sono un tipo molto profondo e mi piace infatti riversare tutta la mia profondità anche nella mia sessualità che poi considero più un fatto quasi sacro che solo materiale e di appagamento temporaneo.

Jasmine:
Si, me ne sono accorta.. ☺

Rinaldo:
E sei contenta di avermi conosciuto, ti piace?

Jasmine:
Certo!! ☺

Rinaldo:
Era questo che ti aspettavi quando mi hai detto di cominciare a sentirci?

Jasmine:
Si... ☺

69

Rinaldo:
Anche tu mi sembri una tipa molto interessante comunque!

Jasmine:
Grazie! ☺

Rinaldo:
E cosa pensi delle cose che ti ho appena detto?

Jasmine:
Che sono vere.. e molte le penso anch'io..

Rinaldo:
E ti eccita parlare di cose serie con me o soltanto quando ci scriviamo cose più intime?

Jasmine:
Mi eccita di più quando parliamo di cose più intime.. però imparo molte cose... ☺

Rinaldo:
Quando?

Jasmine:
Quando mi descrivi cosa mi vorresti fare...

Rinaldo:
Impari cose su di me o sul sesso in genere?

Jasmine:
Entrambi.. ☺

Rinaldo:
Mi consideri un buon mentor allora?

Jasmine:

Si.. il migliore! ☺

Rinaldo:
Un maestro?

Jasmine:
Si! ☺

Rinaldo:
E mi ricompenserai se farò un buon lavoro?

Jasmine:
Certo! ☺ Cosa vorresti per ricompensa?

Rinaldo:
Te!

Jasmine:
Oook ☺

Rinaldo:
Tutta per me!

Jasmine:
Se farai un buon lavoro sarò tutta tua.. ☺

Rinaldo:
Ti amo! Mi piacerebbe amoreggiare con te sulla spiaggia facendoti eccitare e trattenendo la mia erezione con tutte le mie forze così da concentrare tutta la mia stamina e stimolare i testicoli affinché il resto dei bagnanti non possa vedermi avere un'erezione in spiaggia attraverso il mio costume rosso a mutanda.

Jasmine:
Si... ☺ Come faresti per farmi eccitare?

70

Rinaldo:
Ti soffierei gentilmente nelle orecchie mentre siamo sdraiati e comincerei a fissarti il seno mentre ti parlo con tono molto caldo per farti capire il mio eccitamento e per far eccitare anche te, stando attenti a non farci notare in mezzo alla gente.
Convoglierei tutta la mia voglia di te nelle mie palle permettendo solo ad esse di gonfiarsi e strozzando letteralmente il pene di ogni affluenza sanguigna. I miei testicoli si metterebbero a quel punto a produrre testosterone e spermatozoi come pazzi che se non rilasciassi mi duolerebbero da morire facendomi venire un mal di palle impressionante proprio in spiaggia mentre ti guardo, ti accarezzo e ti bacio sul lettino facendoti capire di volerti infilare la mano tra le cosce.

Jasmine:
Si... ☺ E se ci andassimo ad appartare?

Rinaldo:
Dove, in acqua?

Jasmine:
Si.. oppure in qualche parte dove nessuno ci vede...

Rinaldo:
Potrebbe sempre essere rischioso ma lo farei senza farmelo dire due volte ma ti chiederei se vorresti andare solo in costume o se vorresti indossare qualcosa, non so, magari anche solo un velo sottile attorno alla vite.

Jasmine:
Solo costume... ☺

Rinaldo:
Allora mi apparterei con te senza problemi e ti prenderei subito la mano per metterla sul mio pene già gonfio mentre ti comincio a baciare con tanti piccoli e brevi baci, prendendo e lasciando andare la tua bocca mentre indietreggio con la mia testa. Vorrei solo fartelo sentire attraverso il costume però, non vorrei cacciarlo subito fuori.

Jasmine:
Siii... ☺ Poi?

Rinaldo:
Poi ti abbasserei il top del costume, senza slacciarlo, cacciandoti le tette da fuori.. per leccarti i capezzoli.

Jasmine:
Oh sii!! ☺ Dopo?

Rinaldo:
E te le stringerei stando attento che non ci veda nessuno.

Jasmine:
Poi?

Rinaldo:
Poi ti palperei tutta, ogni singolo cm. del tuo corpo.

Jasmine:
Siiiii!!!! ☺

Rinaldo:

Vi passerei le mani come per spalmarvi la crema da sole, ma con altri intenti! Ovunque!

Jasmine:
Si!!

Rinaldo:
Fin sopra le tue orecchie e poi comincerei a strusciarmi contro di te col mio pene gonfio e desideroso di te.

Jasmine:
Sisisisisisisiiiiiiiiiiiiiiiiiiiiiiiiiiiiiii!!!!!!!!!!!!!!!!! ☺ Continua!!

Rinaldo:
Guardandoti il seno scoperto, il bel seno scoperto! Poi ti farei allargare le gambe per potermi strusciare meglio contro di te e sentirti meglio la vagina per farla eccitare un po'. A questo punto penso tu potrai anche vedere il mio glande uscire fuori dal mio costume, verso l'alto.

Jasmine:
Si... ☺ Dopo?

Rinaldo:
Ti accarezzerei entrambe le spalle con le mie mani massaggiandoti un po' i trapezi e fissandoti senza dire nulla e poi guardandomi il glande per farti capire che è ora di prendermelo in mano.

Jasmine:
Si!!! Te lo prendo!!! ☺

Rinaldo:

Non appena me lo avrai preso in mano e comincerai a masturbarmi un po' io farò lo stesso, passando la mia mano sul tuo costume per sentirti e palparti la vagina pigiando anche con un po' di forza per sentire le labbra che si dilatano sotto la pressione della mia mano mentre le accarezzo con moti a ziz zag o semicircolari attraverso il costume.

Jasmine:
Siiiii!!! ☺ Non fermarti!! Dopo?

Rinaldo:
Per paura poi di poteri infilare della sabbia nella vagina eviterò di metterti dentro il mio dito medio, ma ti tirerei giù il costume, solo la parte sulla tua vagina, senza sfilartelo tutto, in modo da scoprirti solo la vagina per non dare troppo nell'occhio.

Jasmine:
Poi?

Rinaldo:
Lo terrei abbassato e verso un lato in modo da lasciare libero l'accesso per il mio glande di strusciarti la vagina, senza penetrarti ma solo accarezzarti per sentire quanto sei bagnata per poi tentare di infilarti il glande nella vagina, ma solo il glande, senza infilarlo tutto. Te lo farei assaggiare e poi lo tirerei fuori, per farti ardere dalla voglia.

Jasmine:
Siii!!! continua!!! ☺

Rinaldo:

Poi ti farei girare di schiena e ti abbasserei il costume quanto basta per vederti tutto il culo ed avere abbastanza spazio per entrarti dentro da dietro. Comincerei a spingertelo dentro pazzo dal piacere di sentire i tuoi morbidi glutei contro il mio inguine ad ogni colpo!

Jasmine:
Siii!!! mi piace!!!!! Dopo?

Rinaldo:
Ogni tanto mi fermerei restandoti tutto dentro ed afferrandoti i fianchi, proprio sulle creste iliache e ti spingerei in dietro verso di me mentre io spingerei ancora più dentro di te.

Jasmine:
Siii!!!! ☺ Ancora!!! Mi stai facendo eccitare un sacco...continua!!

Rinaldo:
Poi cercherei la tua bocca per baciarti e per darti un po' di lingua e poi ti chiedere anche i di dirmelo!

Jasmine:
Dirti cosa?

Rinaldo:
Quello che mi piace sentirmi dire mentre ti faccio l'amore.

Jasmine:
Cioè?

Rinaldo:
Ti amo!

Jasmine:
Ah ok..Ti amo! Continua!!

Rinaldo:
Ti continuerei a penetrare da dietro ancora per un po' allora.

Jasmine:
Siii!!!! Poi?

Rinaldo:
Poi ti farei piegare tenendo sempre le gambe ben aperte e distese per scoparti ancora meglio e più a fondo con le tette che si sbattono mentre ti scopo con tutta la mia passione.

Jasmine:
Siiiiiiiiiiiiiiiiiiiiiiiiiiiiiiiiiiiiiii!!!!!!!!!!!!!!!!!

Jasmine:
Ti manca poco per farmi venire!!!

Rinaldo:
Poi con le mani ben aperte ti prenderei i glutei per allargarli e vedere bene sia il buco del tuo culo che la tua vagina mentre me la fotto.

Jasmine:
Sisisi!! Continua!

Rinaldo:
E poi sempre allargandoti bene le chiappe te lo spingerei dentro fino a venire..

Jasmine:
Oooh siii!!! Ancora un pochino!! E vengo!!

Rinaldo:
E poi ti stringerei forte e strette le chiappe e tutto il bacino proprio nell'attimo in cui ti vengo dentro!

Jasmine:
Oooh si!! Ancora!!

Rinaldo:
Poi non mi rimarrebbe che baciarti ancora e tirartelo fuori mentre un po' del mio seme ti fuoriuscirebbe dalla vagina per via dell'abbondate sburrata che t'ho appena dato!

Jasmine:
Oh si! Poi io ti leccherei il pene per pulirtelo dopo la tua prestazione meravigliosa...

Rinaldo:
Ti amo!

Jasmine:
☺

Rinaldo:
Perché lo faccio col cuore, non solo col pene! Poi ti direi che sarebbe giunto il momento di andarci a fare un bel bagno a mare!

Jasmine:
Mi sembra giusto.. ☺

Rinaldo:
Un bacio, buona notte! Io stacco.

Jasmine:
Ciaooo!! ☺

4 AGOSTO

Jasmine:
Ciao. ☺

Rinaldo:
Ciao bella!

Jasmine:
Come va? ☺

Rinaldo:
Ti pensavo a dire il vero..

Jasmine:
Ahahahah sono contenta!! ☺

Rinaldo:
Innanzitutto perché volevo sapere se sei riuscita a venire ieri sera, non te l'ho chiesto, scusami!

Jasmine:
Figurati! Certo che ci sono riuscita!!

Rinaldo:
Sono contento allora.. poi perché ho letto un post di una tipa online e te lo volevo far leggere. È in inglese, ti va?

Jasmine:
Oook ☺

Rinaldo:
Se non lo capisci ti aiuto io: "Every woman deserves a man that calls her baby, kisses her like he means it, would never hit her, holds her tight like he never wants to let go, doesn't make her jealous with other women, instead makes other women jealous of her, is not afraid to let his friends know how he really feels about her, and makes sure she knows how much he loves her."

Jasmine:
Più o meno ho capito.. ☺

Rinaldo:
Ok, che ne dici?

74

Jasmine:
Ce è la verità.. ☺

Rinaldo:
So there is no need I translate it for you? Do you wanna speak English a little bit?

Jasmine:
Okay... ☺

Rinaldo:
Good.. I like it, and I like being able to speak it with you because that's a part of me as well!

Jasmine:
Ahahahahah okay... what you want to talk?

Rinaldo:
Ok.. what do I want to talk about? Uhm.. Let's see.. Did you have lunch?

Jasmine:
Yess!! You? ☺

Rinaldo:
Yeah, so are you just relaxing now?

Jasmine:
Oh yes! ☺

Rinaldo:
Are you using a laptop or a desktop computer?

Jasmine:
Desktop computer! ☺

Rinaldo:
Ok, I was just curious. So.. are you horny right now?

Jasmine:
What is horny?

Rinaldo:
Aroused.. sexually aroused.. eccitata

Jasmine:
Okay!! A little ....

Rinaldo:
Would you like to know my American side as well?

Jasmine:
Yes! ☺

Rinaldo:
Are you wet?

Jasmine:
A little.. but you can improve it.

Rinaldo:
Oh.. I can make it better ah.. What are you wearing?

Jasmine:
Leopard thong...

Rinaldo:
Uh... do you always relax in your panties?

Jasmine:
Yes! ☺

Rinaldo:
Are you wearing a bra?

Jasmine:
No...

Rinaldo:

75

Are you alone in your room? ☺

Jasmine:
Yes!!

Rinaldo:
Is the door locked?

Jasmine:
Obvious! ☺

Rinaldo:
Obviously.. ah! And are there any windows in your room?

Jasmine:
One! ☺

Rinaldo:
Is it a big window?

Jasmine:
Yes!

Rinaldo:
Can anyone see you through it?

Jasmine:
No! There are curtains! ☺

Rinaldo:
Do you keep them closed all the time when you are naked?

Jasmine:
Yes!

Rinaldo:
If I could, I would always be looking at your window hoping to see you naked!

Jasmine:

Ahahahahahah would you not rather be in my room?

Rinaldo:
Of course, you have no idea how much I'd love that!

Jasmine:
Ahahahah ☺

Rinaldo:
Is it your bedroom?

Jasmine:
Yes!

Rinaldo:
Could we keep the door locked?

Jasmine:
Yes! ☺

Rinaldo:
Could we put something on the keyhole?

Jasmine:
Yes! ☺

Rinaldo:
Then I'd push you making you sit on your bed.

Jasmine:
Oh yes!

Rinaldo:
Right on the edge..

Jasmine:
Yes... !!

Rinaldo:

76

I'd stand right in front of you.

Jasmine:
And then?

Rinaldo:
With my dick right in your face, and I'd have you suck on it!

Jasmine:
Oh yes!! I suck your dick!!! ☺

Rinaldo:
A lot!

Jasmine:
Oh yesss!!! ☺

Rinaldo:
Then I'll have you suck on my balls as well while I hold my dick up with one hand, and the other touch your boobs from below up.

Jasmine:
Ooooh yess!! Continue!!

Rinaldo:
Then I'll ask you if you want to get fucked today or just wanna give me a blow job.

Jasmine:
I want to get fucked!! ☺

Rinaldo:
Do you want to get fucked in the ass as well?

Jasmine:
Yes.. ☺

Rinaldo:

Good... But first I'll have to try some of your pussy because I am not going to put my dick in your vagina after I have fucked you in the ass because I care about you, and I don't want you to get vaginal infections!

Jasmine:
Okay! ☺

Rinaldo:
So, I'll get down on my knees and put your legs on my shoulders, resting on my back.

Jasmine:
Oh yes!!

Rinaldo:
And I'd start licking your pussy with my tongue, sticking my finger inside you as well.

Jasmine:
Yess!! Fuck me!!

Rinaldo:
When your pussy is really wet I will put inside the finger of my other hand, while I'll put the one I just got out in you ass, fingering you both in the ass and pussy with my two hands. And, because you asked me to fuck you, I'll get back on my feet and have you turn around, doggy style, with your knees on the edge of the bed and with your legs open.

Jasmine:
Oh yes! ☺

Rinaldo:

Then with one hand I'll hold your ass, and with the other grab my dick sticking it inside your wet pussy!

Jasmine:
Ohh yes!

Rinaldo:
After a while, when you are really wet and well open I'd start sticking my finger in your ass to prepare it to be fucked too.

Jasmine:
Oh si!! Continua!!! Mi piace!! ☺

Rinaldo:
Then I'll stop fucking your pussy and start penetrating your ass, gently and slowly so that I don't hurt you too much!

Jasmine:
Continua!! (sono bagnata tanto!!)

Rinaldo:
I want you to masturbate while I fuck you in the ass with your hand putting it inside from under your stomach, while I hold your ass with both my hands.

Jasmine: ˙
Oh si!! ☺

Rinaldo:
Then I'll ask you if you want my warm semen on your ass.

Jasmine:
Certo che lo voglio!!! ☺
Rinaldo:
Then you have to tell me you love me!

Jasmine:
I love you!!! And then?
* I love you man!!

Rinaldo:
Then I'll start fucking you hard, very hard in your ass until it hurts and you start moaning gently.

Jasmine:
Ahhhhhh si!! Più forte!!! ☺ Dopo?

Rinaldo:
Yeah!

Jasmine:
Continua! ☺

Rinaldo:
I'll come all over your ass!

Jasmine:
Si!!!!!!!! ☺ Continua!!!! ☺

Rinaldo:
My dick would hurt..

Jasmine:
I suck it some more!!

Rinaldo:
But I would slam it on your ass.. No, I won't let you suck it after I have stuck it up your asshole!

Jasmine:
Please!!! I love sucking your dick!!

Rinaldo:
☺

Jasmine:
I want to suck your dick!!

Rinaldo:
It's dirty... I won't let you! Not when I fuck you in the ass!

Jasmine:
I've already tried .. and it was beautiful!!! ☺

Rinaldo:
Well, we can till take a shower together and you can suck it then!

Jasmine:
Yeah!!!

Rinaldo:
Do you prefer my Italian or American side?

Jasmine:
Italian.. ☺

Rinaldo:
Really?

Jasmine:
Yes..

Rinaldo:
Why?

Jasmine:
Because I understand better.

Rinaldo:
Ah.. ok! Allora solo per curiosità, ma tu rileggi mai le nostre conversazioni?

Jasmine:
Si...

Rinaldo:
E ti senti più sicula o piemontese?

Jasmine:
Entrambi...

Rinaldo:
Dovrò solo stare attento che tu non faccia la stessa fine di Elena di Troia e che non ti portino via!

Jasmine:
Ahahahahah ☺

Rinaldo:
Conosci la sua storia?

Jasmine:
Più meno me la ricordo ☺

Rinaldo:
Nell'Iliade di Omero la bellezza di Elena fu la causa scaturante della guerra di Troia in quanto era ritenuta la donna più bella del mondo. Elena sposò Menelao, re di Sparta e la sorella Clitennestra sposò invece Agamennone, il fratello di Menelao. Quando era ormai moglie di Menelao, Elena venne rapita dal principe troiano Paride e così i greci con a capo Agamennone dichiararono guerra a Troia.

Jasmine:
Sisi!!

Rinaldo:
Sebbene solo virtualmente, comunque ti amo!

Jasmine:
Ahahahah ☺

Rinaldo:

Non fosse altro per il sentimento che provo.

Rinaldo:
Ti ho detto che mi innamoro facilmente! ☺

Jasmine:
Ahahahahah ☺

Rinaldo:
Oggi vai al mare?

Jasmine:
Si tra un po'...

Rinaldo:
Io penso di andarmene da mio cugino a Fermo, nelle Marche la prossima settimana per qualche giorno.

Jasmine:
Ah ok ☺

Rinaldo:
Ho voglia di mare!

Jasmine:
Ahahahahah anch'io!! ☺

Rinaldo:
Da qui solitamente andiamo a Gaeta sul Mediterraneo o a Vasto sull'Adriatico ma ci tocca sempre guidare.

Jasmine:
Ahahahah mi dispiace! ☺

Rinaldo:
Anche a me, soprattutto perché non ci sei tu!

Jasmine:
☺

Rinaldo:
Non ti dico neppure cosa ti combinerei in acqua!

Jasmine:
Dimmelo!! ☺

Rinaldo:
Di già...

Jasmine:
Si! ☺

Rinaldo:
Non mi fai neppure riposare un po'! Neanche il tempo di ricaricare!

Jasmine:
No! ☺ Ho una voglia matta di scopare oggi! ☺

Rinaldo:
Spero bene non te la faccia passare con qualcun altro! Ci rimarrei di merda.

Jasmine:
Oook allora fammi eccitare ancora un po'...

Rinaldo:
Tu non sei come Elena di Troia, sei peggio! ☺

Jasmine:
Ahahahahah

Rinaldo:
Sei proprio un'amazzone, fredda come una celta che quando però si

80

scalda va in ebollizione! Temo neppure l'Etna potrebbe competere con te!

Jasmine:
Ahahahah.

Rinaldo:
Forse mettendoci il Vesuvio assieme riuscirei a tenerti a bada, infatti Etna e Vesuvio sono i nomi dei miei due coglioni!

Jasmine:
Wow!! ☺

Rinaldo:
Raccontami un po' come stai adesso? Hai il tuo amico a portata di mano?

Jasmine:
Sono completamente nuda!! E il mio amico è qua accanto.. sono sdraiata su un divanetto..

Rinaldo:
Hai le gambe allargate?

Jasmine:
Certo!

Rinaldo:
E come?

Jasmine:
Sdraiata a pancia in su... con le gambe piegate aperte, l'indice e il medio della mano sinistra sono nella mia vagina bagnata...

Rinaldo:
È ben allargata?

Jasmine:
Si!!! ☺

Rinaldo:
C'hai infilato il vibratore prima?

Jasmine:
No...

Rinaldo:
Sei venuta?

Jasmine:
Si..ma ho voglia di venire ancora!!! ☺

Rinaldo:
Allora perché non cominci a giocare col tuo clitoride?

Jasmine:
Lo sto facendo con il pollice.. adesso mi lecco le dita.. e le rinfilo!

Rinaldo:
Vorrei tanto poter vederti la fica.

Jasmine:
La vedrai... ☺

Rinaldo:
E accarezzarla assieme a te, come stai facendo tu!

Jasmine:
Si...vorrei tanto che tu lo facessi..

Rinaldo:
Te la terrei ben allargata, per vedere bene il tuo buco, quello che mi da tanto piacere e che mi fa diventare pazzo!

Jasmine:

81

Si!!! Guardalo! ☺ Fammi venire
ancora!!

Rinaldo:
Poi voglio vederti infilarci le tue dita
mentre io te la tengo allargata.

Jasmine:
Oooh si!!! ☺ Le infilo!!!

Rinaldo:
Ti comincerei a toccare il lato
posteriore delle cosce sino alla parte
posteriore delle ginocchia, in modo da
avvicinarti le cosce al ventre e
sollevarti i piedi.

Jasmine:
Sisisi!! ☺

Rinaldo:
Te le terrei ben divaricate mentre tu
continui a masturbarti.

Jasmine:
Siiii!!!!! Tienimele bene larghe!! ☺

Rinaldo:
Poi comincerei ad avvicinare il mio
pene ancora semiflaccido e stanco
dalla chiavata precedente alla tua
vagina per assaporare al mio glande un
po' del tuo succo e della tua fica
ancora vogliosa di lui.

Jasmine:
Oh si!!! ☺

Rinaldo:
Con una mano ti lascerei una coscia
per poter cominciare ad infilartelo
dentro ancora moscio mentre tu la
tieni ben allargata.

Jasmine:
Ooook... infilamelo!!!!! Si!!! ☺

Rinaldo:
Quando il cazzo è moscio non è tanto
facile e quindi ci vuole un po' più
tempo e pazienza.

Jasmine:
Fa niente!! Basta che mi scopi!!! ☺

Rinaldo:
Si! Una volta infilato il glande e
cominciato a farlo entrare con l'aiuto
della mia mano comincerà a diventare
duro, gradualmente.

Jasmine:
Oh si!!! Sempre più duro!!! ☺

Rinaldo:
Si, mentre ti fotto sempre più!

Jasmine:
Oh si!!! ☺ Il mio amico mi aiuta ad
immaginare come sarebbe...!!! ☺

Rinaldo:
Uaho! Non so se potrò venire di
nuovo però perché accontentarti tutti
i giorni è faticoso!

Jasmine:
☺

Rinaldo:
Sei una troia! Una gran bella troia!

Jasmine:
Grazie!

Rinaldo:
E mi piace fotterti!

82

Jasmine:
Oh anche a me piace essere fottuta!!
☺

Rinaldo:
E più ti fotto più scopro quanto sei
troia!

Jasmine:
Oh si!

Rinaldo:
Tanto troia da farmi venir voglia di
venirti dentro di nuovo!

Jasmine:
Oh si!!! Fallo!! ☺

Rinaldo:
Dimmi che sei una troia, la mia troia!

Jasmine:
Sono la tua troia!!! ☺

Rinaldo:
E che lo vuoi!

Jasmine:
Lo voglio!! Tantissimo!!!

Rinaldo:
Perché ti piace da morire!

Jasmine:
Mi piace!!!! Troppo!!

Rinaldo:
Sei pazza del mio cazzo!

Jasmine:
Siii!!! È bellissimo!!!! Lo voglio sempre
dentro!!

Rinaldo:
E vuoi il mio seme!

Jasmine:
Sii!!! Voglio tutto il tuo seme!!

Rinaldo:
Lo avrai!

Jasmine:
Oh si!!! ☺

Rinaldo:
È difficile ma ti fotto e non mollo!

Jasmine:
Oh si!!

Rinaldo:
Devo fotterti forte forte e
velocemente..

Jasmine:
Oh si!!! Più forte!!!

Rinaldo:
Con il cazzo semiflaccido!

Jasmine:
Te lo succhio, ti faccio una sega...
tutto quello che vuoi e te lo farò
ritornare duro!!! ☺

Rinaldo:
Ok! Si succhiamelo!

Jasmine:
Ok!!! Te lo succhierò più che posso!!!

Rinaldo:
Ok.

Jasmine:

Te lo leccherò e ti faccio una sega mentre ti lecco le palle!!

Rinaldo:
Ok fammi venire mentre mi fai una sega allora!

Jasmine:
Oooh si!! mi verrai in faccia""*!!!

Rinaldo:
No, ti fotto ancora!

Jasmine:
Oh si!!! Allora fottimi!!! ☺ Credo che per oggi io sia venuta già abbastanza... ☺

Rinaldo:
Non dirlo a me!

Jasmine:
Quante volte sei venuto?

Rinaldo:
Sono arrivato! Due... ma la seconda è stata un'avventura, altro che Guerra di Troia!

Jasmine:
Ahahahah io 4... ☺

Rinaldo:
Beata te!

Jasmine:
Ahahahahah ☺

Rinaldo:
Io col cazzo semiflaccido, mi sa che ti tocca chiamare il carroattrezzi ora per farmelo rialzare!

Jasmine:
Ahahahahah addirittura?

Rinaldo:
Beh, puoi sempre aspirarmi tu quello che c'è rimasto! Mi hai fatto fare una sudata!

Jasmine:
Sicuramente!! ☺

Rinaldo:
Niente male per essere una sega virtuale!

Jasmine:
Ahahahahah ☺ Inizio a rivestirmi.. ☺

Rinaldo:
Ok, io vado un po' a farmi un giro in giardino..per far prendere un po' di fiato ai miei coglioni!

Jasmine:
Ahahahahah ok... Però devo andare!! Ciao!! Mi aspetta un bel bagnetto al mare!! ☺

Rinaldo:
Ho il cazzo in fiamme! Ciao e divertiti al mare!

Rinaldo:
Mi è venuto in mente di chiederti una cosa, ma secondo te il sesso virtuale è utile ad un adolescente che può così farsi in un certo qual modo un'idea di cosa sia il sesso con un'altra persona prima di sperimentarlo realmente quando non si può poi più tornare indietro ed evitare così di fare scelte affrettate di cui poi ci si potrebbe pentire?

84

5 AGOSTO

Jasmine:
Secondo me sì... ☺

Rinaldo:
Ciao! Comunque sai una cosa, giusto per rimanere in tema, lì per lì non avevo notato che mi avevi detto di aver già succhiato un cazzo dopo averlo preso in culo. Sinceramente io speravo che tu fossi vergine!

Jasmine:
No... ho perso la verginità l'anno scorso... con un idiota!! (comunque ciao! ☺)

Rinaldo:
Beh, io innanzitutto non sono assolutamente nelle condizioni di poter giudicare nessuno ma penso che la sincerità possa essere più importante anche della fedeltà e quindi ad ogni modo devi sapere che non mi farei mai succhiare il cazzo da una donna a cui gliel'ho appena messo in culo per rispetto verso le donne in genere e conseguentemente non voglio neppure che tu lo faccia mai più, né a me né a nessun altro, perché mettersi del materiale fecale in bocca è quanto di più insensato si possa fare e non sei più una bambina a cui bisogna insegnarlo.

Jasmine:
Oook ☺

Rinaldo:
Diciamo allora che non più alcun rimorso o sensi di colpa e che se dipendesse da me ti scoperei ogni momento, senza neppure aspettare l'anno prossimo che tu diventi maggiorenne! Chi era comunque st'idiota?

Jasmine:
Il mio ex... dopo 3 anni che stavamo insieme mi ha lasciata per una che dopo che hanno scopato l'ha lasciato..in pratica mi ha lasciato (scusa il termine) per una zoccola...

Rinaldo:
E tu con quanti ragazzi sei già stata?

Jasmine:
Storie serie solo quello..ma con gli altri non sono andata oltre al bacio...gli altri stanno per 2...

Rinaldo:
Ti va di parlarne allora?

Jasmine:
Ok

Rinaldo:
Anche in generale, non solo di noi personalmente.

Jasmine:
Si, va bene ☺

Rinaldo:
Ti dispiace avergli dato la tua dote?

Jasmine:
Sinceramente no... perché lui mi piaceva un sacco... avevo perso la testa per lui...

Rinaldo:

Ok. ☺ Io invece sono venuto su molto spartano e non ho mai sentito o vissuto la sessualità come un fardello da doversi sgroppare di dosso come invece mi dava l'impressione fosse per quasi tutti i miei coetanei. Così gli anni passavano e la mia verginità a dire il vero non mi pesava poi più di tanto finché poi non incontrai una donna che aveva fatto un percorso di vita simile al mio, in termini di preservarsi il più possibile e così poi lo abbiamo fatto assieme per la prima volta.

Jasmine:
Quanti anni avevi?

Rinaldo:
☺ Beh, posso dirti solo che la verginità non è la chiave della felicità per esperienza diretta. Io ho perso la verginità a 22 anni con questa donna ma storia è finita male lo stesso. Quindi no, la verginità non garantisce l'amore eterno.

Jasmine:
Me ne sono accorta...

Rinaldo:
La mia virilità e la mia stamina però non derivano dal numero di esperienze ma proprio dalla mia tempra, capisci cosa voglio dire? Io sono un uomo classico perché indipendentemente dalle mode del momento non invecchio mai!

Jasmine:
Ah ok ... ☺

Rinaldo:

A Sparta uomini e donne crescevano assieme allenandosi nell'arte della guerra, anche nudi, affinché entrambi imparassero i corpi degli altri ma l'amore ed il sesso era consentito solo dopo i vent'anni. È sempre lo stesso concetto inglese di "Easy comes, easy goes" o come dice Roberto Benigni: Ho come l'impressione, guardandomi attorno, che gli adolescenti, oggi, perdano la verginità all'età in cui io mi divertivo a nutrire i ragni ma, ascoltando i loro discorsi, temo che moriranno vergini d'amore.

Jasmine:

Rinaldo:
Non ce ne sono molte di bestie come me in giro per il mondo.

Jasmine:
Immagino... ☺

Rinaldo:
E non è che sia uno sfigato, eh! Sono proprio così.. cioè vivo la vita sintonizzato su una frequenza completamente diversa da tutti.

Jasmine:
Ah ok.. ☺

Rinaldo:
Infatti dire che sono arrivato vergine a 22 anni sembra quasi strano, non a me ovviamente, ma l'ho fatto più perché non m'attraevano affatto quelle situazioni un po' "vuote" dove l'ansia di farlo era più forte della voglia di

scambiarsi la pelle con un'altra persona.

Jasmine:
Ok ☺

Rinaldo:
Cioè, quando ti fotto ti fotto l'anima non la fica! Tu invece cosa pensi di me ora che sai qualcosa in più, oltre a quante volte ti faccio venire?

Jasmine:
Che sei un tipo strano, interessante, simpatico, intelligente...

Rinaldo:
Comunque è bene che tu sappia che in realtà sei ancora vergine perché la verginità è dell'anima non del corpo, e quella te la prenderò io! E perché strano?

Jasmine:
Ahahahahah ok... Nel senso di interessante...

Rinaldo:
No, mi devi dire di più adesso, o non mi masturbo più con te!

Jasmine:
Cosa vuoi sentirti dire? per me sei così...

Rinaldo:
Strano...? Ok. Ma ti faccio stare bene almeno?

Jasmine:
Si... ☺

Rinaldo:

Comunque, poi per me è più facile parlare con te sempre perché le mie coetanee arrivano a questa età non solo cerebralmente atrofizzate, ma deluse, completamente da buttare e tutto perché non hanno un buon rapporto proprio col sesso che danno via troppo facilmente e poi finiscono con l'avere più nulla da dare se non un corpo vuoto. Ma questo lo dovrai capire tu stessa sulla tua pelle perché altrimenti difficilmente ci crederai.

Jasmine:
Ok ☺

Rinaldo:
Sei stanca delle ramanzine stamani vero?

Jasmine:
Un pochino...

Rinaldo:
Dai sii onesta.. tanto!

Jasmine:
Ahahahahah ok.. tanto.. ☺

Rinaldo:
Scommetto che vorresti un po' di cazzo invece!

Jasmine:
Eh si... ☺

Rinaldo:
Io però non ho molto tempo adesso.. Comunque masturbandomi con te mi sta uccidendo perché ora ti vorrei scopare veramente.

Jasmine:

Ahahahah non vedo l'ora che lo farai..
☺

Rinaldo:
Sei diventata un chiodo fisso!

Jasmine:
Ahahahahah ☺

Rinaldo:
Vedremo cosa succederà.. come dici tu ti potresti benissimo dimenticare di me il che farebbe cessare il chiodo fisso..

Jasmine:
Vedremo...

Rinaldo:
Dopo però vorrei giocare un po' con te..ieri mi hai steso!

Jasmine:
Ahahahahah ok ☺

Rinaldo:
Ci sentiamo dopo allora..

Jasmine:
A dopo... ☺

Rinaldo:
Ti mordo la fregna!

Jasmine:
Oh si!! ☺

Rinaldo:
E vorrei anche che mi usassi per vendicarti del tuo ex che s'è fatto sfuggire la fica più bella del mondo..

Jasmine:

Ok ☺

Rinaldo:
Se vuoi continuare a masturbarti con me quindi ti chiedo la stessa cosa che faccio io, astinenza; fino a quando lo vorrai e se vorrai incontrarmi per scopare assieme quando sarai maggiorenne.

Jasmine:
Ok..ho tempo fino alle 13.50...per masturbarmi...

Rinaldo:
Ok, immagino cosa voglia fare allora, appunto..

Jasmine:
Ahahahah

Rinaldo:
Allora devi sapere anche un'altra cosa di me.

Jasmine:
Dimmi

Rinaldo:
L'ultima volta che ho scopato è stato in America, tre anni fa ormai. Sono tornato in Italia da due anni e non ho fatto sesso con nessuna sin ora né tantomento sesso virtuale prima di te.

Jasmine:
Ah ok...

Rinaldo:
Quanto ti prendo ti faccio male!

Jasmine:
Ok mi piace! ☺

Rinaldo:
Si.. ti toccherà farmi sfogare di brutto, anni di astinenza.

Jasmine:
Ok stai tranquillo, ti farò sfogare in tutti i modi! ☺

Rinaldo:
Ti sventro!

Jasmine:
Oh si!

Rinaldo:
Temo che quando ti avrò davanti e ti guarderò negli occhi non avrei neppure il tempo di capire che già ti sto spogliando!

Jasmine:
Oh si!!!

Rinaldo:
Sarò tanto veloce da non farti capire nulla.

Jasmine:
Oook =?) * ☺ sarò tua!

Rinaldo:
Ti svestirò più velocemente di quanto tu sia mai in grado di fare da sola.

Jasmine:
Siiii!!

Rinaldo:
Sarò così veloce da farti sentire come se travolta da una valanga. Ti slaccerò il reggiseno più velocemente di quanto lo possa fare una donna e poi ti sfilerò le mutande.

Jasmine:
Oh si!!

Rinaldo:
Poi ti darò solo il tempo di fare un respiro mentre mi spoglio davanti a te.

Jasmine:
Sisisi!

Rinaldo:
A quel punto sarò tanto eccitato che la sola cosa che vorrò sarà la tua fica. Non ti avrò dato neppure il tempo di capire se sei bagnata o meno mentre io ce l'avrò già dritto e duro e mi allungherei subito su di te non appena aver finito di spogliarmi con un solo intento, quello di scoparti e di farmi una pelle con te.

Jasmine:
Oooooh siiiiiiiiiiiiiiiiiii!!!!!!!!!!!111

Rinaldo:
Comincerò a volerti penetrare col tuo fichino ancora semichiuso e mi aprirò spazio dentro di te col cazzo prepotentemente.

Jasmine:
Siiii!!!!

Rinaldo:
Ti farò un po' male ma poi ti bagnerai e a quel punto ti fotterò come non sei mai stata fottuta prima e ti farò toccare il celo.

Jasmine:
Siiiiiiiiiiiiiiiiiii!!!!!

Rinaldo:

Ti fotterò talmente forte da farti bruciare la vagina, te la seccherò tutta ma non smetterò di fotterti.

Jasmine:
Oh si continua!!!

Rinaldo:
Non uscirò da dentro di te neppure una volta, neppure per farti cambiare posizione. Non capirai nulla.

Jasmine:
Oh si!

Rinaldo:
Capirai solo di essere stata solo una vergine sino a quel momento.

Jasmine:
Ooooh siiiiiiiiiiii!!!

Rinaldo:
E ti farò ringraziare Dio per il giorno che ci siamo incontrati. Ti farò innamorare follemente del mio cazzo e capirai di non poterne più fare a meno.

Jasmine:
Oh siiiiiiiiiiiii!!!!!

Rinaldo:
Ti scoperò in un bagno di sudore fino a stremarti.

Jasmine:
Oh siiii!!

Rinaldo:
E quando non ce la farai più a prendermi dentro di te abbandonerai ogni resistenza, capirai che è meglio se

mi ti concedi del tutto e ti rilasserai staccandoti dal tuo corpo mentre io continuo a fotterti e ti svergino fino nell'anima!

Jasmine:
Oooohhhhhhhhhhh siiiiiiiiiiiiiiiiiiiiiiiiiiiiiiiiii!!!!!!!!!!!!!!!!!!!!!!

Rinaldo:
Quel giorno imparerai cos'è la verga di un uomo vero.

Jasmine:
Oh si!!

Rinaldo:
Non ne poi trai più ma non potrai levarmiti di dosso perché non ne avrai le forze ed io non smetterò di scoparti sino a farti quasi delirare dal piacere.

Jasmine:
Ooooh siiiiiiiiiiiiiii continua|!+*!!!

Rinaldo:
E ti farò dire quello che più mi piace sentirmi dire.. e senza chiedertelo.

Jasmine:
Ti amoo!!! Continua!!

Rinaldo:
Anch'io ti amo! Quante volte sei venuta? Ti chiederei..

Jasmine:
Oh si!!

Rinaldo:
Non ci crederai neppure tu.. ti avrò bombardato il clitoride ad ogni colpo mentre ti penetravo allo stesso tempo.

Ce l'avrai così grosso da non crederci senza averlo neppure toccato!

Jasmine:
Oh sì!!!!

Rinaldo:
La tua fregna sarà rossa ed infiammata come una papaia matura appena aperta e come non l'avevi mai sentita prima.

Jasmine:
Ohhh siiiiii

Rinaldo:
E mi chiederai di dartelo per sempre.

Jasmine:
Oooohhhhhhhhh sì!!!! Mi hai fatto venire!!! ☺

Rinaldo:
Allora ti chiederò se vuoi il mio seme.

Jasmine:
Siiii!!!!

Rinaldo:
Ti guarderò negli occhi allora mentre ti dico "eccotelo"... e te lo farò sentire esplodere dentro di te! Così sarà scoparmi.

Jasmine:
Ooohhh sì!!!!

Rinaldo:
Poi te lo tirerei fuori e te lo fari leccare.

6 AGOSTO

Rinaldo:
Ciao bel gelsomino! Oggi ho proprio voglia di un bel massaggio alla palle per cominciare bene la giornata!

Rinaldo:
Vorrei anche palparti un po' le mutandine sotto la gonna, sia la vagina che il sedere.. per un bel po'! Sì, perché ho voglia di coccole e di tanti baci.

Rinaldo:
Mi stai mancando da pazzi oggi, non vedo l'ora di amarti. Sei la mia Sabina e ti voglio e ti desidero allo stesso modo in cui Romolo stremato dalle fatiche e dall'astinenza bramava una donna per poter popolare Roma!

Rinaldo:
Voglio farti vivere la storia erotica più bella della tua vita, di gran lunga superiore a quella che avresti mai potuto immaginare tu se io non fossi mai entrato nella tua vita. Voglio farti godere sin dentro le ovaie!

7 AGOSTO

Rinaldo:
Ieri mi sei mancata tanto! Ma non è che sei gelosa di me perché scambio commenti e converso con altre donne su Facebook, come quella Kate? Penso lei sia più grande di me, ma è una mia lettrice e si interessa di ufologia, tutto qua. Te l'ho voluto dire, just in case!

Rinaldo:

Infatti, sapendo che sei una tipa vendicativa, non mi sorprenderebbe se mi volessi lasciare a secco di proposito sfuggendomi per farti poi rincorrere come se giocassimo a mosca ceca per punirmi, proprio come faceva Giunone con Giove!

Rinaldo:
Mi duolono i coglioni dal pensarti e solo tu puoi aiutarmi a svuotarli!

Jasmine:
Dimmi... cosa posso fare? ☺

Rinaldo:
Voglio farti assaggiare il mio maglio. Tu sei la mia rovina! Mi tieni dai coglioni e non voglio neppure farmi una sega se non con te!

Rinaldo:
Dai, dimmi la verità, non ti stai collegando perché lo stai facendo apposta per farmi soffrire!

Rinaldo:
Non ti sarà mica cominciato il ciclo?

Rinaldo:
Comunque, posso dirti perché speravo che tu fossi vergine? Perché una volta ferita poi è difficile per una donna concedersi di nuovo senza riserve e secondo me è per questo che mi hai detto che tu sei una che non si innamora facilmente, Soprattutto se tanto giovane come te!

Rinaldo:
Il fatto però è che ogni volta che facciamo sesso virtuale ed io mi masturbo con te penso che ti amo e non saprei cosa altro dire se non che me ne vado a naso per emozioni e sensazioni virtuali che se fossero vere anche nel mondo reale allora sarei l'uomo più felice e fortunato al mondo!

Rinaldo:
Poi penso che quando faremo l'amore sarà bello perché sarà come se ci fossimo conosciuti da sempre e non ci sarà neppure bisogno di dirci molto perché già sapremo come soddisfarci a vicenda essendoci masturbati assieme per un anno intero, ma quello sarà un di più che servirà solo a confermare l'attrazione.

Rinaldo:
Il fatto è che sono ancora il tuo mentor e non m'interessa solo il tuo sesso o stimolarti solo il clitoride ma anche la tua mente, perché m'interessi tu e voglio vederti sbocciare in una donna meravigliosa, come Venere!

Rinaldo:
E stasera non mi rimane che andare a letto insoddisfatto, ma prima mi farò una sega guardando la luna crescente e pensando a te! Devi ammettere però che le mie seghe mentali sono belle tanto quanto quelle a mano, se non di più o no?

8 AGOSTO

Rinaldo:
Ieri sera comunque mi sono veramente masturbato in bagno pensando a te e mentre venivo ho guardato la luna e sussurrato il tuo

nome! È il mal di palle che mi fa delirare amore mio... mi hai fatto fare non so quante seghe, poi di colpo mi mandi in astinenza ed il testosterone mi manda in corto! Diciamo che sei un po' incostante ed è a questa incostanza che volevo dare una spiegazione con tutte quelle domande di ieri.

Rinaldo:
Voglio anche che tu sappia che io voglio vivere almeno sino a 150 anni, per cui i 17 che ci dividono mi sembrano veramente nulli anzi, mi fanno immaginare soltanto un'esperienza di vita simile a quella di Giove e Giunone come dipinta dal Carracci ove tu ovviamente sei la mia Giunone.

Rinaldo:
Domani parto per le Marche per due o tre giorni e starò senza computer e mi accorgo di averti scritto sempre più vere e proprie lettere d'amore, sebbene ti avessi detto che giocare con me sarebbe stato pericoloso perché volevo farti innamorare e sono finito invece con l'innamorarmi io prima di te, come al solito, per poi finire sempre abbandonato. Infatti, ti avevo detto di essere stato sempre lasciato dalle donne sentendomi dire che non potevano vivere secondo i miei standard; immagina un po' tu cosa dovesse significare. Perché sei scomparsa senza dirmi nulla? Non dirmi che nel frattempo hai già trovato qualcun altro che mi rimpiazza nel soddisfare le tue voglie

o non sarà mica che ti senti ancora col tuo ex? Mi manchi!

Rinaldo:
Non a caso infatti si dice che la speranza è l'ultima a morire, ma la prima ad illudere!

Rinaldo:
Guarda che ti voglio e siccome mi hai promesso che mi avresti detto se avessi cominciato a sentirti con qualcun altro, ti reputo assolutamente in grado di mantenere la parola data e quindi non demordo perché te lo voglio infilare dentro per sentirti tutta ed essere una cosa sola con te, una pelle!

Jasmine:
Stai tranquillo non mi sento con nessuno... solo che mi è venuto il ciclo... e solo oggi mi è passato...

Rinaldo:
Ok.. lo sospettavo, ma sono felice che tu me lo abbia detto. Certo che comunque tu sei un flash quando c'hai il ciclo!

Jasmine:
Ahahahahah perché?

Rinaldo:
Beh, perché me lo avresti potuto dire ad esempio senza sparire nel nulla e farmi fare tutte le seghe mentali che t'ho raccontato in questi giorni. Spero solo di averti fatto passare un buon periodo allora. A proposito, ma prendi medicine per o durante il ciclo? Come

sono i tuoi dolori mestruali, sopportabili o molto pesanti?

Jasmine:
Prendo una pastiglia per il mal di testa... solo il primo giorno...

Rinaldo:
Ogni volta?

Jasmine:
Si... purtroppo...

Rinaldo:
Hai sempre il mal di testa?

Jasmine:
Si e a volte anche mal di pancia...

Rinaldo:
Ma cosa prendi, un'aspirina?

Jasmine:
Si oppure tachipirina o moment.

Rinaldo:
Ma tu fumi?

Jasmine:
No, perché?

Rinaldo:
Mangi frutta e verdura? Perché in America ho studiato chiropratica che è essenzialmente come medicina e mi interessa la tua salute, ovviamente.

Jasmine:
Certo!

Rinaldo:
E comunque hai forti mal di testa il primo giorno?

Jasmine:
Si...

Rinaldo:
Ok. Voglio leggere un po' di più sulla cosa.

Jasmine:
Oook ☺

Rinaldo:
Poi ti farò sapere.

Jasmine:
Ook xD

Rinaldo:
Quindi mi assicuri che non ti ho fatto indispettire io?

Jasmine:
Sisi stai tranquillo!! ☺

Rinaldo:
Ok e ti sono piaciute tutte le storie che t'ho raccontato in questi giorni?

Jasmine:
Certo! ☺

Rinaldo:
Ma il tuo ex è tra i tuoi contatti Facebook?

Jasmine:
Nono.

Rinaldo:
Era solo per curiosità. Mi piace sentirti anche se non a fini di piacere sessuale, sai?

Jasmine:

Mi fa piacere.. ☺

Rinaldo:
Sulla questione del mal di testa c'è
tanta letteratura in inglese, me la
spulcerò un po' mentre sono su nelle
Marche.

Jasmine:
Oook ☺

Rinaldo:
Qui c'è qualcosa comunque ..

Jasmine:
Oook poi guarderò... ora non ho per
niente voglia... ☺

Rinaldo:
Immagino, guardo io per te, non
preoccuparti.

Jasmine:
Ok grazie mille.. ☺

Rinaldo:
È un piacere a dire il vero, lo faccio
solo per egoismo in verità; è solo nel
mio miglior interesse che tu stia bene!

Jasmine:
Ahahahah ok ☺

Rinaldo:
Comunque dice di evitare alcol,
formaggi e cioccolato.

Jasmine:
Non ce la faccio senza cioccolato!! ☺

Rinaldo:
Io te l'ho detto... poi dice che i mal di
testa possono essere con l'aura o

senza. Qual è il tuo caso? Se potessi ti
farei io da cioccolato per non fartelo
mangiare durante il ciclo..

Jasmine:
Ahahahah sinceramente non lo so... ☺

Rinaldo:
Sono forti da non farti fare più nulla o
solo noiosi?

Jasmine:
Dipende... a volte sono forti e a volte
solo noiosi..

Rinaldo:
Comunque il consiglio che ti posso
dare io è di imparare a conviverci
senza i medicinali se puoi, anche se
capisco la scocciatura.

Jasmine:
Ok ☺

Rinaldo:
Non so, spero possa servire a
qualcosa.

Jasmine:
☺

Rinaldo:
Sei molto dolce senza gli artigli!

Jasmine:
Ahahah grazie! ☺

Rinaldo:
Si, sei come una gattina che non può
graffiare, del tutto innocua.. mi piace.

Jasmine:
Ahahahah grazie! ☺ * ☺

95

Rinaldo:
Comunque per farti star meglio ti farei un massaggio con l'estratto di lavanda che è calmante e rilassante e potrebbe aiutare anche il tuo mal di testa.

Jasmine:
Mi piace la lavanda! ☺

Rinaldo:
Io ne ho tanta in giardino ed adoro l'olio estratto di lavanda. Ce l'ho in macchina ed ogni tanto mi piace guidare sentendone l'odore.

Jasmine:
Wow!! Anch'io ne ho un po' nel giardino...

Rinaldo:
Quest'anno ne ho fatto delle talee perché voglio raccoglierne più fiori l'anno prossimo. Ho anche piantato un gelsomino a dire il vero!

Jasmine:
Bravo!!! ☺

Rinaldo:
Il gelsomino mi fa impazzire perché comincia a sbocciare in primavera e ne avevo una pianta anche in America che però d'inverno dovevo mettere dentro casa per via del freddo.

Jasmine:
Ah ok ☺

Rinaldo:
Procurati un po' d'estratto di lavanda e prova a vedere se la prossima volta mettendoti un po' di gocce dietro le orecchie e sulla fronte può aiutarti col mal di testa.

Jasmine:
Oook ☺

Rinaldo:
Poi fammi sapere.

Jasmine:
Ooook ☺

Rinaldo:
Sai, è più o meno da un mese che ci sentiamo e mi pare di aver capito che i giorni prima del ciclo sono quando tu sei più arrapata, ma è vero?

Jasmine:
Si... ma anche dopo non scherzo... ☺

Rinaldo:
Vabbè ma quand'è che sei più arrapata tra un ciclo e un altro?

Jasmine:
Si... più o meno dopo la metà tra uno e l'altro..

Rinaldo:
Infatti, dai cerchiamo di scoprirlo per bene questa volta. Dal primo giorno che hai avuto il ciclo bisogna contare sino al 14 giorno quando dovresti essere più fertile e vedere cosa succede.

Jasmine:
Sinceramente anche ora ne ho voglia... oggi non mi sono ancora toccata...

Rinaldo:

E posso esserti d'aiuto in qualche modo?

Jasmine:
Si... dicendomi cosa mi vorresti fare...

Rinaldo:
Ti vorrei amare come Giove amava Giunone! Vorrei cominciare e a baciarti spingendoti con le spalle verso il muro.

Jasmine:
Sii... ☺

Rinaldo:
Comincerei a palparti il culo mentre si tengo contro il muro.

Jasmine:
Ooh si.

Rinaldo:
Ti solleverei la minigonna e ti sfilerei le mutande.

Jasmine:
Oh si.

Rinaldo:
Poi continuerei a baciarti ed a toccarti il seno ed i fianchi, cercando il tuo pancino per sentire il monte di Venere sotto la mia mano. Poi prenderei una sedia e la metterei contro il muro affianco a te. Mi toglierei i pantaloni e le mutande e ti prenderei una coscia alzandola ed appoggiando il tuo piede sulla sedia. Poi infilerei in mio cazzo duro tra le tue cosce con il dorso del mio pene tra le tue labbra che lo avvolgono, ma senza fotterti.

Jasmine:
Oh si... ☺

Rinaldo:
Te lo schiaccerei contro la vagina mentre col mio corpo ti spingo contro al muro e ti tocco le zizze ed il clitoride.

Jasmine:
Ohhh siiii!!! ☺ Conitnua!! ☺

Rinaldo:
Lo farei fino a farti venire, facendoti sentire il cazzo sotto la vagina strofinandomelo contro di te e tenendoti con le spalle al muro.

Jasmine:
ooohh siiiiiiiiiiiiiiiiiiiiiiiiiiiiiiiiiii!!!!!!!!!!!! ☺

Rinaldo:
Poi te lo infilerei dentro, sempre mentre stiamo in piedi con una tua gamba sulla sedia.

Jasmine:
Siii! ☺

Rinaldo:
Come Giove!

Jasmine:
☺

Rinaldo:
Poi metterei entrambe le mie mani dietro i tuoi glutei sollevandoti mentre ti sto già fottendo.

Jasmine:
Ooh siiii!!!!!

Rinaldo:
Non ti rimarrà che aggrapparti forte a me con le tue gambe

Jasmine:
Oh si mi aggrappo!

Rinaldo:
Ed io continuo a scoparti in piedi contro il muro.

Jasmine:
Oh si scopami!! ☺

Rinaldo:
Forte contro il muro! Te lo schiaccerei forte dentro!

Jasmine:
Oh si schiacciamelo dentroooo!! ☺

Rinaldo:
Poi mentre ti sbatto dentro contro il muro con le mani ti schiaccerei contro di me sino a farti quasi esplodere il bacino!

Jasmine:
Oh si!!!!!
Sisisisisiiiiiiiiiiiiiiiiiiiiiiiiiiiiiiiiiiiiiiiiiiiiiiiiiiiiiiii iiiiiiii sono venuta...
=)+ * ☺

Rinaldo:
Ahhh, vieni qua! Fino a venirti dentro anch'io!

Rinaldo:
Tempo fa comunque mi avevi detto che non pensavi avrei potuto farti venire senza toccarti ma mi pare invece che ci riesca piuttosto bene, cosa mi dici ora? Ah, un'altra cosa, ma ti posso chiedere quanto sei alta, così stimolo meglio la mia immaginazione quando mi masturbo con te immaginandoti con le tue reali dimensioni?

Jasmine:
1.70

9 AGOSTO

Rinaldo:
Perfetto! Io sono 1.80 e all'altra domanda cosa mi rispondi? Sto per partire però volevo solo dirti che ieri sera mentre ero in terrazzo e guardavo la luna ed il cielo stellato non ho potuto fare a meno di pensare che mi sarebbe piaciuto fartici l'amore sotto tale firmamento!

Rinaldo:
A proposito di luna e di stelle... proprio come te, conosci la canzone di Gianni Togni, Luna?

11 AGOSTO

Rinaldo:
Ma non ti manco neppure un po'? Io sarei dovuto riscendere domani ma mia zia sta insistendo per farmi rimanere sino a lunedì.. vedremo.

13 AGOSTO
Rinaldo:
Mi sei mancata troppo e così ho deciso di tornarmene oggi, ci credi?

Rinaldo:
Ma perché non rispondi alle mie domande? Ti piace farti corteggiare?

Ho voglia di sborrarti nella fregna e riempirtela di sperma!

Jasmine:
Si... mi piace farmi corteggiare...
Sarebbe bello che tu mi riempissi di sperma...

Rinaldo:
Guarda, più mi masturbo con te più ho voglia di te.

Jasmine:

Rinaldo:
Mi piace toccarmi il cazzo sotto il pantaloni pensandoti mentre sono a computer e non, soprattutto perché ogni volta che lo faccio ed ogni volta che vengo con te per me è come se ti fecondassi. Infatti vorrei tanto che tu venissi su sana, forte, bella per illuminare la mia vita e riscaldarla con l'amore del tuo frutto che tanto bramo.

Jasmine:

Rinaldo:
Vorrei sentire le tue membra col mio cazzo, ti vorrei assaporare mentre ti penetro come se ti stessi succhiando come una spugna.

Jasmine:

Rinaldo:
Ma ti sono mancato per niente in questi giorni?

Jasmine:
Un pochino mi sei mancato...

Rinaldo:
Mi hai pensato?

Jasmine:
Si...

Rinaldo:
E ti sei toccata?

Jasmine:
Si...

Rinaldo:
Pensando a me?

Jasmine:
Si..

Rinaldo:
E come ci hai immaginati?

Jasmine:
Tu che mi scopi per ore, dopo che ti ho fatto la pompa migliore delle tua vita e tu mi hai infilato due dita nella vagina... fino a farmi quasi venire... e poi mi hai finita penetrandomi..

Rinaldo:
E dove eravamo?

Jasmine:
Sul letto della mia camera...

Rinaldo:
Che bello... è un letto singolo?

Jasmine:
Una piazza e mezza...

99

Rinaldo:
Sai, mi piacerebbe allungarmi con le gambe sotto il tuo letto in maniera che tu possa sederti su di me prendendotelo dentro con la schiena contro il letto e le braccia appoggiate sul materasso.

Jasmine:
Piacerebbe anche a me...

Rinaldo:
Mi piacerebbe anche ti toccassi il clitoride mentre mi monti.

Jasmine:
Lo farò sicuramente... ☺

Rinaldo:
E mi prendi dentro, molto profondo col peso del tuo corpo. Non vedo l'ora... temo che l'attesa mi farà impazzire!

Jasmine:
Ahahahah ☺

Rinaldo:
Poi ti metterei con una gamba piegata sul letto e l'altra in piedi per terra. Col resto del tuo corpo che può appoggiarsi sul materasso.

Jasmine:
Oh si! ☺

Rinaldo:
Poi mi metterei con anch'io con una gamba in piedi di fianco a te e con l'altra appoggerei il mio piede di fianco al tuo ginocchio. Ti fotterei a pecorina per un po' fino a sguarrarti la fica!

Jasmine:
Oh si!!

Rinaldo:
Spingendo col cazzo verso l'alto, sulla parte posteriore della tua vagina.

Jasmine:
Oooohhh siiiiiiiiiiiii!!!!! ☺

Rinaldo:
E poi cercherei di infilartelo un po' più dritto e profondo, magari anche verso il basso della tua fica, cercando di non tirartelo fuori dalla fregna bagnata per non farla raffreddare.

Jasmine:
Uh siii!!!!! ☺

Rinaldo:
Alternerei colpi lenti e possenti contro il tuo bellissimo culo a chiavate più rapide e veloci, sbattendo il mio inguine su quel bel culo facendolo suonare!

Jasmine:
Oh siiiiiiiiiiiiii!!!!!!!!

Rinaldo:
A quel punto avrò il cazzo in fiamme e dovrai raffreddarmelo con un pompino stando attenta a non farmi venire continuando però ad eccitarmi.

Jasmine:
Oh si!! Non ti farò venire, ma ti farò vedere le stelle lo stesso... ☺

Rinaldo:

100

Oh Dio.. allora non mi rimarrà che rigirarti di nuovo a pecorina e fotterti nel culo!

Jasmine:
Oh si!!!!!!!!!!!!! ☺

Rinaldo:
Voglio che ti masturbi mentre ti fotto perché voglio che tu venga mentre te lo metto in culo!

Jasmine:
Oh si!!!!!!!!!!

Rinaldo:
Jasmine, ti voglio scopare!

Jasmine:
Vorrei che lo facessi.. ☺

Rinaldo:
Mentre ero in spiaggia ho immaginato di farlo di notte, su di un lettino sotto le stelle e col suono del mare.

Jasmine:
Sarebbe bello.. ☺

Rinaldo:
Quando lo vogliamo fare?

Jasmine:
Quando avrò 18 anni...

Rinaldo:
Sarò il tuo stallone come regalo per i tuoi 18 anni

Jasmine:
Oh si! ☺

Rinaldo:

Ti monterò per bene e dopo un anno di attesa è meglio che tu ti prepari ad essere fottuta come una troia in calore!

Jasmine:
Wow!! Sarà un bel regalo!! ☺

Rinaldo:
Come sta la tua fica adesso? Te la stai lavorando per bene?

Jasmine:
Certo!! ☺

Rinaldo:
Sei eccitata?

Jasmine:
Tantissimo...

Rinaldo:
Ok, allora voglio che tu faccia una cosa..

Jasmine:
Cosa? ☺

Rinaldo:
Vorrei tanto venire.

Jasmine:
Cosa dovrei fare? ☺

Rinaldo:
Infilati quelle due dita nella fica e venire con me dicendo il mio nome.

Jasmine:
Oook

Rinaldo:
Ok, io mi masturbo..

Jasmine:
Ook io le ho infilate...

Rinaldo:
Ti sto fottendo..

Jasmine:
Si!!! ☺

Rinaldo:
Ed ora ti vengo dentro..

Jasmine:
Oh si!!!!!!!!!!!!!!!!!!!!!!!! ☺

Rinaldo:
Oh si, è stata una bellissima sborrata!

Jasmine:
Immagino.. ☺ Sono sfinita..

Rinaldo:
E cosa hai fatto tu? ☺ Vorrei tanto che ora me lo leccassi!

Jasmine:
Te lo leccherei molto volentieri... ☺

Rinaldo:
Ah, ti ringrazio, sarebbe molto bello! Meglio mi tratti, meglio ti scopo!

Jasmine:
Ti tratterò benissimo!! ☺

Rinaldo:
Ti ringrazio, ma tu meriti di essere trattata altrettanto bene però! Prima scherzavo, sei tu che mi maneggi bene!

Jasmine:
Ahahahah ☺

Rinaldo:
Sei tanto giovane, una bella giovenca ma una gran bella sfida! Oltre che figa... ovviamente

Jasmine:
☺

Rinaldo:
Però ti avverto, dopo che mi avrai scopato non riuscirai più a levarti il mio odore da dosso, capisci cosa voglio dire?

Jasmine:
Credo di si, che non riuscirò a liberarmi di te.. giusto?

Rinaldo:
Beh, non fisicamente ovviamente se vorrai.. si rimane "connessi" per sempre con le persone con cui si fa l'amore.

Jasmine:
☺

Rinaldo:
È una cosa più spirituale che altro. Diciamo solo che non mi dimenticherai perché quando ci si scambia pelle si assorbono tutte le esperienze del partner e non mi riferisco solo a quelle sessuali, ma proprio le esperienze di vita in genere.

Jasmine:
Ah ok ☺

Rinaldo:
Dopo averti scopato ti parlerò tanto, ti avviso anche di questo.

Jasmine:
Vai tranquillo, dopo che abbiamo scopato puoi fare quello che vuoi... ☺

Rinaldo:
Il fatto è che non m'interessa solo scopare, te l'ho detto. M'interessi tu, come amante, non come oggetto.

Jasmine:
☺

Rinaldo:
Mi capisci?

Jasmine:
Certo.

Rinaldo:
Ok.. perché in qualche modo già solo masturbandoci virtualmente stai avendo un'idea del vortice della mia profondità e spiritualità che poi se scopiamo diverrà parte di te, della tua pelle e viceversa ovviamente. È per questo che posso stare anni senza sesso, perché quando lo faccio è un viaggio non solo la soddisfazione di un istinto animale.

Jasmine:
Ah ok.. scusa ma devo andare... ciao! ☺

Rinaldo:
Ma in tutto ciò tu sei venuta?

14 AGOSTO

Rinaldo:
E guarda che se rispondi prima alla mia domanda non ti corteggio più!

2. CAMILLA

16 AGOSTO

Rinaldo:
Solo che ho tanta voglia di pomiciare con te!

Rinaldo:
Ad ogni modo non potrei mai non corteggiarti più. Sperando che tu abbia fatto un buon ferragosto e sapendo che ti piace tanto il mare ed il sole volevo raccontarti di animismo, prima che me ne dimenticassi. I nomi dei giorni della settimana che passano senza di te infatti hanno un'origine altrettanto celeste, proprio come te! Infatti, degli otto pianeti del sistema solare oltre che alla terra solo cinque sono visibili ad occhio nudo e questi cinque, oltre alla luna e al sole danno il nome ai giorni della settimana. Lunedì è il giorno della luna, martedì quello di marte, mercoledì di mercurio, giovedì di giove, venerdì di venere, sabato di saturno e domenica del sole. Poi ovviamente ci sei anche te che sogno di vedere ad occhi nudi prima o poi! Questo deriva dall'antica religione animista Romana che adorava il dio-sole Mitra che a sua volta derivava dal dio persiano dello Zoroastrismo. In realtà poi questo culto e venerazione del sole rappresenta anche la nascita del monoteismo che in Egitto fu ad opera del faraone Amenhotep, marito di Nefertiti che poi si fece chiamare Akhenaton, ossia servo di Aton, il sole. Akhenaton infatti credeva che il sole fosse l'unico dio ed è anche passato alla storia come il faraone eretico per il tentativo di sostituire, in conflitto con il potente clero tebano, il dio Amon con una nuova divinità, il dio Aton per l'appunto. Insomma, questo era un mio pensierino per te per ferragosto sperando che da oggi tu guarderai al sole in maniera un po' diverso, conoscendone di più la storia! Ma lo sai che ti sto corteggiando con le parole, vero? Spero ti piaccia tanto trovare i miei messaggi nella tua posta, tanto quanto a me inviarteli!

Rinaldo:
A proposito di ferragosto, sempre ai tempi dell'antica Roma durante il "feriae Augusti" per l'appunto si venerava non solo la fertilità dei campi e la maturazione dei raccolti, ma anche Diana, dea della luna che non a caso se hai notato ieri era per l'appunto "piena"! Solo che io ho passato la giornata di ferragosto in montagna e mi sarebbe piaciuto avere una tenda da montare lì sul prato all'ombra dei bei pini per scopartici dentro!

Camilla:
Ciao ☺

Rinaldo:
Hey, what's up?

Camilla:
Disturbo? ☺

Rinaldo:
No, tutto ok? Avete digerito?

Camilla:
Si si..te? ☺

Rinaldo:

Si si..

Camilla:
Ahahah. io non ho mangiato quasi niente..sono Camilla comunque..

Rinaldo:
Ah ciao..

Camilla:
Posso scambiare 2 chiacchiere con te?? ☺ Ti avviso che non so niente di elettroni e fotoni ahaha.. ☺ ☺

Rinaldo:
Ci mancherebbe! Dimmi, poi comunque ti dico subito che voi donne già partite avvantaggiate.

Camilla:
Perché? ☺

Rinaldo:
Perché penso siate più sensibili degli uomini in genere.

Camilla:
Ovvio.. ☺ sei un tipo interessante.. ☺

Rinaldo:
Grazie, ma perché?

Camilla:
Però non mi è piaciuta la cosa che hai detto ieri nei riguardi delle donne italiane -.- ☺

Rinaldo:
Beh... è quello di cui vuoi parlare?

Camilla:
Anche.. se ti va. ☺

Rinaldo:
Si, te la posso spiegare meglio anzi, purtroppo per tutta una serie di circostanze le donne italiane in particolare sono state un po' "represse" e questo ha più a che fare col fatto che l'Italia sia prossima all'Africa che al fatto che in Italia vi sia il Vaticano.

Camilla:
In che senso represse?? o.o

Rinaldo:
Ad ogni modo, per esperienza posso solo dirti che solo in Italia le donne (non quelle della tua generazione che forse si salveranno.. spero) hanno sempre dovuto "nascondere" o condizionare l'espressione della propria personalità alla volontà o quantomeno al giudizio dell'uomo e questo non accade altrove. Di questo poi io soffro non poco in prima persona. Solo in Italia e nei paesi arabi o musulmani le donne ti guardano e non possono mostrare interesse per paura dell'opinione altrui. Ho vissuto troppo in America e con le nordiche che invece di questi problemi non se ne fanno assolutamente. Comunque, quello che ho detto ieri è solo il frutto delle mie esperienze e mi dispiace se ti abbia offeso ma non prenderla personalmente perché il discorso era più generalizzato e rivolto non alle singole esperienze ma appunto alla più vasta realtà.

Camilla:

Nooo ma non mi puoi fare il paragone con le donne musulmane e quelle europee!!! ☺

Rinaldo:
Ho detto italiane, c'è un abisso tra le italiane ed il resto delle europee, almeno per me.

Camilla:
Addirittura?? Le paragoni alle musulmane??

Rinaldo:
No.. ma in condizioni simili purtroppo. Sai cosa vuol dire "Mediterraneo"?

Camilla:
No.

Rinaldo:
Eh! Mediterraneo significa terra di mezzo, media terra, tra l'Africa e l'Europa.

Camilla:
Questo è vero .... ☺

Rinaldo:
E di questa cosa forse ne soffro pure più di tutti.

Camilla:
Poi io questa somiglianza con le musulmane proprio non la vedo. ☺

Rinaldo:
Ti ho detto che il problema è più legato all'uomo che alle donne a cui esse si correlano.

Camilla:

Dici?

Rinaldo:
Per farti un esempio banale con la speranza che possa servire a chiarire le cose, tutti qua dicono che le nordiche sono più "troie" perché in verità sono solo più oneste. Quindi, una donna che per esempio è single in America o in Nord Europa non ha il problema di scegliere se stare da sola senza mostrare un interesse per un uomo per evitare i commenti di amici e parenti come avviene invece in Italia, non so... questa è la mia esperienza, poi con gli anni mi dirai, tu sei giovane e felice, ma prova a metterti nei panni di donne più grandi..

Camilla:
Perché tu sei vecchio?? ☺

Rinaldo:
Che debbono reprimere i propri desideri perché altrimenti verrebbero "taggate" così e colì. Comunque assolutamente no anzi, io personalmente mi considero più giovane pure di te, ma quella è tutta un'altra storia.

Camilla:
Senti ma anche io ti sembro "repressa"? ☺

Rinaldo:
Tu che c'entri? Tu sei libera di fare quello che vuoi, certi schemi mentali purtroppo li si acquisisce solo con gli anni e ti ho detto che spero che le nuove generazioni invece se li scrollino di dosso.

107

Camilla:
E infatti non ho intenzione di fare la repressa. ☺

Rinaldo:
Occhio però che poi si finisce da un eccesso all'altro, capisci?

Camilla:
Nei limiti ovviamente. ☺

Rinaldo:
Brava, ma cos'è poi che t'ha offeso ieri? Cos'è che ho detto a proposito delle donne italiane?

Camilla:
Che siamo inferiori alle americane ☺ Almeno così avevo capito. ☺

Rinaldo:
Beh no, quello non penso proprio di averlo detto. Diciamo che in Italia si vive un paio di generazioni indietro ma ciò non è dovuto al fatto di essere inferiori.

Camilla:
Detto così è diverso il discorso. ☺

Rinaldo:
Eh infatti ho pure detto che in Italia per esempio io ho problemi a trovare una donna proprio per via di questa differenza culturale. Un altro esempio, ciò che sta vivendo la tua generazione in Italia, in America l'hanno vissuta due generazioni fa e quindi di conseguenza posso dirti che i tuoi figli vivranno la situazione che attualmente i tuoi coetanei stanno vivendo in America. Ma questo è un fatto

culturale e riguarda tutto, non solo i rapporti di coppia ma il sistema economico ecc..

Camilla:
Ma io glielo auguro con tutto il cuore ai miei figli.. ma magari!!

Rinaldo:
Infatti è ironico il fatto che tu e Mario mi capiate meglio dei miei coetanei, capisci dove sta il paradosso?

Camilla:
Ho capito che vuoi dire. ☺

Rinaldo:
Ok, mi fa piacere e questo non c'ha manco nulla a che fare col fotone!

Camilla:
Devi cercare la tua donna nella mia generazione. ☺

Rinaldo:
Eh purtroppo si, ma capisci pure che poi io mi troverei nella stessa condizione che ti ho appena descritto a proposito delle donne italiane ☺, ove sarei io ad esser visto storto ☺, capisci?

Camilla:
Perché?

Rinaldo:
Così.. i canoni italiani sono comunque un po' tradizionali, il che non è proprio sbagliatissimo, però per me non è un problema, quindi se conosci qualcuna interessata fammi sapere. ☺

Camilla:

Scusa ma che te ne importa dei canoni?? o.o ma KISSENEFREGA ☺

Rinaldo:
Appunto, sono stato per troppo tempo in America.

Camilla:
Se ti metti a pensare ai canoni a questo e a quello non vivi più!! ☺ Te devi fa' quello che ti pare e come ti pare.

Rinaldo:
Non c'è dubbio e sono felice che questa cultura stia arrivando anche in Italia, ma non è così per le generazioni a noi antecedenti, o no?

Camilla:
No no, già se parli con mia mamma per esempio ti dice un'altra cosa.. lei è una che guarda molto ai "canoni". ☺

Rinaldo:
Ovvio, però dico pure che la virtù sta nel mezzo, capisci? Là sta l'arte!

Camilla:
Bravo a chi ci riesce! ☺

Rinaldo:
Eh si, è una faticaccia, altrimenti non ho assolutamente nulla contro le italiane, anzi!

Camilla:
Ecco bravo.. senno ti facevo un altra cazziata.. ☺ ☺

Rinaldo:
Ma adesso hai capito cosa intendevo?

Camilla:
Adesso si.

Rinaldo:
Meno male va, so' contento. Però tu prova a metterti nei miei panni.

Camilla:
Te l'ho detto che devi fare!! ☺

Rinaldo:
Beh io ti ho detto che se conosci qualcuna fammelo sapere! ☺

Camilla:
Quante ne vuoi??? Basta chiedere ☺ ahahahah.

Rinaldo:
Quante più me ne puoi dare.. ☺

Camilla:
Tanto metti che ha 20 anni come me.. sono 14 di differenza.. conosco persone che se ne portano 20!! ☺

Rinaldo:
Si, ma io lascio il segno ☺, indelebile.

Rinaldo:
Comunque non mi dispiacerebbe "provare" l'ambiente.

Camilla:
Non avevo dubbi su questo..e chi te se scorda a te!!! Ahaahah ☺

Rinaldo:
E perché?

Camilla:
Perché lo dici tu stesso che lasci il segno ☺, non sei uno che passa

109

inosservato.. in senso positivo per me ☺ sei unico. ☺

Rinaldo:
Dai dammi una mano allora, mi serve un'amica.

Camilla:
Mo ci penso un po' e ti faccio sapere. ☺

Rinaldo:
Ok, grazie! Apprezzo immensamente.

Camilla:
Ma tu lavori al British?

Rinaldo:
Ne ho proprio bisogno! Beh si.

Camilla:
Ah ecco dove ti ho visto!!!!

Rinaldo:
Ma perché tu vai al British?

Camilla:
Mia sorella.. un giorno sono salita per prenderla e ci stavi tu.

Rinaldo:
Ah ok, ma non è una mia studentessa ve?

Camilla:
Penso di no.

Rinaldo:
Ma tu sei di Venafro?

Camilla:
Che insegni?

Rinaldo:
English.

Camilla:
E sine!! ☺

Rinaldo:
English.

Camilla:
Azz e non sai manco come se scrive?? Ahaahh ☺

Rinaldo:
Hey listen, should I speak English?

Camilla:
No. ☺

Rinaldo:
Because that's another part of me.

Camilla:
...aspetta che metto il traduttore su google. ☺

Rinaldo:
Ma dai, addirittura!

Camilla:
Oh ma io mica so' stata in America!!! Che ne so!! ☺

Rinaldo:
Si certo, ma tanto..

Camilla:
Aspetta mo ci provo.. because e perché.. giusto?

Rinaldo:
Si, dai ti aiuto, perché quella è un'altra parte di me.

110

Camilla:
Se aspettavi un attimo te lo dicevo!!!
☺

Rinaldo:
Diciamo che ho una personalità alquanto complessa allora traduco meglio di google... ☺

Camilla:
Alquanto è poco. ☺

Rinaldo:
Azz, vedi.. intrippa le donne della mia generazione e le fa scappare e così torniamo al discorso di prima..

Camilla:
Della tua ☺. Della mia le incuriosisce. ☺

Rinaldo:
Meno male, in America giocavo ad armi pari. ☺

Camilla:
Ancora co' sta America!!! Basta!! Mo stai qua e pensa a sta qua ☺, lasciati il passato alle spalle. ☺

Rinaldo:
Ma guarda che americano vuol dire italiano, sai.. Amerigo.. era italiano, non so se mi spiego.

Camilla:
Dai!!Tanto hai capito che voglio dire ☺ Non cambiare discorso. ☺

Rinaldo:
Ci mancherebbe.

Rinaldo:

Tanto per me tutte le strade portano a Roma. ☺ E al fotone, che porta luce nei buchi neri.. ☺

Camilla:
Ahahaha ☺. Ma di preciso che sono sti buchi neri?? ☺ Spiegamelo in parole povere senno non ti capisco. ☺

Rinaldo:
☺ A dire il vero la mia era un'allegoria che però spiega molto bene la cosa. ☺

Camilla:
Cioè? ☺

Rinaldo:
Eh dai.. non l'hai capito? I Romani adoravano Mitra, il sole, che produce appunto fotoni ossia luce e che sono come spermatozoi che a loro volta finiscono in buchi neri nello spazio che sono come una vagina.. tutto qua. La fisica non è poi tanto diversa dalla sessualità.

Camilla:
Ah.. mi piace sta cosa ☺ .. a scuola non lo spiegano così. ☺

Rinaldo:
Eh, lo so. Non spiegano un tubo a scuola, ma tu invece che studi?

Camilla:
Quest'anno ho finito ragioneria.. però sono 4 anni che sono estetista.

Rinaldo:
Ok, quindi ne conosci un bel po' di belle ragazze ☺ .. uhm.. ☺

111

Camilla:
Ahahhaah, neggia se sapevo non ti dicevo niente!! Ahahah ☺ non te lo sei fatto dire 2 volte.. ☺☺

Rinaldo:
Eh beh.. perché avrei dovuto? Al massimo posso scambiare un po' di "informazioni" con le venafrane..

Camilla:
"Informazioni"?? ☺

Rinaldo:
Beh... si. Sai.. sempre per quel fatto che lascio il segno.. come si dice in italiano.. ? Sai quando si dice che ti fai una pelle con qualcuno no.. mi pare si dica così in italiano, ci si scambia pelle.. cioè ci si scambiano le esperienze di vita.. non saprei come spiegarlo però in altromodo. Sai, è come quando arriva lo straniero.. tipo.. non so.

Camilla:
Capito capito.. ☺ Mo non fa strage di cuori xo, non me le sciupare ste 20enni ☺ ahahah. ☺

Rinaldo:
Assolutamente ☺ Al massimo te le tengo in forma. Tu fai l'estetista, mettiamoci in società gli offriamo pure il personal trainer. ☺

Camilla:
Ahahahh ☺ Senti ma a me mi hanno raccontato di quando ti ha arrestato l'FBI.. quello che hai fatto.. è vero?? ☺

Rinaldo:
Si, lo puoi leggere dai rapporti della polizia, nero su bianco..carta canta.

Camilla:
MA SEI UN PAZZO aggi pazienza figlio mio!!!! ☺

Rinaldo:
No, di più!

Camilla:
Perché lo hai fatto?

Rinaldo:
Perché odio le ingiustizie.

Camilla:
Eh ho capito, però.. ☺

Rinaldo:
E soprattutto odio chi abusa del prossimo; però compenso quell'odio con l'amore per le donne e rimango bilanciato.

Camilla:
Ma sine, tieni ragione tutto quello che vuoi tu.. ma il gesto è stato di poco elegante. ☺

Rinaldo:
Tanto quanto il loro di presentarsi a casa mia senza un mandato.

Camilla:
Mhm ☺ Vabbè dai ti sei salvato..

Rinaldo:
Beh si. M'è andata tanto bene in effetti..

Camilla:

Ecco.. mo ti sei dato una calmata? ☺

Rinaldo:
☺ Sfogo altrimenti... Però si.. Non è che mi abbiano lasciato poi tante alternative..

Camilla:
Menomale da una parte che sei pericoloso. ☺

Rinaldo:
Cioè?

Camilla:
Beh, quello che hai fatto non è da tutti.. ☺

Rinaldo:
E perché sono pericoloso?

Camilla:
Ma pericoloso nel senso che non ti ferma nessuno ☺ Scherzavo comunque.

Rinaldo:
Beh, quello si, ma ho capito che non ne vale neppure la pena alla fine, per essere onesti. Però è stato bello.

Camilla:
Immagino.. un'esperienza emozionante. ☺

Rinaldo:
Più che altro molto "spartana". Ma penso lo sia stato per tutti, incluso per gli agenti che vennero a casa mia quel giorno e che ti assicuro non mi hanno dimenticato.

Camilla:

Lasci il segno. ☺

Rinaldo:
E purtroppo si, nel bene come nel male.

Camilla:
Si si .. a te i fotoni ti fanno male. ☺

Rinaldo:
No, quello è il testosterone a dire il vero.. anche se poi alla fine è tutto connesso..

Camilla:
Oddio mi immagino la scena.. per fortuna che non mi hanno raccontato i dettagli.. ☺

Rinaldo:
Eh, infatti la storia del processo è ancora più bella, perché ovviamente mi hanno processato per atti osceni.

Camilla:
..ti sarebbe piaciuto avere dei figli?

Rinaldo:
Si.

Camilla:
…☺

Rinaldo:
In effetti ne voglio a dire il vero.

Camilla:
Anche io.

Rinaldo:
Buono.. ce n'è tanto bisogno in Italia poi a dire il vero.

Camilla:
Spero di averne..

Rinaldo:
Perché non dovresti?

Camilla:
Sesto senso femminile. ☺

Rinaldo:
?

Camilla:
Eeee sapessi.. ☺

Rinaldo:
Cosa?

Camilla:
E ci vuole tempo.. il lavoro non c'è, ti sposi alla vecchiaia e i figli non si fanno..

Rinaldo:
Infatti bisogna romperli certi schemi, ci stanno portando all'estinzione. Dipendesse da ma mi offrirei come donatore di sperma.. solo che non trovo "recepenti". ☺

Camilla:
Me l'aspettavo una cosa del genere da te. ☺

Rinaldo:
Perché? Comunque, penso ciò sia vero soprattutto per una donna che i figli dovrebbe farli quando può!

Camilla:
Perché sei tutto particolare. ☺ Ecco.. io vorrei tanto sistemarmi.. però. ☹

Rinaldo:
Beh, lo capisco. Non c'è dubbio. Però sai, per millenni ci siamo evoluti senza tanti punti fermi nella vita e a vedere i risultati non si può dire che le cose poi in passato siano andate tanto male!

Camilla:
Vallo a spiegare agli altri.. fosse x me.. ☺

Rinaldo:
Beh, diciamo che ho superato pure questa fase del vallo a spiegare agli altri.. infatti conta più l'esempio delle parole, secondo me. Una volta i figli e le famiglie non si "programmavano" e le cose hanno sempre funzionato per via proprio dell'istinto innato ed ovviamente del "fotone" che ci da la vita. ☺

Camilla:
Ahahaah il fotone onnipresente. ☺

Rinaldo:
Beh, senza di quello non potremmo neppure chattare in questo momento! Oltre che ad essere vivi..

Camilla:
Rendiamo tutti grazie al fotone.. ☺

Rinaldo:
E a ciò che ha prodotto.. il genere femminile da cui io provengo e dove voglio ritornare per poi far ripartire questa danza della vita.. Il resto degli schemi sono solo costruiti "ad hoc" e per questo ho fatto quel gesto, quando mi si è presentata l'occasione.

Camilla:

114

Ahaha ☺ pazzo ☺ .. io vado.. ci risentiamo. ☺

Rinaldo:
Ciao e grazie della chiacchierata!

Camilla:
Grazie a te..a presto. ☺ ☺

Rinaldo:
Me la trovi qualche amichetta allora? Non ti lascio più andare..

Camilla:
Marooo ho passato un guaio!!! ☺ ☺

Rinaldo:
☺ Ciao dai!

Camilla:
Come minimo mi devi salutare in inglese! ☺

Rinaldo:
All right then. Talk to you soon!

Camilla:
Bye ☺

Rinaldo:
Bye!

17 AGOSTO

Rinaldo:
Comunque, senti questa. Mentre ero in montagna a ferragosto c'erano delle coppie più grandi di me con figli e c'erano questi due ventenni che ho conosciuto lassù, Mario e Camilla. Insomma, raccontando del più e del meno, sai le cose che pubblico in bacheca su Facebook, nulla più, si è palesemente notato come Mario e Camilla fossero più in sintonia con quanto stessi dicendo. Comunque, per farla breve, alla fine Camilla, che fa l'estetista, senza che le avessi parlato di te mi dice che secondo lei io dovrei trovare la mia donna tra la sua generazione, guarda un po' ho pensato io! Poi tra l'altro mi dice pure che lei addirittura consce persone che si portano 20 anni di differenza d'età. Insomma, questa cosa mi ha rallegrato.

Camilla:
Eiii.. ☺

Rinaldo:
Ciao. Sei Camilla o Mario? Con chi parlo? ☺

Camilla:
Camilla. ☺

Rinaldo:
Ciao.

Camilla:
Mario è ad un funerale. ☺

Rinaldo:
Azz.. mi spiace.

Camilla:
Che si dice oggi?

Rinaldo:
Son contento, fa caldo.

Camilla:
Speriamo che regge fino a sabato.. così vado a mare.

Rinaldo:
Beh, si dovrebbe. Dove andate di solito al mare?

Camilla:
Baia Domizia.. è il posto più vicino.

Rinaldo:
Ma dai, e quanto ci vuole per arrivarci?

Camilla:
Un'ora e qualcosa.

Rinaldo:
Ma non si fa prima a Gaeta allora?

Camilla:
No.. ci sono tanti autovelox. Vabbè come guida Mario per andare a Gaeta ci vogliono 2 ore!! ☺

Rinaldo:
Ok vero.. non so, non sono mai andato a Baia Domizia da qua.

Camilla:
È tranquillo.. si sta bene.

Rinaldo:
Sono stato alle Stufe di Nerone un paio di volte, sai dove sono?

Camilla:
Mmmm.. no

Rinaldo:
Bacoli, non è lì vicino?

Camilla:
Non l'ho mai sentito.

Rinaldo:

Ok, sono delle vecchie terme romane vicino il lago Lucrino.

Camilla:
Ah ok. ☺ Ma te dove abiti?

Rinaldo:
A Venafro.

Camilla:
Eh.. dove? ☺

Rinaldo:
Vicino l'ospedale, non so se conosci bene mio cugino Nico, dove abita lui, o meglio i suoi genitori.

Camilla:
No, non lo so dove abita.. ma è casa dei tuoi?

Rinaldo:
È la traversa prima del bivio per andare allo stadio.

Camilla:
Alla Starza. ☺

Rinaldo:
Vivo con i miei, in pratica ci siamo appena trasferiti. Si chiama starza questa zona?

Camilla:
Siii. ☺

Rinaldo:
Ok, non lo sapevo.

Camilla:
Ahahaha ☺ Prima dove stavi?

Rinaldo:

Cicciano, in provincia di Napoli per un anno, poi ho aiutato i miei a trasferirsi qua ed ora sto con loro.

Camilla:
Aspè la traversa prima del campo sportivo.. l'ultima traversa sulla destra??

Rinaldo:
No, è la traversa che trovi appena sulla sinistra poco prima del bivio che dalla nazionale ti porta al campo sportivo. È una strada privata. Che c'hai qualche amica che mi vuoi presentare? ☺

Camilla:
Ti giuro, una abita là!! ☺

Rinaldo:
Mica è mia cugina?

Camilla:
No.. chi è tua cugina?

Rinaldo:
Elena, la sorella di Nico che adesso si sposa e si trasferisce a Termoli.

Camilla:
No no.. ☺

Rinaldo:
Beh, chi è questa tua amica?

Camilla:
Si chiama Ilenia.. è bionda..

Rinaldo:
Azz.. mi piacciono le bionde!

Camilla:

Perché che hai contro le castane scusa?? Ahaha ☺

Rinaldo:
Assolutamente nulla anzi.. sono solo le more che non mi attraggono più di tanto.. E cosa mi racconti di questa Ilenia?

Camilla:
Che fa tira e molla con il fidanzato.. ☺

Rinaldo:
Ah ma allora c'ha il tipo?

Camilla:
Si però sta in crisi.

Rinaldo:
Le crisi son mal di testa!

Camilla:
Si ma è normale.. quando si sta insieme a qualcuno si litiga ogni 5 minuti. ☺

Rinaldo:
Beh si, ma poi subentrano strani giochi di gelosia soprattutto tra gli italiani ma non voglio ricominciare quel discorso..

Camilla:
Ahahah infatti sorvoliamo. ☺ Perché tu non sei geloso?? ☺

Rinaldo:
Io assolutamente no, ma pure ciò dipende.

Camilla:
Da che dipende?

Rinaldo:
Beh, diciamo che non mi va di trovarmi tra l'incudine e il martello nelle storie di altri. Io le mie me le gestisco diversamente, ma solo se sono serie, altrimenti no, non sono affatto geloso, solo conscio della gelosia altrui.

Camilla:
Son curiosa di sapere come te le gestisci. ☺ Cioè un po' di gelosia ci sta.. sennò sai che palle!! ☺

Camilla:
☺

Rinaldo:
Non cambiare discorso.. comunque non mi dispiacerebbe conoscerla questa Ilenia. ☺

Camilla:
Ok.. come vuoi fare? ☺

Rinaldo:
Non so, dimmi tu, come preferite voi. Potete benissimo venire qua.

Camilla:
Dove?

Rinaldo:
Da me.

Camilla:
....troppo affrettato. ☺

Rinaldo:
Allora dimmi tu ☺ Voi andate in bici?

Camilla:

Non ci siamo mai andate insieme. Io ci vado con Mario al paese suo perché la bici non ce l'ho.

Rinaldo:
Ok e allora ci si può vedere da qualche altra parte in macchina poi magari possiamo farci una passeggiata se vi va..

Camilla:
Eh ok poi vediamo perché lei finisce di lavorare a settembre poi io la settimana prossima non ci sto.. quindi se ne parla a inizio mese. ☺

Rinaldo:
Ok.. fammi sapere tu..

Camilla:
Ok io vado.. ciao ciao.

Rinaldo:
Ciao!

Rinaldo:
Mi manchi Jasmine, vorrei tanto giocare un po' con te!

Camilla:
Ehi, questo è il mio account personale. ☺

Rinaldo:
Ehi ciao. Ma Ilenia è quella che avete tra i contatti Facebook?

Camilla:
Si.

Rinaldo:
Bella gnocca.. ☺ Ma studia inglese?

Camilla:
Lingue.

Rinaldo:
Ma ce n'è tipo una principale?

Camilla:
Mi sembra che per adesso fa inglese e francese.

Rinaldo:
Ok, bello. Guarda che comunque se volete venire a trovarmi potete senza problemi. Io generalmente sto di sotto per fatti miei dove ho un ufficio e faccio anche lezioni, a parte il British insomma. Dillo anche a Mario magari.

Camilla:
Ahaha tra i due sono io quella che ha avuto problemi di lezioni. ☺

Rinaldo:
E perché?

Camilla:
Perché loro erano bravi a scuola e lo sono ancora adesso all'università.. io ho sempre zoppicato. ☺

Rinaldo:
E vabbè, ognuno ha le sue preferenze. Ma a Venafro voi che fate di solito?

Camilla:
Niente ☺ ahahah. Ma dici io e lei?

Rinaldo:
Beh in genere..

Camilla:
Io esco poco.. ☺

Rinaldo:
Qua che fa la gente oltre a stare fuori i bar?

Camilla:
No niente solo questo fa.. a me sinceramente non mi piace sta buttata là davanti per ore e ore. Tu che fai di solito? Ueh ma stai a scrive un altro libro? ☺

Rinaldo:
Perché, posso usare le nostre conversazioni? A dire il vero lo sto scrivendo con un'altra persona ma non mi dispiacerebbe introdurre un'altra evoluzione..

Camilla:
La chat mi dice che scrivi.. ☺ Chi e Ilenia? ☺

Rinaldo:
Beh, perché no.. pensi le dispiacerebbe?

Camilla:
Ah non lo so.

Rinaldo:
Beh a te dispiacerebbe se lei un giorno leggesse mai quello che ci siamo scritti? E poi posso sempre usare pseudo nomini.. ☺

Camilla:
Ahaahh perché devi fargli leggere che ci siamo scritti?

Rinaldo:
Beh, mettiamola così.. io ho già scritto tre mattoni e sto scrivendo un quarto libro che in realtà sono praticamente

le mie chat con altre persone perché voglio scrivere e lasciare qualcosa di più personale oltre solo a storia, filosofia, politica e fotone, capisci?

Camilla:
??

Rinaldo:
☺ Quindi non vuoi che metta le nostre conversazioni nel libro, giusto? Anche perché ovviamente non sai quello che c'è prima.. Nel senso oltre alle nostre chat.. È dura la vita dello scrittore, mica è semplice trovare l'ispirazione!

Camilla:
??? o.o mi devo preoccupare?? ☺

Rinaldo:
Perché mai dovresti, non penso che stiamo scrivendo nulla di tanto fuori dagli schemi o no?

Camilla:
Ma non ho capito che tipo di libro è! ☺

Rinaldo:
Beh, ti sto chiedendo aiuto per rimorchiare, diciamo che è un rosa, ma ovviamente tu non puoi conoscere tutto il resto se non le parti che tu sai di star scrivendo. Ma ovviamente non è che debbo usare per forza le nostre conversazioni, è solo che tutto fa brodo.. sai com' è, incluso questa spiegazione.

Camilla:
Ahahah wow che bello sarò in un libro!! ☺ ahaha.

Rinaldo:
Beh non è che io sia uno scrittore famoso sai.. È più una passione, solo che poi i libri restano.

Camilla:
Ahahh certo ☺ Io vado a cena.. ci risentiamo. ☺

Rinaldo:
Ciao.

18 AGOSTO

Rinaldo:
Ehi Jasmine, non ti ho più raccontato perché mi piacciono le bionde! Solo che spiegarlo è veramente difficile perché è come raccontare la storia dell'uomo in terra in poche righe. Però so che tu sei intelligente abbastanza da riuscire a capire il tutto quindi ci provo lo stesso. Così, tanto per cambiare oggi ti farò leggere qualcosa che spero poi possa soddisfare la tua sete di conoscenza ed accendere invece le tue voglie e desideri erotici come conseguenza. Insomma, per farla breve, nel mondo tutti gli uomini si dividono in tre famiglie o razze principali che sono: i Caucasici come me e te; i Negroidi che includono per l'appunto sia i negri che i mulatti ed infine i Mongoloidi che sono in pratica gli asiatici ed i nativi americani. Già solo raccontandoti queste cose mi vien voglia di fantasticare al maestro e all'alunna e mi si drizza il pene immaginandoti mentre mi guardi e mi ascolti e più cose ti racconto più mi vien voglia di toccarti, accarezzarti,

cominciarti a baciare, svestirti ed infine scoparti! Ad ogni modo, sesso a parte, comunque vorrei finire la lezione e soprattutto fartela bene. Così in pratica è possibile notare come i Negroidi ed i Mongoloidi siano popolazioni prettamente "monocromatiche", caratterizzate cioè dall'assenza di espressione di quella varietà di colori che invece connota i Caucasici e guarda che sto usando solo terminologia scientifica, non volgare! Quindi, non è possibile trovare un biondo o una bionda tra i Negroidi o i Mongoloidi, ma ciò è possibile, ripeto, solo con i Caucasici. Per giunta poi, una volta ad esempio che si mischia un Negroide con un Caucasoide biondo ad esempio, ci vorranno sette generazioni per ritirar fuori il biondo da quel particolare incrocio. Insomma, le bionde sono molto preziose anzi, preziosissime! Non a caso infatti i meticci vengono anche detti mulatti sebbene appartengano comunque alla famiglia dei Negroidi proprio in virtù di quanto ti ho appena detto. La cosa interessante poi è notare come la parola mulatto derivi dal latino "mulus" che significa mulo e sta ad indicare l'incrocio tra un cavallo ed un asino. La questione poi si fa un po' più complessa se nello scenario ci si infila anche il concetto di genetica anche a cominciare dai primi esperimenti di Mendel sui caratteri ereditari dei fiori di piselli che poi si applicano oggi anche al concetto del colore dei capelli e degli occhi ma questo te lo racconterò domani, non sapendo se oggi riusciremo a sentirci o

meno. Un bacione alla mia studentessa preferita!

Camilla:
Te dici che questi "UFO" non sono allucinazioni?

Rinaldo:
Ciao.. beh, si e no. L'esercito americano li ha, cioè la tecnologia è ben nota ormai. Solo che quelli nostri non viaggiano nello spazio ma sono più simili a mongolfiere elettromagnetiche molto evolute.

Camilla:
Ah ecco..

Rinaldo:
Mia mamma comunque ne ha visto uno e pure l'alieno anche se non ne parla molto volentieri.

Camilla:
Dove?

Rinaldo:
A Cicciano e non è stata l'unica ad avvistarlo. La cosa finì anche in televisione locale e su alcuni giornali con tanto di scientifica che indagò sulle tracce lasciate da questo UFO.

Camilla:
Che ha visto?

Rinaldo:
L'UFO e l'alieno che vi è uscito. Si è spaventata e si è allontanata dal balcone da dove aveva visto la scena e poi poco dopo quando si era riaffacciata non c'era più nulla. Questo è quanto.

Camilla:
Dai!!.. Anche l'alieno?

Rinaldo:
Altri invece l'hanno visto sempre atterrare in un condominio dove ha lasciato quelle tracce di cui ti parlavo e che sono state esaminate dalla scientifica e poco dopo la navicella è ripartita lasciandosi dietro solo una scia luminosa e quelle tracce. Si, ma solo mia mamma ha vista l'alieno, gli altri hanno visto solo la navicella. Senti io vado a mangiare, se ci sei parliamo dopo, ok?

Camilla:
Ok.

Rinaldo:
Tu già hai pranzato?

Camilla: ☺
Si, anzi.. yes.

Rinaldo:
Mangi presto, brava! Di solito anch''io solo che c'è mio fratello che è sceso da Milano.

Camilla:
Si perché la mattina mi vien fame!!! ☺

Rinaldo:
Anche a me .. ti capisco! Senti, ieri parlando di Ilenia e del suo tipo tu mi chiedesti se ero geloso. Ma Ilenia invece è una tipa gelosa?

Camilla:
Si. Ma vuoi fa le cose serie?? ☺

Rinaldo:

E tu me la vuoi presentare?

Camilla:
Per me va bene.. Ma che intenzioni tieni?

Rinaldo:
Ma sai, se c'ha il ragazzo non è che possa fare più di tanto.. però ho bisogno di un po' d'affetto femminile diciamo così..

Camilla:
Ma tieni intenzioni serie? O una botta e via?

Rinaldo:
No.. una a me proprio non mi basta manco come aperitivo, che sia ben chiaro.. Però sai.. sono anche uno che si accontenta di poco..

Camilla:
?? Sei svenuto? ☺

Rinaldo:
No no.. una botta e sempre meglio di niente.. Perché sarei svenuto?

Camilla:
Perché non rispondevi ☺ .

Rinaldo:
Beh ogni tanto mi appari come offline, non so..

Camilla:
Jah però se fai così non te la presento.. non mi va di fare figure di merda.. a sto punto chiedile l'amicizia e parlaci tu. ☺

Rinaldo:

Oddio.. te la sei presa?

Camilla:
No no però.. ☺

Rinaldo:
Beh, allora guarda che cerco solo di essere il più onesto possibile.

Camilla:
Cioè? ☺

Rinaldo:
Vabbè sto parlando in generale, siccome mi avevi detto che lei fa il tira e molla col ragazzo sai..

Camilla:
Vabbè.. fate voi. ☺

Rinaldo:
Si, ma la conosci te non io!

Camilla:
Ma non fai prima se gli chiedi l'amicizia? ☺

Rinaldo:
No, preferisco se me la presenta qualcuno.. Se vuoi ancora eh..

Camilla:
Vabbè..

Rinaldo:
Ma è una tua cara amica?

Camilla:
Si.

Rinaldo:
Ok.. ma le hai già parlato di me?

Camilla:
No, è da un po' che non la sento.

Rinaldo:
Vabbè.. senti e perché t'interessava la storia degli UFO invece?

Camilla:
Perché sono curiosa degli UFO.

Rinaldo:
Comunque quello che ti ho detto a proposito di mia madre è tutto vero.

Camilla:
Dai.. non ci credo. ☺

Rinaldo:
Beh, puoi sempre chiedere a mia madre! Tanto te lo racconterebbe senza problemi.

Camilla:
Si si.. glielo devo chiedere.. ☺ non so chi è però.. ☺

Rinaldo:
Eh, quando vuoi.. vabbè è mia madre, glielo dico che ve l'ho detto dell'UFO e non ci sono problemi.

Camilla:
Sono troppo curiosa!! ☺ Ma non è che ha sognato tutto??

Rinaldo:
☺ Chiediglielo tu! Ti ho detto che non è stata neppure l'unica a vederlo a Cicciano!

Camilla:
E certo che glielo chiedo. ☺

123

Rinaldo:
http://www.youtube.com/watch?v=5-FwsPmLk7Y

Camilla:
Cos'è?

Rinaldo:
Il video dei ragazzi che oltre mia mamma hanno visto l'UFO.

Camilla:
Allucinazioni collettive. ☺

Rinaldo:
No guarda che conosco bene quei ragazzi, il loro parco è proprio affianco al campo di calcetto dove anche mia madre l'ha visto!

Camilla:
Mah... che paura però.. ☺ Nel 90?

Rinaldo:
Loro dicono più stupore che altro, si!

Camilla:
Ancora non esistevo nel 90! ☺

Rinaldo:
Io ero piccolo. ☺ Beh, abbiamo quanto, 14 anni di differenza giusto? Vedi cosa può succedere in 14 anni!

Camilla:
No, ci devo parlare con tua mamma perché queste cose mi interessano ☺ Mi piace proprio sapere.. anche di sistemi solari oltre al nostro.. altre galassie ecc ecc..

Rinaldo:

Eh.. sei una figlia delle stelle insomma. ☺

Camilla:
Di non sfottere! ☺

Rinaldo:
Guarda che sono serissimo!

Camilla:
Volevo comprare un telescopio.. ma tanto non ci capisco niente.. ☺

Rinaldo:
Sai, in effetti tutto ha a che fare con la storia del fotone..

Camilla:
Nooooooooooooooooooooooo basta!!!! ahahaha ☺

Rinaldo:
Beh purtroppo si.. le stelle e i pianeti vengono dal Big Bang sai. C'ho provato a raccontarvi qualcosa in montagna..

Camilla:
E con tutta quella confusione che vuoi capire.. ☺

Rinaldo:
Anche questo è vero. A me comunque l'argomento piace perché è da dove veniamo tutti noi, le stelle, l'universo ecc..

Camilla:
Io mi devo concentrare per capire.. sono lenta ahahah ☺

Rinaldo:

Non penso affatto che tu sia lenta.
Ognuno di noi è diverso e ciò è
bellissimo.

Camilla:
Si si.. mi avresti dovuto avere come
alunna per mezz'ora.. vedi come
cambi idea ☺ ahahaha.

Rinaldo:
Ho insegnato alla ragioneria l'anno
scorso sai?

Camilla:
A Venafro?

Rinaldo:
Si.

Camilla:
Io stavo a Fratta Maggiore.

Rinaldo:
3A, 3B e 4°. Come a Frattamaggiore?

Camilla:
Si.

Rinaldo:
Non hai fatto la ragioneria a Venafro?

Camilla:
Solo i primi due anni.

Rinaldo:
Poi?

Camilla:
Poi ho fato 2 anni di estetista a
Cassino e 2 di ragioneria a Fratta
Maggiore.

Rinaldo:
Ma tu sei di Venafro?

Camilla:
Si ☺ .

Rinaldo:
Ok.. e Mario, è di Fratta Maggiore?

Camilla:
Tora e Piccilli.. non so se lo sai.. sta
vicino Presenzano.

Rinaldo:
No.. non so dov'è.

Camilla:
Presenzano lo sai?

Rinaldo:
Si, dove c'è la diga.

Camilla:
Eh bravo.. è di la. ☺

Rinaldo:
Ok. Ma insomma prima ti ho offeso a
proposito di Ilenia?

Camilla:
Ma no. ☺

Rinaldo:
Sicura?

Camilla:
Si.

Rinaldo:
Non è che hai paura di mettere la tua
amica in bocca al lupo? ☺

Camilla:

Ti sei fissato proprio con Ilenia. ☺

Rinaldo:
Beh no.. però ti ho detto che mi
piacciono le bionde e mi piacerebbe
conoscerne qualcuna.

Camilla:
No, è che alla fine non ti conosco
nemmeno ☺ Io non vorrei che poi
succede qualcosa ed è colpa mia.. ☺

Rinaldo:
Non hai tutti i torti comunque, lo
capisco. ☺

Camilla:
Meno male! ☺

Rinaldo:
Perciò ti ho detto di venire qua,
magari con Mario qualche volta senza
problemi.

Camilla:
Però dato che stai da poco a Venafro
non penso che conosci tante persone
giusto?

Rinaldo:
Anche lui mi è sembrato un ragazzo
molto intelligente.. non conosco
praticamente nessuno.

Camilla:
E allora hai trovato i tuoi primi amici
☺ e se ti comporti bene puoi uscire
con noi.. se vuoi ahahah ☺.

Rinaldo:
Ah beh vi ringrazio allora!

Camilla:

Anche se non è che facciamo un gran
che.. ti avviso.. passiamo il tempo
parlando ☺.

Rinaldo:
Beh, penso dovresti aver capito che in
effetti è quello che faccio pure io..
anzi!

Camilla:
ahhahh si si ☺.

Rinaldo:
E ti confesso che mi piace pure..

Camilla:
Anche a noi.. praticamente facciamo
solo quello. ☺

Rinaldo:
Per questo ti chiedo spesso di Ilenia,
mi piace che studia inglese perché mi
piace poter parlare inglese e non solo
fare lezioni. Mario anche mi ha detto
che lo capisce bene. Nel mio caso ad
esempio molte delle cose che so non
si trovano neppure tradotte in italiano,
figurati un po'!

Camilla:
Wow ☺

Rinaldo:
Eh..

Camilla:
Con Ilenia ci parli e a me lo insegni
ahahah ☺

Rinaldo:
Con piacere!

Camilla:

No dai.. non voglio fare il terzo in comodo. ☺

Rinaldo:
Che c'è di male, anzi ti dirò.. più italiani imparano l'inglese meglio è perché ne va del nostro futuro perché come dici tu, ormai sto qua e mi devo lasciare l'America alle spalle, giusto?

Camilla:
Giusto!! ☺

Rinaldo:
Bene, good! ☺ Anzi, mo che ci penso a settembre non mi va proprio di ricominciare..

Camilla:
Hahaahh con me devi fare come i bimbi.. ☺ ..a fare che?

Rinaldo:
Insegnare. I bimbi sono quelli che imparano meglio.

Camilla:
Perché???? o.o

Rinaldo:
Eh.. ricominciano le lezioni.

Camilla:
E non ti va?

Rinaldo:
No!

Camilla:
Però lo fai lo stesso?

Rinaldo:

Beh, insegnare alla fine non mi costa poi più di tanto per essere onesto. Solo che a lezione non posso parlare di quello che voglio io e quindi devo rispettare un programma che poi diventa monotono.

Camilla:
Infatti. ☺ Cioè a te già non te ne tiene di insegnare.. mo' mi ci metto pure io che voglio imparare.. ☺

Rinaldo:
Guarda che a dire il vero è più facile insegnare al di fuori degli "schemi" del British che seguendo il loro curriculum, te lo assicuro. Alla ragioneria ad esempio mi son divertito facendogli vedere pure i Simpson in sala computer un giorno.

Camilla:
Grande prof!!! ☺☺

Rinaldo:
Non mi chiamano prof, ma Al!

Camilla:
Io come ti devo chiamare? ☺

Rinaldo:
Aldo, penso.. non so, come ti pare.

Camilla:
Ok. ☺

Rinaldo:
Or Al if you learn English..

Camilla:
Giusto ☺ Non mi viene spontaneo infatti.. ☺

Rinaldo:
What, Al?

Camilla:
Eh! ☺

Rinaldo:
Why not? Call me Al! It's still me!

Camilla:
No, non mi piace Al.. ☺

Rinaldo:
Why not? ☺

Camilla:
Mi viene da ridere. ☺

Rinaldo:
Well.. it's just the way it is!

Camilla:
Aspetta..mi sono persa.. ☺

Rinaldo:
Beh.. è quello che è! It's just the way it is!

Camilla:
Ok. ☺

Rinaldo:
Sai come si chiamava Al Capone?

Camilla:
No.

Rinaldo:
Alfonso ☺.

Camilla:
Ahahah ☺ Mi piace quando mi scrivi in inglese. ☺

Rinaldo:
Good! So you learn it!

Camilla:
? ☺

Rinaldo:
Bene, così l'impari!

Camilla:
Si si mi piace imparare. ☺

Rinaldo:
Good, I love teaching!

Camilla:
Si? ☺ Bene.. con me ce n'è tanto da insegnare. ☺

Rinaldo:
Yeah? No problem! You are very intelligent as well!

Camilla:
Can I go to the.. bagno.. ?? ☺

Rinaldo:
Can I go to the toilette? ☺ Yes of course!

Camilla:
Yeah.. ☺ just a moment ☺

Rinaldo:
Of course!

Camilla:
Ok. ☺

Rinaldo:
Do you like English?

Camilla:

128

Yeah.

Rinaldo:
Good!

Camilla:
The pomat!! ☺☺

Rinaldo:
Tomato?

Camilla:
Ahahahhh ti ricordi Nico?? Pomat!!
☺

Rinaldo:
Ah si.. la pomata! Certo! Che risate!

Camilla:
Io sto a quel livello! ☺

Rinaldo:
Beh non è male allora, anzi!

Camilla:
Come si dice pomata? ☺

Rinaldo:
Cream. ☺

Camilla:
Dai era facile. ☺

Rinaldo:
Yeah.

Camilla:
Ok.. io stacco.. alla prossima. ☺

Rinaldo:
Bye!

Camilla:

Cià.. ☺

Rinaldo:
☺

Rinaldo:
Ciao gelsomino, vorrei tanto che mi facessi una pugnetta in questo momento!

19 AGOSTO

Rinaldo:
Buon giorno gelsomino! Oggi me ne vado a Staffoli nell'Alto Molise a cavalcare un po', cosa che non faccio da tanto tempo ormai, più che l'amore! L'ultima volta che sono andato a cavallo infatti è stato in Costarica, quando ero ancora in America. Quindi, prima di andare voglio continuare la nostra discussione sul perché mi piacciono tanto le bionde. Ieri siamo andati a finire a parlare anche di genetica, che poi altro non è se non ciò che un uomo ed una donna si scambiano quando fanno l'amore, ossia l'ovulo e lo sperma di cui tanto ti vorrei riempire la vagina proprio per tali motivi! Ad ogni modo, in realtà tutti gli uomini vengono dall'Africa anzi, diciamo che dai 50.000 ai 200.000 anni fa c'erano solo africani e quindi Negroidi che noi chiamiamo "homo sapiens". Poi a un certo punto dalla tribù dei Boscimani in Sud Africa veniamo fuori anche noi e per millenni poi dall'Africa è cominciata la colonizzazione del pianeta da parte dell'uomo creando poi ulteriori differenziazioni genetiche in base agli

adattamenti ai vari climi in cui gli uomini si stabilirono. I Caucasici sono quindi gli ultimi arrivati in terra, i più giovani ed io mi ci trovo bene e poiché onestamente non mi vedo poter aver figli con donne di altre razze tanto vale che frequento e corteggio solo quelle con cui ho ovviamente più sintonia e soprattutto interessi di tipo continuativo per la mia specie. Il Big Bang c'è stato, 14 miliardi (14.000.000.000.000) di anni fa e lentamente si sono create le stelle, i pianeti, la vita ed in ultimo proprio noi! Vorrei tanto scoparti per farti provare il Big Bang ogni volta che t'amo e lascio esploderti dentro il mio seme! Della teoria del Big Bang però ti racconterò un'altra volta. Ma non hai accesso ad un computer, è per questo che non mi rispondi? Non penso che hai avuto due cicli in un mese!

Rinaldo:
Federica, ma vuoi chiedere a tua mamma se mi voleva far conoscere una negra???

Federica:
Ma nooooo non è la negra!!!!!!!! È l'altra, però se vuoi fai due al prezzo di uno!!!!! Vedi tu !!!!!!!!!

Rinaldo:
Guarda.. non vorrei sembrare troppo duro ma.. la negra m'ha tolto l'appetito!

Federica:
E vabbè!!!!

Rinaldo:

Eh infatti si.. ci so' rimasto! Tutte a me.. ma ti pare una cosa giusta?

Federica:
No!!!! Vabbè dai, da oggi condividerai le tue sciagure con Eleonora.

Rinaldo:
È quello che dico pure io.. e chi è mo sta Eleonora?

Federica:
Ah no scusa, Manuela.

Rinaldo:
Ah.. no guarda, non ci voglio condividere proprio nulla.. Mi tocca solo emigrare. Vedi.. non c'è alternativa!

Camilla:
Ehi! ☺

Rinaldo:
Ciao, Sono stato a Staffoli oggi, bellissimo!

Camilla:
Si? Non ci sono mai stata.

Rinaldo:
Bello, sembrava di stare in America.. col rodeo e un sacco di cowboy.. sono andato pure a cavallo, cosa che non facevo da un bel po'!

Camilla:
Bello. ☺

Rinaldo:
Il Molise comunque è bellissimo, più lo visito più mi piace.

130

Camilla:
Mmmm.. mica tanto.

Rinaldo:
Beh.. a me piace! Poi c'era veramente bella gente lassù!

Camilla:
Si?

Rinaldo:
Si..

Camilla:
Devo andarci. ☺

Rinaldo:
Beh si, val la pena. Solo che mi sembra che il rodeo chiude in questi giorni e se ne riparlerà l'anno prossimo. Ah, comunque, visto che abbiamo parlato tanto di gelosia, in tutto ciò io non ti ho manco chiesto se a Mario poi non dispiaccia che noi chattiamo. Sai, non vorrei mica farlo arrabbiare!

Camilla:
No no, non ti preoccupare ☺

Rinaldo:
Ok, se lo dici tu ci credo.

Camilla:
Possibile che tu non sei un minimo geloso?? ☺

Rinaldo:
Ti ho detto, dipende dalle situazioni. Sai, non esiste una vera e propria "norma" a tal punto che certi addirittura ne fanno una questione di

eccitamento erotico mentre altri invece si ingelosiscono.

Camilla:
Cioè?.. So gelosi e si eccitano?

Rinaldo:
Vabbè, non è il mio caso, ma da quello che so si eccitano a guardare il proprio partner andare con altri e poi dicono che ciò rende ancora più forte il loro legame di coppia. Boh, valli a capì te.. Da qua però al fatto che io non sia geloso è un'altra cosa.

Camilla:
....non è il mio caso. ☺

Rinaldo:
Manco il mio, te l'assicuro.

Camilla:
Menomale!

Rinaldo:
Però è sempre bene sapere gli estremi di un discorso prima di intraprenderlo o no? Cioè, dall'essere ultra gelosi a quello e non essere gelosi per nulla c'è poi tutto il resto di mezzo..

Camilla:
Ecco..

Rinaldo:
Esattamente! Quindi non è che non sono per niente geloso, dipende solo dalle circostanze credo.

Camilla:
Mi immagino Al che fa le scenate di gelosia.. in inglese ☺ ahhaah ☺

Rinaldo:
Beh è successo, non lo nego.

Camilla:
Si?? Daiiii.. ☺

Rinaldo:
Eh beh si, ti ho detto che dipende dalle circostanze.

Camilla:
Ahahah, non ti ci vedo ☺

Rinaldo:
Eh, non mi conosci.

Camilla:
Eh infatti.

Rinaldo:
Diciamo che prevale la filosofia napoletana del "magna e futt" alla fine.

Camilla:
Che?? Non l'ho mai sentita. ☺

Rinaldo:
Ma come no? Magn e futt che Dio perdona tutt, futt e mag che Dio t'accumpagn.

Camilla:
Cioè.. tu mangi e fotti? ☺

Rinaldo:
Beh, mangiare si, fottere purtroppo debbo dire che mi piacerebbe ma al momento Dio non è tanto propizio nei miei confronti.. ecco, mettiamola così.. O non ti avrei chiesto di presentarmi un'amica, no?

Camilla:
Cavolo.. non è bella come situazione. ☺

Rinaldo:
Eh, direi proprio di no..

Camilla:
Non vorrei essere nei tuoi panni.. ☺

Rinaldo:
Soprattutto perché le donne veramente servono all'uomo per "rilassarlo". Ah, che fai, sfotti pure adesso?

Camilla:
Ahahaahah si ☺

Rinaldo:
Non è molto carino! Sai, sono un po' sensibile sull'argomento.. ☺

Camilla:
Perché? 0.0

Rinaldo:
Perché ovviamente la voglia è tanta e la fica manca, come si dice sempre a Napoli!

Camilla:
Vabbuò.. cambiamo argomento. ☺

Rinaldo:
Ecco.. ti ringrazio..

Camilla:
Ma ce l'avevi la moglie.. l'hai lasciata.. mo che vai trovando? ☺

Rinaldo:

132

Beh non è che l'ho lasciata.. ☺
Diciamo che "ci" siamo lasciati a
vicenda.

Camilla:
Ok.. io vado a cena.. ci risentiamo ☺
Ciaooo.

Rinaldo:
Ciao, buon appetito!

20 AGOSTO

Rinaldo:
Ti vorrei raccontare la storia del Big
Bang, così giusto per stimolare un po'
le fantasie erotiche pensando alla più
grande ed antica di tutte le esplosioni,
ma non sapendo sei hai la possibilità o
meno di controllare la tua posta non
vorrei riempirti di cose da leggere che
poi diverrebbero pesantissime e
noiose se lo dovessi fare tutto d'un
colpo solo. Quindi, aspetterò che ti
faccia viva te per continuare i miei
racconti..

Rinaldo:
Comunque, hai fatto bene a prenderti
una vacanza da me!

Rinaldo:
Ma non ti manco neppure un po'?

Rinaldo:
Ma non vorrai mica farmi ingelosire di
nuovo, vero?

Rinaldo:
Ma non avrai mica mollato il tuo pen
pal e amore virtuale? Sai, oggi mentre
guardavo quella tua solita foto dove

sei allungata sul divano e che tanto
stimola le mie fantasie erotiche ho
anche pensato che mi piacerebbe
scoparti pure mentre sei incinta, come
durante il Big Bang che ha dato vita
all'universo, perché non ci sarebbe
bisogno di preoccuparsi né che tu
rimanga in cinta per l'appunto, né del
ciclo. Sarebbe sesso e amore tutto il
mese per nove mesi con le tue tette
ancor più grosse che si preparano ad
allattare come fa la Via lattea con noi!

Camilla:
Ehi.. sei sempre qui? ☺

Rinaldo:
Ehi ciao, beh diciamo che non guardo
tv e quindi uso internet un po' per
tutto, incluso la musica.

Camilla:
Non esci mai? ☺

Rinaldo:
Beh oggi ho lavorato un bel po' a dire
il vero approfittando del fatto che ci
sia fratello.

Rinaldo:
Comunque in genere esco poco, è
vero.

Camilla:
Anche io. ☺

Rinaldo:
E com' è?

Camilla:
Così. ☺

Rinaldo:

Ieri mentre ero a Staffoli comunque siam finiti a parlare di quello che dicevi tu, ossia del fatto che in Italia attualmente è difficile per i giovani riuscire anche a sognare un futuro, soprattutto per quanto riguarda la possibilità di metter su famiglia ed avere dei figli.

Camilla:
☹☹☹
Tu non li hai avuti per scelta o perché non son venuti?

Rinaldo:
Beh, diciamo un po' entrambi.

Camilla:
? ☺

Rinaldo:
Lei era prima presa tanto dal lavoro, poi le cose si sono semplicemente guastate ed è stato meglio così. Tutto l'opposto dell'Italia insomma!

Camilla:
Si.. ☺ Anche se stiamo andando anche qui in quella direzione. ☺

Rinaldo:
Beh si, ma in Italia c'è tanta ignoranza però, soprattutto a riguardo della radice del problema economico che incombe sull'intera società.

Camilla:
Eh.. lassam stà..

Rinaldo:
Quello è il problema vedi, tipicamente italiano!

Camilla:
Io me ne andrei proprio.

Rinaldo:
Fanno tutti finta che i problemi non esistano, gente molto falsa a mio avviso. Io invece visto che per cause maggiori debbo stare qua, proprio non mi va di lasciare l'Italia agli ignoranti!

Camilla:
Pensaci tu.. salvaci tutti! ☺

Rinaldo:
No no.. mi spiace.. io gli ignoranti non li voglio! Che andassero in contro al proprio destino! Non sei tu che deve andarsene, ma loro!

Camilla:
Eh.. ma sempre io ci vado per sotto alla fine.. ☺

Rinaldo:
E perché scusa?

Camilla:
Perché non se ne vanno. ☺

Rinaldo:
E allora non ti curar di loro ma guarda e passa.. Io lo faccio tutto il tempo.. ☺ Anzi ti dirò di più, voglio proprio dare il mio contributo alla causa e lasciarmi dietro una miriade di figli!

Camilla:
E come li campi??? Sempre quello è il dilemma .. ☺

Rinaldo:

Eh eh.. Dio vede e provvede.. quella è la risposta!

Camilla:
Che bella risposta.. vorrei che anche qualcuno che conosco la pensasse come te..

Rinaldo:
Beh, voi donne italiane in questo avete una grossa responsabilità e proprio in questo peccate un po' rispetto alle americane! Loro figli ne fanno ed il problema non se lo pongono neppure. E questo fatto poi ve l'ho detto pure a ferragosto, è il motivo per cui non riesco tanto con le mie coetanee italiane che mi sembrano veramente di un altro pianeta.

Camilla:
Cioè non si pongono il problema di come camparli?°+

Rinaldo:
Esatto, si fanno tante meno seghe mentali di voi italiane. Vedi, poi si torna sempre al punto di partenza.

Camilla:
Ma non hai capito non sono io che me le faccio le seghe.. i figli si fanno in due. ☺

Rinaldo:
Non c'è dubbio, vero anche quello, però voi donne siete quelle che scelgono con chi accoppiarsi e conseguentemente avete una responsabilità maggiore a mio avviso nel proseguimento della specie. Alla fine della giornata le americane si riproducono e voi italiane vi estinguete e la cosa a mio avviso è un po' inquietante perché in questo caso in mezzo ci finisco io che vado in bianco!

Camilla:
Ahahahahahah ☺ Perché questo discorso non l'hai fatto anche alla tua ex?? ☺

Rinaldo:
Eh, ti assicuro che non è affatto divertente soprattutto quando cerco di spiegare agli italiani e alle italiane come le banche vi truffano e siano responsabili poi alla fine dei tutti i vostri problemi, e quindi pure i miei! Beh, no perché a dire il vero non avevamo fretta di avere figli ma ne volevamo entrambi prima che poi le cose prendessero una brutta piega tra di noi. Comunque per ex credo non ti stia riferendo ad alcuna italiana in quanto non ne ho avute mai di ragazze italiane, specie da quando sono tornato due anni fa

Camilla:
Marò sono 2 anni che non ti vedi con nessuna??

Rinaldo:
Esatto e non sono mai stato con un'italiana per giunta!

Camilla:
☺

Rinaldo:
Senti, se non fosse che sei già impegnata non esiterei a chiedere a te

135

di calmare i miei bollenti spiriti, quindi.. occhio a sfottere! Cambiamo argomento?

Camilla:
Si..

Rinaldo:
Il mio problema infatti si chiama Mario Draghi, il governatore della Banca d'Italia che è anche l'usuraio di tutta Europa e per cui non solo non ho soldi, ma conseguentemente non ho manco la fregna perché questo è esattamente quello che vogliono, depopolare la terra!

Camilla:
Cioè io non riesco a stare più di 3 giorni senza vedere Mario. ☺ Ahahaah ☺ vabbè basta.. ☺

Rinaldo:
Ecco ti prego, non sfottere. Guarda che mi piacerebbe sempre conoscere la tua amica però..

Camilla:
Ho capito!!! ☺ Cioè per te una vale l'altra?? ☺ Che rispetto hai per le donne??

Rinaldo:
Beh non proprio.. anzi no. Eh.. è quello che ho detto.. se una valeva l'altra non sarei stato due anni a secco, no? Però a un certo punto è anche vero che l'astinenza fa scattare altri meccanismi psicologici..

Camilla:
Questo è vero..

Rinaldo:
Però io guardo molto alla qualità e veramente poco alla quantità..

Camilla:
Una e bona.. giusto?

Rinaldo:
Bona si, ma pure col cervello. Non mi serve solo un pezzo di legno per quanto possa essere bello. A me le donne piace sventrarle nell'anima! ☺

Camilla:
Di me che ne pensi? ☺

Rinaldo:
Non posso pensare nulla.

Camilla:
Perché.

Rinaldo:
Non voglio metterci neppure il pensiero perché ovviamente non potendo farci nulla con te evito proprio di fantasticarci sopra! Per il mio bene ovviamente.. in termini di salute mentale, sai.. il testosterone tira brutti scherzi!

Camilla:
Se ero un'altra era la stessa cosa.. non sono io.. è solo che son donna e te per come stai inguaiato non ci vedi più. ☺

Rinaldo:
No scusa eh.. se eri un'altra di cui non conoscevo il tipo e la famiglia allora era un'altra cosa! Comunque, se ti riferisci al fatto che penso che tu abbia amiche carine è ovvio che sia dovuto

al fatto che anche tu sei alquanto carina.. che dici?

Camilla:
Ah pure la famiglia!! ☺ Lo vedi?? Sei italiano nel sangue!!! Aahah ☺

Rinaldo:
E che non è vero? Dico sia l'essere italiano che la famiglia.. Però a differenza degli italiani sono concreto e guardo ai fatti.. non mi perdo in ipotesi che non mi porteranno mai da nessuna parte.. quello è il mio lato americano invece! E sai, Amerigo non a caso era italiano!

Camilla:
Ce stai a provà!!!! ☺

Rinaldo:
E con chi? Perché ti piacerebbe?

Camilla:
Che cosa?

Rinaldo:
Se ci provassi.

Camilla:
No, mi dispiacerebbe per Mario.. alla fine è bravo.

Rinaldo:
Appunto, non ti conosco affatto alla fine.

Camilla:
Eh ci stiamo conoscendo.

Rinaldo:
Beh si, comunque detto tra noi, in America si dice se hai casa libera non

mi dispiacerebbe fare una consegna a domicilio.. però proprio in virtù di Mario sarebbe meglio se tu mi presentassi un'amica, che dici?

Camilla:
Si. ☺

Rinaldo:
Si cosa?

Camilla:
Si ti presento questa amica.

Rinaldo:
Ok.. ☺ Ma tu invece scappatine non ne faresti mai?

Camilla:
Non penso.

Rinaldo:
Meglio così perché in tal caso mi offrirei volontario! ☺ Ehi, io scappo a mangiare che è meglio..

Camilla:
Ok..

Rinaldo:
Sei simpatica comunque, ciao!

Camilla:
Anche tu.. ciao. ☺

Rinaldo:
Mentre mangiavo comunque ho pensato che se qualche volta volessimo incontrarci per parlare un po' non mi dispiacerebbe affatto e non faremmo neppure torto a nessuno.

21 AGOSTO

Rinaldo:
Ieri sera comunque non ho potuto resistere dal masturbarmi pensando a te e al tuo bellissimo seno, immaginandoti che dapprima mi respingevi per poi cedere alle mie persuasioni fino a farmi sborrare tanto seme, bianco come la Via lattea e tutto per te!

Camilla:
Weh poi ci risentiamo tra una settimana.. Ciaoo ☺

Rinaldo:
Ciao.

22 AGOSTO

Rinaldo:
Ehi Jasmine, ma non è che ti sei innamorata di me ed ora fuggi via per la paura? Guardando quella tua foto di schiena mentre ti abbassi i jeans vorrei tanto metterti a pecorina e poter sentire i tuoi glutei contro il mio inguine ad ogni mia spinta per penetrarti da dietro per poi buttarti su di un letto con le tue gambe aperte appena per lasciar spazio al mio bacino di poggiarsi al tuo e sentire tutto il mio peso assorbito da quelle belle chiappe lasciando il mio membro libero di entrarti dentro da dietro mentre tu sei a pancia in giù sdraiata, con le braccia ben chiuse sotto il tronco e le mani incrociate sotto il seno per attutire meglio le mie penetrazioni.. mi manchi!

Rinaldo:
Ma ti stai "conoscendo" con qualcun altro per caso? Guarda che non c'è nulla di strano sai, lo capisco.. cioè capisco bene la tua curiosità nel voler considerare ogni possibilità ma almeno dimmelo. Non è che non sia geloso, è più che non temo la concorrenza ma mi manca tanto giocare con te, mi hai reso dipendente dalla tua voglia di cazzo e non riesco a stare troppo a lungo senza soddisfarti. Mi piace troppo sborrare assieme a te immaginandoti come mia amante. Fai troppo bene alla salute, te lo avevo già detto.. in particolare a quella dei miei testicoli che praticamente ormai ti amano e al solo pensarti cominciano a contrarsi e a desiderarti producendo sperma per te, vogliosi di fecondare la tua gran bella fregna!

Rinaldo:
Senti Jasmine, poco fa mi sono masturbato al pensiero di possederti all'aperto, dopo un giro in auto, parcheggiati e ben appartati e con te all'impiedi appoggiata con entrambe le mani al cofano mentre io ti appunto a me afferrandoti il bacino e sollevandoti una coscia per fartela appoggiare al paraurti per penetrarti meglio e più a fondo rimanendoti sospeso dentro mentre te lo infilo a piedi nudi sul prato e sollevandomi in punta di piedi per spingertelo più dentro e restarti sospeso duro dentro fino a venirti dentro riempiendoti di sperma. Cosa debbo fare per farti chattare ancora con me? Mi sfuggi come un'anguilla!

23 AGOSTO

Rinaldo:
Sai, non è affatto carino da parte tua eludere le mie attenzioni soprattutto quando queste poi risultano per me in mal di coglioni incessante che solo tu puoi aiutare a sfogare in quanto neppure Federica, la mano amica è in grado di pacare il mio testosterone. La voglia è tanta, Jasmine mi manca e la mano scivola sul cazzo stanca!

Rinaldo:
O non è che per caso hai cominciato a capire che sono un po' troppo maturo per te e quindi vuoi prendere le distanze da me per questo motivo? A dire il vero io stavo cominciando a pensare che poiché ti piace tanto stare davanti all'obiettivo sarebbe stato bello chattare con te che usi la webcam e con me che ti scrivo da dietro l'obiettivo, che ne dici?

Rinaldo:
Ma possibile che non ti manco neppure un po'.. così, solo per sapere come sto o se tutto va bene.. sei proprio gelida come una celta nonostante la passione sicula che mostri solo quando fa piacere a te!

Rinaldo:
Ehi, ora che ci penso.. non ti sento più da quando ho pubblicato in rete la mia denuncia per usura nei confronti del Governatore della Banca d'Italia e Banca Centrale Europea, Mario Draghi. Non è che per caso hai letto la denuncia e qualcosa ti possa aver turbato, non so ad esempio il fatto che sono divorziato, ne vuoi parlare? A me non dispiacerebbe affatto se servisse a riaprire un canale con te.

Rinaldo:
Non ti avrò mica messo incinta con la sola forza del pensiero vero?

24 AGOSTO

Rinaldo:
Ma non mi saluti neppure più? Comunque sappi che la mia ex moglie è proprio quella donna con cui ti ho detto di aver perso la mia verginità a 22 anni e quindi anche la ragione per cui ti avevo detto pure che la verginità non è sinonimo di felicità né tantomeno di amore eterno!

Rinaldo:
Mi stai friggendo il sistema nervoso.. ma mi vuoi mandare in panne di proposito a vuoi solo giocare ad una corsa di resistenza? Sai, dopotutto un anno è molto lungo; vorrei solo sapere se mi devo preparare ad un monologo lungo un anno o se in qualche modo tu mi darai una mano nel frattempo per aiutarmi a passare questa lunga attesa nel migliore e più piacevole dei modi..

Rinaldo:
Comunque voglio che tu sappia anche un'altra cosa, cioè che mi piace godermi pure il silenzio tra di noi tanto mi piace goderti!

Rinaldo:
Dai.. dimmi solo "ciao"..

Rinaldo:
Ma allora quindi non mi parlerai mai più?

25 AGOSTO

Rinaldo:
Gelsomino, ti sei completamente dimenticata di me! Mi sento usato come uno straccio vecchio, sul piano personale, ma come tutor debbo dire che meriteresti veramente una bella sculacciata perché stai marinando tutte le mie lezioni private. Questo comportamento non è molto consono per una signorina come te che dovrebbe essere molto più seria e attenta, soprattutto in riguardo agli studi e non far dispiacere ti tuoi genitori. C'è veramente bisogno che tu capisca la lezione e temo che dovrò punirti con un po' d'esercizi in più questa volta, per tutto il tempo che hai perso sin'ora. Devo solo pensare bene a come tu possa rimediare e soprattutto come farti rientrare in carreggiata.. mmm.. tu hai delle idee su come fare a farti perdonare?

26 AGOSTO

Rinaldo:
Ma come hai fatto a masturbarti in queste settimane, non hai avuto neppure un po' di voglia di toccarti assieme a me?

Jasmine:
Scusa ma sono partita per Ibiza... sono tornata oggi.. ☺

Rinaldo:

Ahh.. brava.. ti è piaciuta Ibiza, ti sei divertita?

27 AGOSTO

Jasmine:
Si moltissimo!! ☺

Rinaldo:
Hai parlato inglese?

Jasmine:
No.. ero in un villaggio italiano..

Rinaldo:
Ma come, vai all'estero e te ne stai con gli italiani? Vabbè, tanto ne avrai di occasioni!

28 AGOSTO

Jasmine:
Ahahahahah certo!! Gli italiani sono i migliori!! ☺

Rinaldo:
Io a dire il vero neppure credo che esistano migliori in niente al mondo, ma comunque l'importante è che tu abbia fatto una bella esperienza perché è importante secondo me che la tua vita sia la migliore che tu possa aver avuto! A proposito, tu mica hai tatuaggi?

Jasmine:
No perché?

Rinaldo:
Ciao! Così, perché a dire il vero non mi piacciono. Come direbbe il lupo, è per immaginarti meglio! ☺

Jasmine:
Ahahahah ok ☺

Rinaldo:
Comunque mi sei mancata, sei riuscita a leggere tutto quello che t'ho scritto mentre eri a Ibiza o era troppo?

Jasmine:
Ce l'ho fatta... ☺ e mi sei mancato... ho una voglia matta di toccarmi...

Rinaldo:
Beh, in effetti speravo proprio che fossi tu a chiedermi come ti voglio scopare oggi per alleviare la tua lunga assenza.. Senti, un'altra cosa, ma tu quando mi pensi come mi chiami, Rinaldo, Aldo o Al?

Jasmine:
Rinaldo ☺

29 AGOSTO

Rinaldo:
E mi sogni mai?

Jasmine:
Ogni tanto ☺

Rinaldo:
Addirittura.. sono penetrato nel tuo inconscio? E come ti parlo nei sogni, in italiano, in inglese o in dialetto napoletano?

Camilla:
Ehi ☺

Rinaldo:
Ehi, ciao! Come sono andate le vacanze?

Camilla:
Ti sono mancata?? ahah ☺

Rinaldo:
Diciamo che ho avuto tanto più tempo da dover occupare altrimenti.

Camilla:
Si o no?? ☺

Rinaldo:
☺ Beh diciamo di si allora. In verità non più di tanto poiché sapevo che stavi a mare quindi sai, beata te!

Camilla:
Ahaha.. ☺ Ilenia ha fatto pace con il ragazzo. No non stavo a mare. ☺

Rinaldo:
Ilenia ha fatto pace col ragazzo! Non so se dire che sfiga o che altro.. Ah, scusa, pensavo stessi al mare.

Camilla:
No ero a Roma... e non volevo tornare!!! ☹

Rinaldo:
Eh ti credo, bella Roma.. c'ho vissuto 5 anni!

Camilla:
Che zona?

Rinaldo:
L'università stava in centro, Largo del Nazzareno, ma io vivevo in Viale Somalia, quartiere africano.

Camilla:
Mmmm.. non lo so. ☺

Rinaldo:
Non troppo lontano da Pizza Bologna e Trieste in linea d'aria.

Camilla:
Davvero??.. Io stavo a piazza Bologna. ☺

Rinaldo:
Eh, conosco bene Piazza Bologna. ☺ Ci sta ancora un amico che vado a trovare di tanto in tanto, vicino la posta.

Camilla:
È troppo bella!!.. Non ci voglio più stare qua. ☹

Rinaldo:
☺ Ti capisco. Sai come si dice no? Roma Caput Mundi, la capitale del mondo.. ed è vero purtroppo..

Camilla:
Qua è una palla.

Rinaldo:
E cosa vuoi fare?

Camilla:
Non posso fare niente. ☹

Rinaldo:
Siamo in due allora. Ci siamo giocati pure l'amichetta per giunta! ☺

Camilla:
Mi dispiace. ☺

Rinaldo:
Peccato.. sarebbe stato un bello spuntino ☺

Camilla:
Non so che dirti. ☺

Rinaldo:
Non fa nulla non preoccuparti, come vedi non m'ha cambiato la vita! ☺

Camilla:
Che palle oggi.

Rinaldo:
Quando sei tornata?

Camilla:
Ieri..

Rinaldo:
Uhm.. Sindrome del giorno dopo in pratica.

Camilla:
☹☹☹

Rinaldo:
Vai da Mario no?

Camilla:
-.- Non ci sta.

Rinaldo:
E a Venafro non hai altre amiche?

Camilla:
Si si

Rinaldo:
Non riesci ad organizzare nulla?

Camilla:
Mo vedo.

Rinaldo:
Fammi sapere se posso esserti utile

142

☺

Camilla:
Ti giuro andrei a lavorare a Roma..
solo che gli affitti sono troppo alti.

Rinaldo:
Eh lo so, ho ancora degli amici che ci
vivono, conosco bene la situazione
solo che nel mio caso se mi dovessi
ritrasferire non so se me ne starei in
Italia. Alla fine un posto vale l'altro..
più o meno.

Camilla:
Insomma.. andare in un posto dove
non conosci praticamente nessuno...
sopratutto se non conosci la lingua...
metti me in America... ☺

Rinaldo:
Beh, non penso di voler rifare quel
tipo di esperienza, diciamo che mi
basterebbe un posto con più elasticità
mentale tipo la Danimarca, ma
purtroppo fa troppo freddo. ☺

Camilla:
Ah ☺ ...vengo anche io. ☺

Rinaldo:
Guarda, mi piacerebbe andare a fare
un giro ma c'è mio fratello qua che s'
è preso la macchina quindi sono
appiedato e temo di non poter
neppure lasciare Venafro che poi in
pratica non conosco nessuno lo
stesso!

Camilla:
Wow, stai peggio di me! ☺

Rinaldo:

Ah grazie per ricordarmelo, quello
penso lo sapevamo già!

Camilla:
Ma ogni tanto fatti un giro in villa..
noi ragazzi ventenni stiamo la.. ☺

Rinaldo:
A dire il vero spesso vado in bici, direi
che non mi rimane che una fuga ad
Amsterdam per trovar sollievo. ☺

Camilla:
Perché?

Rinaldo:
Per starmene tra i miei simili. Amo
Roma ma preferisco il Nord Europa
in quanto a vivibilità e libertà
personali.

Camilla:
Non ti ho mai visto in villa, non
scherzà. ☺

Rinaldo:
Mah sai, conoscendo gli italiani
preferisco evitare.

Camilla:
Perché?

Rinaldo:
Penserebbero subito che sono uno
spacciatore.. capelli lunghi.. hippie.. no
grazie.

Camilla:
Uffaaaaaaaaa.. e fatti in culo ☺ ..statt
alla casa ☺

Rinaldo:

143

Perché tu vuoi andare a farti un giro in villa?

Camilla:
Che c'entro io?? Io ci vado in villa. ☺

Rinaldo:
Non capivo l'uffaaaaa.. ☺

Camilla:
E si, se continui ancora con questi discorsi che non ti trovi qua perché "noi" italiani siamo così.. rimarrai solo. ☺

Rinaldo:
Eh lo so.. però si dice pure meglio soli che male accompagnati.. e se non fosse per i miei genitori sicuramente non starei qua.. e non perché m'hanno messo al mondo.

Camilla:
Ti riferisci al fatto che ti hanno salvato dall'Fbi?

Rinaldo:
No.. non mi hanno salvato infatti.. e solo che dopo tutto quel bordello non me la sono sentita di andarmene altrove se non stare con loro per un po'.. sai, ho lasciato casa a 16 anni. A un certo punto m'è venuto lo scrupolo di coscienza diciamo così di godermi pure un po' i miei.

Camilla:
Quindi se non era per i tuoi non stavi in Italia giusto?

Rinaldo:
No e mi dispiace di questa cosa, soprattutto doverla dire agli italiani,

ma è perché conosco la differenza e solo per quello.

Camilla:
A me non interessa, me ne andrei pure io e qua non si discute..

Rinaldo:
Eh.. vedi.. è un problema serio, soprattutto per i giovani e stiamo sempre punto e a capo. Eppure ti assicuro che amo l'Italia, da impazzire..

Camilla:
Si ma qua non se ne fottono, fanno finta di niente!! Pensano solo a guardare le partite e quei deficienti scioperano pure!!! Devono andare a zappare la terra!!!

Rinaldo:
C'è veramente troppa ignoranza. E ti assicuro che non sarei visto di buon occhio se venissi alla villetta e mi mettessi a parlare con voi perché quello che dico io non piace e non vogliono che venga detto.

Camilla:
E vabbè che dici di tanto brutto?

Rinaldo:
La verità! Mi dispiace solo che devo condizionare la mia vita per tali individui. Lo capirai crescendo.. cioè.. col tempo. Io sono ancora un tuo coetaneo dentro.. ma la vita col tempo cambia tutti e quindi le persone con cui tu oggi ti confronti poi cambieranno o perché si adatteranno

al sistema o perché ne diventeranno parte intrinseca.

Camilla:
Quindi scappa finché sei in tempo ☺

Rinaldo:
Sono troppo al di sopra delle parti, vedo tutto e tutti e passo indifferente, cercando solo quello che interessa a me.

Camilla:
Non so che dirti ☺

Rinaldo:
☺ Beh infatti ognuno deve farsi il proprio cammino nella vita, non serve poi dirsi sempre qualcosa, alla fine ognuno porta avanti una sua storia.

Camilla:
...io ero rimasta che non vuoi venire in villa.. mi hai fatto perdere ☺ nei meandri dei tuoi discorsi ☺

Rinaldo:
E non sei contenta?

Camilla:
Di cosa?

Rinaldo:
Che ti abbia fatto perdere nei meandri dei miei discorsi.. Immagina come sono dal vivo.. la gente fonde.. a ferragosto ne avesti un assaggio mi pare..

Camilla:
Eh insomma ☺ non è facile starti dietro ☺

Rinaldo:
Ma dai.. a me pare che segui benissimo tutto ciò che ci diciamo!

Camilla:
Si.. ma mi devo impegnare ahahah ☺ Ti sto studiando.. voglio capire chi sei ☺

Rinaldo:
Non ci credo, secondo me lo dici solo perché non vuoi ammettere quanto tu sia intelligente.

Camilla:
A me non sfugge niente.. neanche tu ☺ è inutile che fai il difficile ☺

Rinaldo:
Brava, non sono affatto difficile, sono semplicemente me stesso e sono in grado di vedere chi è altrettanto intelligente anche se poi vuol fingersi diversamente come te.. e capisco bene il perché.. cioè sempre relativo al fatto che il mondo che ci circonda è veramente di bassissimo livello.. no?

Camilla:
Si ☺ Perché pensi che fingo di non esserlo?

Rinaldo:
Quando mi dici che è difficile starmi dietro quando poi lo so benissimo che non lo è per niente. ☺ Ma non sarebbe meglio chiacchierare che chattare?

Camilla:
Devo capire se mi posso fidare di te ☺

145

Rinaldo:
Ti capisco fin troppo bene. Vedi, per questo non vengo manco in villetta, non serve a nulla ☺

Camilla:
Perché?

Rinaldo:
Perché ci si può benissimo conoscere anche solo scrivendosi e si è anche più rilassati in quanto ci si sente al sicuro. Ti ho detto che scrivo libri, vero?

Camilla:
Si

Rinaldo:
Beh, sono molto introspettivi, se pensi che i miei meandri siano un labirinto è meglio che non legga mai quello che scrivo.. anche se poi in realtà lo stai appena facendo leggendo proprio questa conversazione.

Camilla:
☺ Io vado.. ci vediamo in villa.. ciaoo ☺

Rinaldo:
Ciao.

Jasmine:
È il tuo compleanno... e mentre lo festeggiavi con i tuoi amici giunge il momento di aprire i regali... per ultimo apri il più grande... e da quel regalo esco io vestita da coniglietta di playboy... ad un certo punto della festa ci appartiamo... e iniziamo a scopare in tutte le posizioni... fino a farmi raggiungere l'orgasmo più bello e più potente della mia vita...

Rinaldo:
Uaho.. Ti voglio far esplodere allora..

Jasmine:
Ook... dovrai fare del tuo meglio..

Rinaldo:
Innanzitutto comincerei solo a guardati morendo dalla voglia di te.

Jasmine:

Rinaldo:
Passando il mio pollice attorno alle tue labbra per sentire la tua bocca.

Jasmine:

Rinaldo:
Poi ti accarezzerei il volto per sentirne bene i contorni e i lineamenti, sentendoti anche le orecchie, sotto quelle da coniglietta ovviamente.

Jasmine:
Si... poi?

Rinaldo:
Poi mentre ti terrei la testa ferma carezzandoti le orecchie ti bacerei la bocca.

Jasmine:

Rinaldo:
Cercando la tua lingua, vorrei darti la lingua per un bel po'.

Jasmine:

146

Rinaldo:
Sempre dandoti la lingua, comincerei a palparti un po' il costume da coniglietta.. la più bella coniglietta che un playboy possa mai sognare..

Jasmine:
Oh si...

Rinaldo:
E siccome è il mio compleanno, dopo averti dato la lingua per un bel po' e toccata ovunque mentre ti prendevo una mano e te la mettevo sul mio cazzo per farmelo stringere da sopra i pantaloni poi te lo tirerei fuori e con una mano ti porterei il capo sul cazzo per farti cominciare a farmi una pompa.. e me la dovrai fare bene..

Jasmine:
Sarà meravigliosa!! ☺

Rinaldo:
Dovrai ingoiarmelo tutto.

Jasmine:
Farò tutto quello che vorrai.

Rinaldo:
E allora mi fari anche una sega mentre me lo succhi, prima velocemente, poi lentamente, poi strofinandotelo in faccia.

Jasmine:
Oook.. ☺

Rinaldo:
Come se tu mi volessi far venire ad ogni costo ed io invece voglio resistere la tua voglia di seme all'infinito per sfinirti senza fartelo mai arrivare. Vorrei che la tua bocca si cominciasse a riempire del mio muco che proprio non riesce a contenersi, ma soprattutto vorrei che tu mi parlassi tutto il tempo chiedendomi cosa fare.. se va bene, se vuoi che te lo succhi di più, Se vuoi che te lo faccia più forte...

Jasmine:
Io sono una ragazza educata, non parlo con la bocca piena.. ☺

Rinaldo:
Ed allora mi assicurerò che tu non possa proprio fiatare, tanto te lo metterò profondo in gola!

Jasmine:
Oh si... ☺

Rinaldo:
Ti prenderei la faccia tra le mani e te lo infilerei tutto in bocca con te faticando a respirare, fino a non poterne più.

Jasmine:
Ooohhh siiii!!!!!!!!!!!

Rinaldo:
..e chiedermi ti prego basta!

Jasmine:
Ti prego basta!! ☺

Rinaldo:
E come mi puoi appagare allora? Hai ancora il costume da coniglietta.

Jasmine:
Potrei farti assistere ad un mio spogliarello...

147

Rinaldo:
Oh si.. io mi masturberò guardandoti mentre ti spogli, comincia a spogliarti.

Jasmine:
Non indosso molto...

Rinaldo:
Lo vedo, fammi vedere come ti spogli.

Jasmine:
Mi abbasso molto lentamente il costume.. rimanendo in perizoma.. con le calze a rete..

Rinaldo:
Oh si.. io mi masturbo forte

Jasmine:
Mi tolgo anche le calze e te le lancio... poi...

Rinaldo:
Oh si.. me le passo in faccia e le annuso per sentire il tuo odore, poi le butto a terra e continuo a masturbarmi.

Jasmine:
Inizio a toccarmi.. e ancora più lentamente mi tolgo il perizoma e ti lancio anche questo.. mentre incomincio a masturbarmi anch'io...

Rinaldo:
Si ti prego masturbati, masturbati mentre mi guardi, fammi capire quanto mi vuoi!

Jasmine:
Mentre ti guardo.. mi passo la mano sulla fica.. poi inizio a massaggiarmi il clitoride...

Rinaldo:
Oh si..

Jasmine:
Ed infine mi infilo due dita nella vagina... e con l'altra continuo a massaggiarmi il clitoride.. ogni tanto tiro fuori le dita per leccarmele.. per poi rimetterle dentro..

Rinaldo:
Oh si.. io mi masturbo guardandoti.

Jasmine:
Oh si!! ☺

Rinaldo:
Mi piace guardarti mentre ti masturbi.. vorrei leccartela un po' a questo punto.

Jasmine:
Fai pure.. sono tua..

Rinaldo:
Sei bella e anche bagnata.

Jasmine:
Eh si.. ☺

Rinaldo:
Ti lecco per un po' e ti masturbo poi però me ne torno sulla sedia volendo che tu continui a masturbarti davanti a me.

Jasmine:
Continuerò a masturbarmi!! ☺

Rinaldo:
Voglio quasi che tu venga guardandomi mentre entrambi ci masturbiamo.

Jasmine:
Oh sì!! ☺

Rinaldo:
Voglio che tu continui a farlo sino a dirmi che sei quasi venuta.

Jasmine:
Sto per venireeeee!!! ☺

Rinaldo:
Oh allora vieni a sederti su di me adesso! Vieni!

Jasmine:
Sono seduta su di te!! ☺

Rinaldo:
Prendimi dentro..

Jasmine:
Oh sì!! Siiii!!

Rinaldo:
Infilami tutto dentro e strofinati bene il clitoride contro la base del mio pene.

Jasmine:
Oh siiiiiiiiiiiiiiiiiiiiiiiiiii!!!!! ☺

Rinaldo:
Mi devi fottere molto forte mentre io ti tengo i glutei.

Jasmine:
Ti fotterò fortissimo!!

Rinaldo:
Veloce.. veloce.. veloce.. fino a che non vieni e ansimi.. sii..

Jasmine:

Ahhhhhhhhhhhhhh siiiiiiiiiiiiiiiiiiiiiiiiiiiiiiiiiiiii!!!!!!!!!!!!!! Sto ansimando!!

Rinaldo:
E io sto venendo!

Jasmine:
Oh sì!!!!!!!!!!!!!!

Rinaldo:
Oggi hai scopato proprio come una conigliettta! Brava.. complimenti!

Jasmine:
Grazie tesoro! ☺ *

Rinaldo:
Grazie a te del bel regalo!

Jasmine:
I miei nonni mi stanno chiamando.. devo andare... ☹ ciaoo

Rinaldo:
Ciao..

30 AGOSTO

Rinaldo:
Tra l'altro non ti ho più raccontato del Big Bang, ma in pratica te lo voglio far provare con quello che ieri hai chiamato l'orgasmo più bello e potente della tua vita, sarà esplosivo a tal punto che ti sentirai come si sente una supernova quando esplode!

Jasmine:
Vorrei che tu me lo facessi provare...

Rinaldo:

149

Ti succhierò il clitoride talmente tanto da fartelo esplodere in un orgasmo cosmico per poi riempierti di sperma..

Camilla:
Ehi, oggi esco con Ilenia.. se vuoi ci metto la buona parola ☺

Rinaldo:
Ma come.. non s'era rimessa col tipo?

Camilla:
Vabbè, glielo dico lo stesso.

Rinaldo:
Mmm.. grazie, comunque.. potresti anche chiederle se conosce persone interessate a lezioni d'inglese così unisco l'utile al dilettevole, che posso fare? ☺

Camilla:
Ok.

Rinaldo:
Grazie di tutto!

Camilla:
☺

Rinaldo:
Ci sentiamo dopo, scappo!

Camilla:
Ciao

Rinaldo:
Ciao!

Jasmine:
Oh siii!!!!!!!!!!!!!! ☺

Rinaldo:

Ciao bella

Jasmine:
Ciao!! ☺

Rinaldo:
Te lo farò diventare grosso come un pallone da calcio!

Jasmine:
Siii!!

Rinaldo:
Promesso!

Jasmine:
Ok ☺

Rinaldo:
Ti farò toccare le stelle nel vero senso della parola.

Jasmine:
Siisiiisiiisiiisiii

Rinaldo:
Ti metterò seduta comoda..

Jasmine:
Si ☺

Rinaldo:
Ti allargherò le gambe e mi metterò in ginocchio ma comodo anch'io..

Jasmine:
☺

Rinaldo:
Voglio avere appena lo spazio giusto per poter infilarti un dito nella fica di tanto in tanto ma soprattutto ti succhierò il clitoride stringendolo tra

150

le mie labbra carnose e poi te lo
stimolerò per bene con le dita.

Jasmine:
Sisi!!

Rinaldo:
Poi te lo leccherò pure per bagnarlo
bene.

Jasmine:
Oh si bagnamelo!! ☺

Rinaldo:
E non smetterò di succhiartelo sin
quando non ti si sarà gonfiato
talmente tanto che neppure tu riuscirai
a crederci.

Jasmine:
Uh si!! È grossissimo!! ☺

Rinaldo:
Continuerò fino a farti venire e non
potrai far altro che chiudere i tuoi
artigli su di me dal piacere.

Jasmine:
Oh si fammi venire!! ☺

Rinaldo:
Certo... E poi ti infilerò due dita nella
fica molto velocemente prima di
penetrarti giusto per venirti dentro
nella tua fica totalmente estatica!

Jasmine:
Oh si!!!!!!!!!!!! ☺

Rinaldo:
Voglio che tu mi dica che non ti sei
mai sentita cosi..

Jasmine:
Non mi sono mai sentita così!!!!! ☺

Rinaldo:
Che bella fica che hai!

Jasmine:
Lo so!!! ☺

Rinaldo:
Mi piace tanto!

Jasmine:
☺

Rinaldo:
Tu sei venuta?

Jasmine:
Si!! ☺

Rinaldo:
Ti voglio fottere talmente tanto da
farti venire la nausea!

Jasmine:
Siiiiiiiiiiiiiiiiiiiiiiiiiiiiiiiii!!!!!!!!!!!!!!!!!!!!!

Rinaldo:
Dovrai solo stare attenta a non rimare
in cinta troppo presto o la nausea poi
l'avrai per diversi mesi!

Jasmine:
Basta usare il preservativo e stare
attenti a non romperlo..

Rinaldo:
Certo, basta vedere fino a quando tu
resisterai a farlo con..

Jasmine:
Io resisto a tutto se voglio!! ☺

151

Rinaldo:
È una sfida allora.. Tra me e te. Poi ti ho già detto quand'è rischioso. Toccherà vedere se tu ce la farai a stare senza di me dentro per troppo tempo. Sai, i preservativi si possono rompere se il coito è intenso, quindi sarebbe sempre meglio evitare quei giorni prima e dopo il 14° giorno di ciclo.

Jasmine:
Faremo prima del 14° giorno.

Rinaldo:
Beh anche dopo.. il problema è se resterai senza sesso dall'11° al 17° giorno di ciclo..

Jasmine:
Non credo...

Rinaldo:
Allora son guai!

Jasmine:
In quei giorni mi masturberò...

Rinaldo:
Io starò a guardarti, poi vedremo se non mi vorrai.. Anzi.. dopo che me l'hai detto, ti fotterò talmente tanto che squaglierò ogni preservativo!

Jasmine:
Oh si!!!!!!!!!!!!!!!!!!!!!! ☺

Rinaldo:
Uaho.. mi hai fatto venire..

Jasmine:
Vorrei essere li.. per succhiare il tuo cazzo..

Rinaldo:
Mmm... quanto sei buona!

Jasmine:
☺

Rinaldo:
Io vado a farmi una doccia!

Jasmine:
Se fossi li la farei con te...

Rinaldo:
Non sai quanto mi piacerebbe anche se tu fossi con me, non mi sarei sborrato addosso da solo ma nella peggiore delle ipotesi saresti tu a doverti lavare di dosso il mio sperma appiccicoso.

Jasmine:
Se fossi te lo leverei con la lingua..

Rinaldo:
Si ma solo per poi metterlo in bocca a te, specie quand'è ancora caldo, appena uscito.

Jasmine:
Oh si!! ☺

Rinaldo:
Te lo spargerei ovunque, il sesso fa tanto bene alla salute! Soprattutto quand'è buon sesso..

Jasmine:
Con me stai certo che sarà buon sesso!! ☺

Rinaldo:
Lo so già.. lo si capisce pure da quello virtuale anzi, mi fa quasi paura

pensare a che giovenca che devi essere dal vivo..

Jasmine:
Ahahahah ☺

Rinaldo:
Qualcosa mi dice che metterai a dura prova la mia stamina.

Jasmine:
Ahahahah ☺

Rinaldo:
O magari sei più calda come una chioccia, non so.. immagino sei un po' di tutto..

Jasmine:
☺

Rinaldo:
Ehi io vado a farmi una doccia, continuerò a pensarti sotto l'acqua calda che mi massaggia il collo e le spalle..

Jasmine:
Attento perché se ci fossi io ti massaggerei anche più in basso..

Rinaldo:
Dovrò stare attento altrimenti me lo consumerai prima che diventi un vecchio di 150 anni. Sai, ci vorrei arrivare integro e funzionate a quell'età! Conserva anche qualcosa per domani!

Jasmine:
Ci penserò... cxD*xD

Rinaldo:

A dopo allora..

Jasmine:
A dopo.

Camilla:
Ma dove abiti?? Ti stiamo cercando..
Ilenia ti vuole parlare..

Rinaldo:
Ehi, via Domenico Guerrazzi 19

Camilla:
Stiamo in villa fino alle otto, se vuoi veni...

Rinaldo:
Ciao.. io sto per andarmi a fare una doccia.. ti avevo detto che stiamo approfittando del fatto che c'è mio fratello per fare dei lavori e non è una scusa!

Camilla:
Ah scusa avevo dimenticato..

Rinaldo:
Figurati! Non c'è assolutamente nulla di cui scusarsi. Forse conosci mio cugino più piccolo, Nicola Martino, è negli scout. Io abito proprio di fronte casa sua.

31 AGOSTO

Camilla:
Ehi scusa per ieri.

Rinaldo:
Ciao.. ma che scusa? Anzi, grazie a te dell'invito!

Camilla:

Non sapevo che eri impegnato.

Rinaldo:
Mio fratello è ripartito oggi.. ma com'è che Ilenia mi cercava, è interessata alle lezioni?

Camilla:
No voleva fare due chiacchiere.. tutto qua.

Rinaldo:
Ok. Mi spiace comunque non esser potuto venire.

Camilla:
Se vuoi.. la prossima volta..

Rinaldo:
Certo, perché no! No problem.

Camilla:
Se le chiedi l'amicizia potete mettervi d'accordo anche solo voi due.

Rinaldo:
Ma scusa non c'ha il ragazzo? Non vorrai mica farmi passare dei guai con la gente locale?

Camilla:
Che ne so.. può darsi che pure se ha il ragazzo ti dice de si ☺

Rinaldo:
Sai, io non sono un santo e quindi l'ultima cosa che voglio è mettermi nelle condizioni di aprire una porta dalla quale poi potrebbero entrare solo problemi.

Camilla:

No guarda io te l'ho detto solo perché pensavo che volevi stare solo con lei...

Rinaldo:
Certo, ma datasi la situazione è meglio evitare.

Camilla:
Ah ok.

Rinaldo:
Non voglio certo entrare a far parte dei drammi locali.

Camilla:
Ok.

Rinaldo:
Ciao.

Camilla:
Ehi ciao.

Rinaldo:
Ma tu ci credi a questa storia del sole?

Camilla:
Non lo so.. ma è interessante.

Rinaldo:
È possibile ma non penso succederà nulla di tanto sconvolgente comunque.

Camilla:
Si infatti.. mi stanno facendo l'acido con questo 2012..

Rinaldo:
Infatti si.. un po' ha rotto le scatole sta' storia. I problemi so' altri.

Camilla:

154

Infatti.. i soliti che sappiamo io e te. ☺

Rinaldo:
Cioè quelli personali dici?

Camilla:
Lo so che sono ripetitiva.. ☺ sempre il
fatto che non c'è futuro.. che poi da
questo derivano i problemi personali.

Rinaldo:
Si è vero.. però sul fatto che non ci sia
un futuro io ho seri dubbi. Se non ci
fosse un futuro non ci saremmo
neppure noi adesso.

Camilla:
Speriamo.. sono confortanti le lue
parole.. almeno ☺.. io sto campando
di speranza.

Rinaldo:
Secondo me fai bene, il futuro ce lo
stiamo scrivendo ora infatti e sarà
come lo riusciremo ad immaginare ore
nel presente. Sai, si dice che il futuro
sia in realtà solo la proiezione del
presente.

Camilla:
☺ ... prego tutte le sere.. spero che
almeno una me la manda buona ☺..
sono sfortunata.

Rinaldo:
Perché dici di essere sfortunata? A me
non pare proprio..

Camilla:
No vabbè, in quel senso là.

Rinaldo:

Stiamo più o meno tutti nella stessa
barca allora, non dovresti preoccuparti
più di tanto.

Camilla:
Ah.. che bello ☺

Rinaldo:
Sfotti? ☺

Camilla:
Si ☺

Rinaldo:
Meno male, vedi che t'è tornata
l'allegria allora!

Camilla:
Per forza ☺

Rinaldo:
Sarà quel che sarà della mia vita chi lo
sa.. conosci i Nomadi?

Camilla:
Ai... ma mi piace Lady Gaga
ahahahaah ☺ ☺

Rinaldo:
Mmmm.. te la lascio tutta per te
allora.. Di lei non rimarrai mai senza
☺

Camilla:
Ahahaha ma perché?? È così
trasgressiva!! È proprio fresca!! ☺☺

Rinaldo:
Ma sai, io il trasgressivo non ce lo
vedo proprio, ci vedo solo il pifferaio.

Camilla:
Ma io sono young... tu sei old! ☺

155

Rinaldo:
Ah se lo dici tu..

Camilla:
Ah mo si offende pure.. ☺

Rinaldo:
Lady Gaga per me è più la fonte delle mie preoccupazioni per il futuro che altro.. Si vabbè.. e tu mo' vorresti offendermi pure!

Camilla:
Secondo me è una intelligente.. ha trovato un modo per far soldi ☺

Rinaldo:
Ah beh, se non capisci che i soldi non li fai a meno che non te li fanno fare per cui lei è solo un burattino di parte. Però non parliamo di soldi ti prego.. dopo esser stato dai Carabinieri di Venafro per fare quella denuncia non ce la faccio più..

Camilla:
Quale denuncia?

Rinaldo:
Ho denunciato il Governatore della banca d'Italia, Mario Draghi per usura, ma mi pare di avertelo detto.

Camilla:
Ah.. quella denuncia ☺

Rinaldo:
Eh..

Camilla:
Tu sei uno che ha le palle comunque ☺

Rinaldo:
Per la serie dei soldi tutti ne parlano e li vogliono ma nessuno capisce come funzionano. Le palle magari le usassi per quello che mi sono state date invece che per andare dai Carabinieri.

Camilla:
Ahahaha sei un grande ☺

Rinaldo:
Meno male, però non ho risolto nulla lo stesso.

Camilla:
E che volevi risolvere da solo.. è stato un suicidio ☺

Rinaldo:
Eh si.. diciamo che ci sono abituato, dopo l'FBI non potevo non andare a trovare i Carabinieri in Italia, sai com'è.. viviamo in una situazione di povertà indotta e la cosa mi sta proprio su quelle palle di cui parlavamo prima.

Camilla:
Scusa e che ti hanno detto quando sei andato là? ☺

Rinaldo:
☺.. Ci sono dovuto andare due volte, il primo giorno gli ho messo la denuncia in mano all'appuntato che poi l'ha portata al comandante della stazione che poi mi ha fatto tornare dopo due giorni per fare delle correzioni alla denuncia e nel mentre gli ho raccontato un po' tutto quello che pubblico qua su Facebook in

riguardo all'argomento. Dovresti leggerla quella denuncia ☺

Camilla:
Si infatti sono curiosa ☺

Camilla:
Mamma mia!!! ☺ Che emozione ☺

Rinaldo:
Cosa?

Camilla:
Quello che hai fatto ☺

Rinaldo:
Più che altro è il frutto di rabbia e disperazione messe assieme.

Camilla:
Manneggia a te ☺

Rinaldo:
Buttare la mia vita così, senza manco dire nulla proprio non lo riesco a mandare giù.

Camilla:
Ho notato ☺

Rinaldo:
A volte penso era meglio nascere ignoranti!

Camilla:
Si.. noi ignoranti campiamo 100 anni ahahaah ☺

Rinaldo:
Ah guarda che io non schiatto prima di 150.. posso fare solo quello.. campare più a lungo di tutta la feccia

che mi tocca annusare ogni singolo giorno.

Camilla:
Che palle..

Rinaldo:
Io..? lo so..

Camilla:
No tu ☺ !!

Rinaldo:
Ma come, prima mi avevi detto che c'avevo le palle ora non sono più le mie?

Camilla:
E io lo sapevo che mo te la tiravi ☺

Rinaldo:
Azz..

Camilla:
Non ti sbatte ☺

Rinaldo:
E no che non mi sbatto.. mica voglio farmi male da solo.. o a 150 anni come c'arrivo?

Camilla:
Solo perché ha denunciato Mario Draghi ☺.. lo posso fare anche io....U.U ☺

Rinaldo:
Certamente, lo possono fare tutti, è un vostro diritto ma nessuno lo fa.

Camilla:
Non lo faccio solo perché poi ho più palle di te ☺☺

157

Rinaldo:
E poi mi dicono che perdo tempo a fare le denunce invece che pensa' alle femmine.. hai capito .. Ma magari tu c'avessi più palle di me.. saresti un'amazzone.. poi saresti pericolosa anche solo da avvicinare.

Camilla:
Saranno mazzate di fuoco ☺

Rinaldo:
Per Draghi? Occhio che quello le palle di fuoco le caccia dalla bocca, come lo sputa fuoco!

Camilla:
Marò so tutte incinte qua ☹

Rinaldo:
Chi?

Camilla:
Tutte ☹

Rinaldo:
Io sicuro non ne so niente.

Camilla:
Ahahahaa jaaa ☺ sto nel momento depressione ☺ non farmi ridere ☺

Rinaldo:
E che vuoi fare piangere me invece? Hai voglia a piangere quando toccherà a te.

Camilla:
Perché?

Rinaldo:
Farli è facile..

Camilla:
Mica tanto..

Rinaldo:
Beh lo stess influisce non poco.

Camilla:
Si.. e io ne ho tanto.. ma che devo fa?? So' così ☺

Rinaldo:
Devi fare tanta pratica allora..

Camilla:
Mo sto proprio male..

Rinaldo:
Perché?

Camilla:
Cioè sto talmente male.. che lo sto dicendo a te ☺

Rinaldo:
Ma male di che.. sei incinta pure te?

Camilla:
No.. per questo sto male..

Rinaldo:
Ma ci stai provando a restare incinta?

Camilla:
Ti devo rispondere? ☺

Rinaldo:
Se vuoi, che ti posso dire io.

Camilla:
Cioè mi sembra ovvio ☺

Rinaldo:

Quindi ci stai a provà ma non resti incinta, giusto?

Camilla:
....

Rinaldo:
Ma almeno i calcoli dei giorni te li fai bene?

Camilla:
Lassam sta..

Rinaldo:
Ok, assolutamente. Non dipende certamente da me, solo non fissarti.. goditi la vita.. non fare come me..

Camilla:
Perché che fai tu?

Rinaldo:
Nulla, quello è il problema perché pure io ho una voglia matta di procreare, ma almeno tu ci provi!

Camilla:
Mi sento una schifezza ti giuro..

Rinaldo:
Non dovresti però..

Camilla:
Non è facile.

Rinaldo:
Beh ti ho detto, contati bene i giorni del ciclo.. poi non so tu quanto conosca bene il tuo corpo, te l'avevo già detto, fosse per e farei il donatore senza problemi..

Camilla:

Se era cosi facile già avevo fatto.. vabbè tu si scemo che c'entra ☺

Rinaldo:
Poi mica è detto che dipenda da te.

Camilla:
Eh..

Rinaldo:
Beh pare che a questo mondo proprio gli scemi vanno avanti..

Camilla:
Ahahaha ☺

Rinaldo:
Meno male, almeno ti sei fatta un'altra risata.

Camilla:
Io vado.. mi ritiro nella mia tristezza ☺

Rinaldo:
Io da Federica.. cioè.. a letto.. buona notte..

Camilla:
Ahahahahaahah meno male che ci sei tu che mi fai ride un po' ☺ ciaooo ☺

Rinaldo:
Ciao.

1 SETTEMBRE

Rinaldo:
Insomma, ieri alla fine mi hai dato una tregua.. mi hai fatto fare il riposo del guerriero in pratica, per spremermi ancora di più la prossima volta?

159

Jasmine:
Certo!! ☺

Rinaldo:
È proprio vero, la una donna può essere la salvezza o la rovina di un uomo.

Rinaldo:
Hai strapazzato un po' le uova oggi?

Camilla:
?? ☺

Rinaldo:
Ma come.. se non strapazzi le uova non uscirà mai un pulcino, poi ti lamenti!

Camilla:
Aaaaah noo oggi no ☺ ..non è colpa mia se il gallo non ci sta mai ☺

Rinaldo:
Ah scusa, dimenticavo che tu appartieni alla generazione Lady Gaga.. vuoi vuoi vuoi ma non ti dai mai da fare!

Camilla:
Cioè lui sta all'università!! ☺ Come faccio?? ☺

Rinaldo:
Guarda, dipendesse da me vi metterei io incinta a tutte ma ovviamente non posso intromettermi nei pollai altrui.. son fatti vostri..

Camilla:
Ah ah ah -.-

Rinaldo:

Digli di darsi da fare.. non solo sui libri..

Camilla:
E che ci posso fa'..è proprio fesso ☺

Rinaldo:
Beh sveglialo tu no?

Camilla:
Aeee...non me ne tiene ☺

Rinaldo:
Allora è vero che Gesù Cristo da il pane a chi non tiene i denti?
Comunque ti capisco, voi donne maturate tanto prima degli uomini e quindi cercare qualcuno con cui parlare mi rendo conto è praticamente una necessità, soprattutto alla tua età insomma, per una giovane donna.

Camilla:
Che cosa parlare?

Rinaldo:
Mah è interessante a mio avviso il fatto che voglia mettere al mondo dei bambini.

Camilla:
Ma io o lui?

Rinaldo:
Da quello che ho capito tu, lui mi pare sia ancora giovane per volerne o no?
Camilla:
Lui infatti non vuole adesso.

Rinaldo:
E tu non puoi proprio aspettare?

Camilla:

No io quando voglio una cosa la devo avere subito ☺

Rinaldo:
Senti ma tra Lady Gaga e l'ultimo tuo post ho notato che ci sono un sacco di riferimenti a simbolismi satanici, ma lo sai vero o non ci fai caso?

Camilla:
?? d'avvero??? Non ci faccio caso!! .. quali sono??

Rinaldo:
Beh le corna etc.. fatte con le mani..

Camilla:
Non lo sapevo.. e poi?

Rinaldo:
In effetti chi lo è tende a deviare il discorso dicendo solo che sono coincidenze ma in realtà la questione è molto più diffusa in quanto il denaro è lo sterco del demonio e proprio quello che io combatto.

Camilla:
Ma che cazzo stai a di'?? ☺

Rinaldo:
Solo che il fenomeno del satanismo è molto più diffuso di quanto la persona comune sappia.
Camilla:
Si ma ti giuro che io non ne so niente.

Rinaldo:
Ci mancherebbe figurati, hai presente il caso Carmela Melania ed il PM Paolo Ferraro che è stato dimesso dal CSM perché ha denunciato il giro di sette sataniche nell'Esercito vero?

Camilla:
Si embè?

Rinaldo:
Nulla.. Senti ma se Ilenia mi avrebbe potuto dire di si è possibile che mi potresti dire di si anche tu?

Camilla:
Come nulla.. ? Mo mi spieghi. ☺ Si a cosa?

Rinaldo:
Leggiti l'articolo di corsera, come a cosa..

Camilla:
A cosa ti devo dire di si?

Rinaldo:
Alla stessa cosa a cui Ilenia avrebbe potuto dire di si.

Camilla:
Beh non è possibile.

Rinaldo:
Ecco vedi, questo è un esempio di tentazione irresistibile ma non tanto malvagia diciamo.. poi c'è invece chi farebbe di peggio, come descritto da quell'articolo che ti ho suggerito di leggere.

Camilla:
Aspè mo leggo. Ok.. ma che c'entra con me?? ☺ E cos'è questa "tentazione irresistibile" ma non malvagia"??

Rinaldo:
Oddio.. con te non c'entra nulla se non il fatto che Lady Gaga fa sempre

161

simboli satanici con le mani consapevolmente o meno e lo stesso vale per quell'ultima foto del tuo post. Poi la tentazione irresistibile era un modo per dire che se tu mi hai detto di aver tanta voglia di rimanere in cinta io c'ho tanta voglia di scopare invece!

Camilla:
E quindi?

Rinaldo:
Ah, ho dimenticato di dire che questa gente di merda c'ha in mano il mondo, tipo Mario Draghi.. Quindi anche se non dovrei provarci con te ogni tanto ci butto un pizzicotto☺ .. il che non è nulla rispetto a quello che fanno sti porci.

Camilla:
È irresistibile ma non tanto da andare con il primo che mi capita 0.0, cioè non è normale. ☺ Non è normale nemmeno il fatto che dici di voler mettere tutte incinte.. spero che stavi scherzando..

Rinaldo:
Ah beh, quello immagino sia relativo alla condizione degli interessati.. La normalità intendo. Per quanto riguarda metterle tutte incinta ti assicuro che dipenderebbe più dalle restrizioni sociali che se dipendesse da me guarda.

Camilla:
Cioè?

Rinaldo:

Insomma chi sta messo peggio ora, io o tu? Ossia io che non trombo da anni o tu che non rimani incinta?

Camilla:
Tu.

Rinaldo:
Brava, la lunga astinenza temo tempri più del dovuto, certamente più del voluto! Conseguentemente datamene la possibilità ora come ora ti assicuro che non mi tirerei indietro da metterne incinta quante più ne potrei!

Camilla:
Ma potresti farlo senza mettere incita nessuna.. o no?? Non è un gioco fare figli...

Rinaldo:
No non è affatto un gioco, ma debbo dire che è il massimo che si possa ottenere da un rapporto con una donna.

Camilla:
No tu hai detto che ne metteresti incinta qualcuna!! Per sfizio!!! ☺

Rinaldo:

Non ho mai detto per sfizio, non dire bugie!Guarda, non avrei mai pensato che un giorno sarei mai arrivato a pensarla una cosa del genere però se debbo dirti tutta la verità, gli anni che non sto con una donna non sono manco due ma tre, ossia da quando l'ho tirato fuori e strapazzato davanti all'FBI, quindi sono tra anni che non scopo.. immagina un po' te!

162

Camilla:
E ho capito però...posso prenderti anche per matto se dici così ☺

Rinaldo:
Non c'è dubbio e mi andrebbe bene lo stesso. In fondo stiamo solo parlando e quindi non è detto che tu debba capire la mia situazione ma da parte mia posso solo dire di avere avuto tanto tempo per me e per guardarmi dentro e quello che ne è venuto fuori non me lo sarei aspettato neppure io.

Camilla:
E poi non sei per niente elegante.. che cavolo stai sempre parlando con una ragazza ☺

Rinaldo:
Comunque posso dirti anche di essere pienamente conscio di quanto sia difficile rimanere incinta a tal punto che non a caso ieri ti ho chiesto se contassi bene i giorni, ossia quelli del ciclo, perché non è che si può sempre rimanere incinta ma a me come uomo quello interessa un po' meno anche se ovviamente essendone conscio mi regolo di conseguenza..

Camilla:
Comunque ti chiedo il favore di non parlarne con nessuno di questa cosa..

Rinaldo:
Certo. Ad ogni modo, ora per lo meno mi conosci.

Camilla:
Insomma!! Diciamo che non ti conosco ☺

Rinaldo:

Camilla:
Infatti mi sento in colpa perché te l'ho detto.

Rinaldo:
Vero.

Camilla:
Spero di non dovermene pentire..

Rinaldo:
Non dovresti invece, io sono contrario ai sensi di colpa.

Camilla:
Però ieri stavo tropo male.. io sono molto impulsiva.. prima faccio le cose e poi penso ☺

Rinaldo:
Ottimo allora, spero di esserti stato utile nell'imparare la lezione. Amo insegnare, te l'avevo detto!

Camilla:
Che lezione?

Rinaldo:
Che l'impulsività potrebbe poi farti pentire.

Camilla:
Posso stare tranquilla con te?

Rinaldo:
Quello non dipende da me ma da te.

Camilla:
Cioè?

Rinaldo:
Cioè dipende da quello che vuoi sapere tu di te chiedendolo a me.. non so se mi sono spiegato.

Camilla:
No non ti sei spiegato.

Rinaldo:
Vabbè questa è tosta da spiegare.

Camilla:
Senti ma c'entra qualcosa con il satanismo il fatto che mi piacciono i cimiteri? ☺

Rinaldo:
Non c'entra nulla, infatti non sapevo che ti piacessero i cimiteri.

Camilla:
Mo lo sai ☺

Rinaldo:
Secondo me è perché sei molto sensibile.

Camilla:
A Roma sono andata a visitare il Verano ☺ Davvero?? Perché?

Rinaldo:
Amo il Verano.. che scherzi?

Camilla:
Nooo ti giuro!!! È stupendo ☺

Rinaldo:
Eh lo so, non me lo devi dire tu.

Camilla:
Antipatico ☺

Rinaldo:
Vedi, capisci il senso compiuto della vita, dalla nascita alla morte.

Camilla:
Si?? ☺

Rinaldo:
Penso di si.

Camilla:
Il senso compiuto?

Rinaldo:
Beh si, siam passati dal parlare di rimanere incinta al Verano, più compiuto di questo non c'è veramente nulla.

Camilla:
Ahahaah infatti ☺ sono completa ☺

Rinaldo:
Direi di si, sicuramente molto spirituale, per questo ti piacciono i cimiteri secondo me, assolutamente nulla di macabro.

Camilla:
Mi piacciono soprattutto le tombe dei bambini.. lo so che è brutto da dire..

Rinaldo:
No perché? Sai in passato molti bambini non ce la facevano. Ed anche molte madri a dire il vero proprio per dare alla luce i propri figli.

Camilla:
Si si. Vorrei andare a visitare le catacombe dei frati cappuccini a Palermo.

Rinaldo:
Si ne ho visto delle foto anche se non ci sono mail stato.

Camilla:
Troppo bello ☺ Quindi ti piace il Verano? ☺

Rinaldo:
Io comunque sono un caso disperato, preferirei scopare invece, anche al Verano se fosse necessario!

Camilla:
Che fissa!! Mamma mia ☺

Rinaldo:
Eh.. Meglio che stacco infatti.. Fammi andà a pensà a qualcos'altro che è meglio.

Camilla:
Hai da fare?

Rinaldo:
No.

Camilla:
Perché se parli con me non ti distrai? ☺ E pensi a qualche altra cosa.

Rinaldo:
No.. sei pur sempre una donna.. mi fai venir voglia..

Camilla:
Cioè a te basta che respira!!!

Rinaldo:
Macché scusa.. che c'entra! È solo che poi mi vengono in mente pensieri rosa perché comunque sto parlando con una donna.. non è che parliamo di tubature del bagno e di che rubinetto bisogna montare sul lavello.. Poi manco posso farci nulla con te, non è che dici sai.. posso esprimermi pienamente con te.

Camilla:
Ma che hai pensato la prima volta che mi hai visto.. se mi hai visto ☺

Rinaldo:
Non sapevo che stavi lì con Mario quindi appena ti ho vista ho pensato che mi sarebbe piaciuto scoparti, poi ho capito che stavi con Mario e ho detto subito, come non detto.

Camilla:
Dai!!!!! ☹

Rinaldo:
Lo vedi, è meglio che mi pigli una pausa.. Sono un uomo, non te lo scordare e soprattutto non dico mai bugie.

Camilla:
E ho capito però.. hai pensato solo che ero una femmina che respirava ☺

Rinaldo:
No, ho pensato che eri una gran figa!

Camilla:
...io non mi vedo bella ☺

Rinaldo:
Ah beh, avrei solo un modo per provartelo.

Camilla:
Cioè?

165

Rinaldo:
Basta ti prego, mi stai facendo male!

Camilla:
Azz..alla fine ☺

Rinaldo:
Eh che vuoi ti ho detto che sono un uomo, mica stai a parlà con un frocio.

Camilla:
Si ma tu stai appiccicato figlio mio ☺

Rinaldo:
Beh, nessuno ti obbliga a parlare con me ☺.. E quello poi lo so già..

Camilla:
Vabbè io ci parlo con te perché è normale che gli uomini ci provano.. sta alle donne dire no o si ☺

Rinaldo:
Meno male! Poi se mi dici che non ti vedi bella mi offendi! Eh.. che cazzo!

Camilla:
Perché?

Rinaldo:
Me la metti sul personale. E no.. perché se le belle donne mi vengono a dire che non sono belle allora stiamo veramente messi male.. non che non stiamo messi male, che sia ben chiaro., ma le donne sono a priori la cosa più bella che c'è al mondo.. poi se sono gnocche come te non te lo dico proprio..

Camilla:
Eh.. io so complessata ☺

Rinaldo:
E allora scomplessati.. c'hai un culo da morire e delle labbra che non ti dico neppure quanto sono belle .. e nel caso non lo sapessi, si dice che le labbra di una donna ti dicono di quanto siano buona la loro vagina.. giudica un po' tu..

Camilla:
Scusa dalle foto non si vede il culo ...

Rinaldo:
Beh se non ci fosse stato Mario t'avrei strappato pure le mutande di dosso in montagna tanto che me lo tiravi!

Camilla:
Se...

Rinaldo:
Se, scomplessati.. sei una gran figa!

Camilla:
Non mi sono accorta che guardavi sinceramente..

Rinaldo:
Infatti non ho guardato più dell'inevitabile o del dovuto diciamo così, per correttezza.

Camilla:
Ah ecco..

Rinaldo:
Io stacco a questo punto che e meglio!

Camilla:
Perché???

Rinaldo:

Perché l'unica cosa che vorrei sarebbe scoparti.

Camilla:
Ah..allora se vedi Ilenia ti devo attaccare!! ☺.. Se dici così a me..

Rinaldo:
Voi donne siete veramente la rovina dell'uomo!

Camilla:
Si lo so.. e ci piace ☺

Rinaldo:
A questo punto mi farei due piccioni con una fava..

Camilla:
Sai cosa.. poi ci sarebbe troppa concorrenza tra me e lei ☺.. ci ho ripensato non te la voglio far conoscere ☺

Rinaldo:
Vabbè ma tu provochi proprio!

Camilla:
Chi io?? No assolutamente..

Rinaldo:
E meno male che no!

Camilla:
Solo che le ragazze entrano in competizione facilmente.. ☺ Non vogliono dividersi le attenzioni.. ☺ pur non essendo interessate.. precisiamo..

Rinaldo:
E tu sai che se mi stessi sotto pregheresti affinché ci fosse Ilenia per farti ripigliare un po' e darti un po' il cambio di tanto in tanto?

Camilla:
Non le faccio ste cose.. neanche le penso. Perché mi fanno schifo.

Rinaldo:
Ah beh, quello certamente è un tuo diritto. Ma se proprio devo mostrarmi per quello che sono allora faccio il montone a pieno titolo.

Camilla:
Quindi se la vuoi conoscere ci pensi da solo.. non ce la faccio ☺

Rinaldo:
Ancora.. ma la vuoi finire di stuzzicarmi.. penso che per oggi tu mi abbia fatto salire il testosterone alle stelle già abbastanza! Ma poi scusa, manco avessimo mai scopato noi due!

Camilla:
Non ti sto stuzzicando.. solo che non mi va più di fartela conoscere.. non è una buona idea.. punto ☺

Rinaldo:
Voi donne.. altro che da Venere.. venite da Uranio. Siete radioattive!

Camilla:
Poi io non sto a di' niente di compromettente.. o no? ☺

Rinaldo:
Ci mancherebbe, amenoché ovviamente non volessi scopare con me, che dici, ti va?

Camilla:

No.

Rinaldo:
Allora penso non ci siano problemi.
Per me ovviamente ci sono, ma come
uomo sono conscio che fa parte della
pena dell'avere i coglioni al servizio
delle donne.. che ci usano e abusano a
loro piacimento.

Camilla:
Stai insinuando che ti sto usando? ☺

Rinaldo:
Non tu come individuo, tu come
rappresentate di tutto il genere
femminile!

Camilla:
E perché scusa?

Rinaldo:
Non sai che darei per scoparti in
questo momento! Mi fai sentire
succube delle donne.. che tu in questo
momento rappresenti!

Camilla:
Dato che sono satanista voglio la tua
anima ☺

Rinaldo:
Ah prendila pure.. A tuo rischio e
pericolo. Purché assieme a quella ti
pigli pure il resto!

Camilla:
Mamma mia... io non ho mai visto un
uomo così ☺ Ci stanno i rattusi ma tu
li superi tutti.

Rinaldo:

E infatti il mio habitat è l'America ma
mo che devo fare che sto qua? Poi la
mia non è rattimma che sia ben
chiaro, è erotismo! Sono un tipo
carnale che ci posso fare? In America
funziona così.. Ti ho detto che non ci
sono mai stato con le italiane.

Camilla:
Se vabbè.. ☺

Rinaldo:
Eh vabbè.. vedila come vuoi, resta il
fatto che solo una cosa può dirci la
verità.

Camilla:
Cosa?

Rinaldo:
Dopo che s'è scopato bisognerebbe
vedere cosa avresti ancora da dire..

Camilla:
Vabbè fammi sta' zitta sennò dici che
provoco ☺

Rinaldo:
Infatti... ehi io stacco veramente
adesso.. voglio farmi un pisolino.

Camilla:
?? ☺ Mah.

Rinaldo:
Voglio dormire un po'. Mah lo dico
io!

Camilla:
Non ti incazza'! ☺

Rinaldo:
Incazzarmi io? ☺ Manco morto!

Camilla:
Comunque Mario ha la mia password.. quando mi contatti assicurati che sono io ☺.. non vorrei farti trovare in situazioni spiacevoli ☺

Rinaldo:
Eh.. infatti si, io vado a dormire che almeno sicuro campo meglio. Scrivimi tu quando vuoi allora.

Camilla:
Naaaa ti volevo torturare un altro po' ☺ ahaah scherzo ☺ buonanotte.

Rinaldo:
Ciao!

Jasmine:
Ahahahah ☺

Rinaldo:
Beh si direbbe che anche oggi ci siano solo stuzzicati un po', mi è mancato immaginare di metterti la mano tra le mutande e sentirti la fica bagnata per poi darti qualche bacio appassionato..

Jasmine:
Ahahahah ti adoro!! ☺

Rinaldo:
Ciao.. a chi lo dici..

Jasmine:
☺

2 SETTEMBRE

Rinaldo:
Mmm... ho tanta voglia di vederti la fica, vorrei stare là a guardartela ed accarezzartela per ore mentre ti bacio!

Rinaldo:
Ciao! Ho appena letto il tuo messaggio, sto ancora facendo dei lavori a casa..

Camilla:
Ah ecco.. sei impegnato oggi?

Rinaldo:
Comunque, la questione della competizione tra donne mi lascia un po' perplesso e poi mi fa ripensare a quello che ci dicemmo in precedenza a proposito della gelosia. In verità sai cosa penso? Beh, penso che il tutto è veramente molto semplice, tanto quanto l'indole di una persona. Mi spiego meglio, alcune persone sono spontaneamente e per natura monogame, altre invece no, sono poligame. Se tutti fossimo più sinceri l'un l'altro a mio avviso non solo camperemmo tutti meglio, ma saremmo pure tutti più felici amandoci di più e senza ferirci e soffrire inutilmente!

Rinaldo:
Ho appena finito, voglio farmi una doccia e rilassarmi un po'..

Camilla:
In parole povere??

Rinaldo:
E a proposito di Mario sai cosa penso? A proposito di Mario, penso sinceramente che sia un ragazzo molto bravo ed intelligente e ti assicuro anche che dovrai stare molta attento quando lui avrà 30 anni ed avrà finito di studiare perché poi le

169

ventenni gli staranno addosso e lui non potrà non intrattenerle, proprio come io sto facendo con te!

Camilla:
No aspetta, questo me lo devi spiegare a voce.. ci sei oggi?

Rinaldo:
Si. Perché tu sei a cazzeggio?

Camilla:
Si.. ci sei per le 4:30?

Rinaldo:
Si penso di si.. vado a farmi una doccia ma per quell'ora dovrei essermi rinfrescato, perché passi di qua?

Camilla:
No vieni tu in villa, non mi interessa se sei a piedi..

Rinaldo:
Ci vogliono due passi per arrivarci, passo per il fiume.

Camilla:
Ti aspetto all'entrata di dietro.. e non metterti strane idee in testa è solo per spiegarmi questo fatto.. ok?

Rinaldo:
Ci mancherebbe.. poi come dici tu sta a voi donne dire di no, io non vado oltre il no.

Camilla:
Ok...oh puntuale senno te meno.

Rinaldo:
Se.. e che so' italiano? 4:30

Camilla:
Bene.. io mi avvio ciao.

Rinaldo:
Vabbuò, ciao.

Rinaldo:
Comunque devi sapere che dopo essere tornato a casa dalla villetta mi sono dovuto fare una sega, complimenti! ☺

Camilla:
Ehi senti, non ho più voglia di parlare con te, esageri troppo.

Rinaldo:
Ti capisco bene, meglio cosi!

Camilla:
Mica ti dispiace se non mi contatti più?

Rinaldo:
No, meglio così guarda, per tutti!

Camilla:
Ok.. scusa ma non ce la faccio più.. Grazie.

Rinaldo:
Ci mancherebbe. L'importante è che spero tu ti sia scomplessata adesso.

Camilla:
Si si.

Rinaldo:
Ottimo allora.

Camilla:
Potresti cancellare il mio numero sul tuo cell?

Rinaldo:
Certo.

Camilla:
Grazie.

Rinaldo:
Nessun problema, questo è il libero
arbitrio. Sia fatta sempre la volontà
delle donne!

3 SETTEMBRE

Rinaldo:
Vorrei sedermi sul letto, con le cosce
allargate, le gambe ai lati del letto ed i
piedi che toccano il pavimento.
Ovviamente vorrei essere nudo. Poi
vorrei che tu ti sedessi di fronte a me
e molto vicina, con le cosce
ovviamente allargate in maniera che
possa vederti bene la vagina e
accavallate sulle mie affinché possa
sentire la tua pelle sulla mia e
raggiungerti facilmente con le mani
nell'intimo...

4 SETTEMBRE

Rinaldo:
Poi vorrei che tu cominciassi a farmi
una sega mentre io ti masturbo e di
tanto in tanto vorrei che ti avvicinassi
con la tu vagina al mio pene
strusciandola un po' su di esso con le
tue labbra bagnate ma senza
prendertelo dentro... Mi piace sentire
la tua fica sul mio cazzo!

5 SETTEMBRE

Rinaldo:

Mi manchi e mi mancano tanto anche
le tue attenzioni.. non hai voglia di..?

Rinaldo:
Mmmmm gnocchettina mia.. ho tanta
voglia di te..

6 SETTEMBRE

Rinaldo:
Senti una cosa, ma visto che è passato
un po' più di tempo, cosa pensi di me
adesso?

7 SETTEMBRE

Rinaldo:
Non farai mica come le apette
laboriose che passano da fiore in fiore
pur di raccogliere quanto più nettare
possibile? In tal caso io voglio essere il
tuo alveare! Oppure è che non solo ti
piace essere corteggiata, ma ti piace
proprio essere rincorsa, fuggire e farti
riafferrare proprio come una
coniglietta libera di saltellare in
un'immensa prateria!

Rinaldo:
Oggi comunque ti voglio parlare di
una donna indiana, una certa Fulla
Nayak, residente del villaggio di
Kanarpur nel distretto costiero di
Kendrapada in India. Pare che questa
donna avesse 125 anni quand'è morta
poche settimane fa e che amasse
fumare marijuana e sigari oltre che il
succo di palma e tea caldo. Insomma,
questa donna ha detto che il segreto
della sua salute e longevità è stato
proprio la marijuana. Ad ogni modo,

vedi che i 150 anni a cui aspiro io non sono poi tanto impossibili o no?

YOU HAVE BEEN WARNED

Half a century ago men in uniform where the chief commanders in charge. Today we have some puppets wearing jacket and tie, pretending they were wearing uniforms. The military still has the best intelligence and the sorts of White humanity may be decided by a new military coup similar to what happened in Soviet Russia aimed to repeat the events of the perestroika in Europe and the United States as well.

As always, as throughout all wars, whom who manages best the racial-financial core of a conflict wins the war.

Nato vs. Libya in my opinion not only represents financial and plutocratic interests, but also a spontaneous continuation of conflicts resulting from the cultural incompatibility of some major ethnical clans native of Earth.

On the other hand, the other wars in the Middle East represent more the interest or involvement of a minor plutocratic group tied to the sorts of Israel and the financial management of most of the wealth of the planet than a pure cultural or racial war.

The blending of all these private interests with the overall good of the entire White colony is the real challenge to be overcome.

All Generals, not just Corp Generals should take upon their shoulders more responsibility for the planning of military operations after deep evaluation of its own military intelligence with political representatives often guided and directed by other intelligence agencies, which may not be the right political move to use the military in such a misleading manner that it may compromise the health and integrity of the military personnel itself. Never before, military intelligence and civilian intelligence are in need to confront each another before directing or suggesting any political decision which representative may enforce involving directly or indirectly the use of the Armed Forces. It is important for civilian to understand that a good and healthy Army can only exist within a healthy economical system. The success of the Military is dependent upon a solid internal economical background.

8 SETTEMBRE

I recettori cannabinoidi cerebrali quando stimolati dalla cannabis amplificano le capacità intrinseche ricetrasmittenti del cervello, in particolar modo facilitando la stimolazione e la successiva sintonizzazione elettromagnetica tra corteccia cerebrale e campo elettromagnetico artificiale ambientale, possibilmente negoziando una certa conduttività elettrica tra l'ambiente circostante e il soggetto interessato. Se si dimostrasse la conduttività delle informazioni acquisibili direttamente dal campo elettromagnetico esterno, artificiale ed ambientale allora, poiché queste stesse informazioni sono cariche elettromagnetiche, esse sarebbero anche la prova di vera e propria conduttività elettrica di cui un organismo potrebbe facilmente nutrirsi al fine di facilitare le operazioni cellulari relative al reperire energia elettrica necessaria al funzionamento dell'organismo stesso e risparmiando tempo ed energia nei processi chimico-cellulari relativi a tale approvvigionamento, sino ad esempio nel risparmio di energia a livello di Catena di trasporto degli elettroni e conseguente attività mitocondriale. Tutto questo ovviamente maggiormente sensibilizzato dalla cannabis che per tanto può essere terapeutica in qualsiasi forma se ne faccia uso, incluso quello ricreativo.

Il quadro sociale delle crisi delle penisola italica è non solo monotono in quanto estremamente ripetitivo, bensì anche monocromatico. Si può dire, analizzando le recenti vicende storiche del ventesimo secolo, che le società più omogenee hanno attraversato e superato crisi e relativi conflitti armati in maniera più fortunata. In realtà questo discorso è anche valido a partire dal Mondo Antico la cui storia ha poi dato vita alle vicende dell'Occidente moderno, sino alle Americhe ovviamente. Quando in Italia comincia ad aumentare il numero o percentuale dei cosiddetti "mori e saraceni" allora l'oscuramento del suo tessuto sociale non diventa più solo un fatto ottico ma purtroppo modifica l'equilibrio psicologico della nazione sino a

cambiarne l'identità e conseguentemente la pone sempre in una posizione di soggiogazione rispetto ad altre società più omogenee che durante le crisi finanziarie o belliche non debbono preoccuparsi anche di questa componente e peculiarità tutta italiana.

Rinaldo:
Ci organizziamo e mettiamo su un'agenzia di intelligence privata ed indipendente?

Mauro:
Ci autofinanziata? io ci sto

Rinaldo:
Cioè tu ci metti il capitale? Allora ci serve l'avvocato e il responsabile di mercato, tutto pagato da te.. è un affare insomma!

Mauro:
Aahhahah certo...un affarone hahahahahah,,,,Aldo nun teng na liiiiiiiir anzi... un euro.

Rinaldo:
A beh, allora stiamo a cavallo! Nel senso che presto senza averne uno mi sarà difficile venirti a trovare. Per stare bene bisogna non usare il denaro se questo è dei banchieri che ce lo prestano a tali condizioni. Il biglietto del treno costa soldi e quindi per trovare quei soldi io dovrei fare qualcosa per qualcun altro svalutando o meglio, sevendendomi per recuperare quei soldi. Un cavallo invece me lo tengo al pascolo che non mi costa nulla, poi per portarmi a

spasso non mi costa benzina..
insomma, stiamo a cavallo!

Mauro:
Hahahahaha ottima osservazione Al.
Governo di merda....

Rinaldo:
Banchieri ladroni usurai di merda cui
il governo di merda si prostituisce!

Rinaldo:
E la prostituzione è un reato per cui il
governo dovrebbe essere arrestato.

Mauro:
Stiamo fallendo... ci stanno togliendo
anche quei pochi spiccioli che ci sono
rimasti.

Rinaldo:
Beh è quello che vuole Mario Draghi,
non hai letto la lettera che ha mandato
a Berlusconi? Draghi ha detto
chiaramente che vuole l'austerità, vale
a dire vuole schiacciare i suoi schiavi
del debito perché altrimenti potrebbe
rischiare di perdere il potere ed il
controllo sui suoi schiavi.

Mauro:
No non lo sapevo della lettera...
figurati... Azz... stiamo messi proprio
male.

Mauro:
Ho letto la tua denuncia.....sei un
grande.

Ma lo cerchiamo un modo per fare un
po' di soldi e non dico stampandoceli
per evitare inutili spese legali ma
magari appoggiandoci a istituti di

credito etici? Il trucco infatti sta là,
vale a dire la crisi la si può affrontare
anche matematicamente per cui se i
soldi in circolazione sono pochi si può
sempre e comunque agire sulla
variante velocità di circolazione degli
stessi. La ricchezza infatti non è data
solo dal volume monetario
complessivo ma anche dalla velocità
con cui esso circola. Il problema poi è
che c'è maggiore frizione o ritenuta
fiscale che quindi potrebbe consumare
tutta l'energia immessa nel sistema.
Bisognerebbe per tanto attrarre la
giusta energia per far girare le turbine
elettriche che dovranno alimentare il
fisco e la zecca[1] ma poi questo mi pare
si chiami già capitalismo.(1ˆ Ente o
monopolio per l'emissione monetaria
che froda i cittadini prestandogli i
propri soldi più interesse). La velocità
di circolazione della moneta-debito è
infatti l'unica variabile in grado di
neutralizzare l'usura all'atto
dell'emissione da parte delle banche
centrali. In meccanica questo
principio è detto rapporto di
trasmissione, ma esso è valido anche
in economia, in specifico per quanto
riguarda la circolazione o trasmissione
di moneta da individui ad individui.

La rotazione costante dell'asse
terrestre è l'origine del vortice di
Fibonacci che ha dato vita alla terra e
conseguentemente rappresenta o
dovrebbe anche rappresentare il
nostro asse di rotazione in una visione
tridimensionale della propria località
spazio temporale e non solo
bidimensionale come se l'uomo fosse
perpendicolare al suolo ma vedersi

invece in 3D con tutte le distorsioni elettromagnetiche che ne conseguono.

Earth's constant rotation on its axis is the origin of the Fibonacci vortex that gave birth to Earth and consequently represents, or should also represent our axis of rotation in a three-dimensional vision of our own location in space and time, not only in a two-dimensional frame as if man were perpendicular to the ground, but seen instead in 3D frame with all consequent electromagnetic distortions.

9 SETTEMBRE

Rinaldo:
Mi pace quando fai la fuggitiva, anche se ogni volta mi chiedo sempre se tornerai mai da me?

Siamo una frequenza atomica, ognuna unica che poi si protrae nella struttura elongata e più complessa del DNA, per poi diventare un magnete d'energia, un buco nero che risucchia tutto ciò che trova per prendere forma ed interagire con i propri simili in maniera da perpetuare il meccanismo atomico biologico.

We are unique atomic frequencies, which then elongate into the more complex structure known as DNA, and later become an energy magnet, a black hole sucking up everything in order to take shape and interact with their fellow men and women in order to perpetuate the atomic biological mechanism.

Rinaldo:
Mauro, lo progettiamo un UFO a propulsione elettromagnetica? Tre sezioni concentriche a partire da un cilindro/sfera centrale per propulsione E-cat (fusione made in Italy) e poi due anelli rotanti magnetici per generare elettricità sino a controbilanciare l'effetto forza centrifuga da annullarsi tra gli anelli sino a far rimanere sospesa la sfera centrale?

Mauro:
Se po' fa secondo me, non è un'idea malvagia!

Rinaldo:
Altro che cavallo!

Mauro:
Hahahahha a costi zero...... ma ce lo consentono oppure ci eliminano?

Rinaldo:
Mah.. tanto più inguaiati di così penso non potremmo trovarci..

Mauro:
Allora se po' fa.... ☺ devo documentarmi sull'argomento.

Rinaldo:
☺ Fammi sape'.. la costruiamo là.. ☺

Rinaldo:
La saldo io ☺

Mauro:
Hahahaha ok ok, il tempo di trovare documentazione utile e partiamo.

Rinaldo:

175

Però la piloti tu.. per primo..

Mauro:
Meglio che lo facciamo testare ad un kamikaze, no? Ahahha

Rinaldo:
Ehi Jasmine, comunque, sono ghiotto di miele e vorrei tanto assaggiarne un po' col mio dito prendendolo direttamente dalla tua dolcissima vagina.

Ivan:
Ieri siamo andati a denunciarli tutti, il link del testo della denuncia lo trovi nella descrizione del video...
"Denuncia contro gli unici e veri evasori fiscali: Gli usurai & C., 6800 miliardi di evasione fiscale denunciati da Albamediterranea, evasi non dal presunto lardo di galline, ma dai grandi usurai, quali la BCE, La banca d'Italia ecc.. ciao!!!!

Rinaldo:
Già visto e ripostato.. grazie!

Ivan:
Grazie a te !!! ☺

Rinaldo:
Ragazzi siete in gamba!

Ivan:
Grazie Rinaldo... anche te mica scherzi eh! ☺

Rinaldo:
Vedremo.. ☺

Ivan:
Dai dai ! Qualcosa si muove.

Rinaldo:
Vedremo.. bisognerebbe unire tutto il web italiano, dai 18 anni in su.. un'impresa?

Ivan:
C'è tanta gente che dorme ancora però ce ne è anche tanta sveglia, se si riuscisse ad organizzare solo quella sveglia, quella che già sa..

Rinaldo:
Ancora non si è riusciti a riempire una sola petizione che sia nata online...

Ivan:
Avremmo già un gran successo..

Rinaldo:
Però i numeri non tornano ancora..

Ivan:
Rispondono sempre uguale: "tanto è inutile". Ed invece non lo è...

Rinaldo:
Non lo è affatto!

Ivan:
È più utile una denuncia che andare in piazza a farsi manganellare da merde Cossighiane. La piazza la controllano, se presentiamo 1000, 10000 denuncie che fanno?

Rinaldo:
Su quello concordo con te! Però 2 mesi, 1000 firme neanche si può fare.. per la petizione per la proprietà popolare della moneta.

Rinaldo:

Sarebbe un buon segnale riuscire almeno ad unirci tutti per riempire la prima petizione nata solo ed esclusivamente dal web, oltre alle denunce ovviamente che sono un nostro diritto fare, bisogna battere tutte le strade.

Ivan:
Stavo andando a firmare.. ma l'ho già fatto ahahahaha ☺

Rinaldo:
Siamo solo 1000 però.. e questa volta 1000 non bastano! Capisci.. non è che voglio fissarmi su quella di petizione.. ma cominciare da qualche parte sarebbe già un gran passo avanti.

Rinaldo:
Senza andare nelle piazze che anche secondo me non serve a nulla come hanno dimostrato gli islandesi.

Ivan:
Esatto, è il mio pensiero...

Rinaldo:
Non c'è altro modo se non quello, dobbiamo compattarci mentalmente non fisicamente.

Ivan:
Verissimo.

Rinaldo:
Per questo dico vedremo..

Ivan:
Già...

Rinaldo:

Ci siamo tanto vicini che quasi non ci si riesce a credere.

Ivan:
Spero che le nostre azioni convergano presto.

Rinaldo:
Tutti vorrebbero ballare ma nessuno si decide ad aprire le danze!

Ivan:
Io la speranza non la mollo fino alla fine! ☺

Rinaldo:
Mai! Oo sopravvivo, succeda quel che succeda!

Rinaldo:
Ho inoltrato la mia denuncia all'Interpol, secondo te risponderanno?

Ivan:
Non credo...

Rinaldo:
Neppure io, stiamo messi tanto male. Possono anche dire che l'italiano non è tra le lingue dell'agenzia.. penso.. non so.

Ivan:
Non so se sia quello il problema... però ti dico che proprio stamattina pensavo che forse una di questi iniziative potrebbe essere tradotta... non si sa mai, magari contribuisce a girare..

Rinaldo:
Beh sarebbe bello se l'Interpol rispondesse.. un sogno?

Ivan:
Eheheh, sarebbe bello si.. pure se ci rispondessero semplicemente alle denuncie..

Rinaldo:
Non funziona proprio nulla.

Ivan:
È tutto lì per NON funzionare.

Rinaldo:
Eh direi proprio di si, infatti anche i Carabinieri mi sono sembrati con i polsi legati a dirti il vero.

Ivan:
Eh a noi ci guardavano come per dire "poveri illusi"...

Rinaldo:
Azz..

Ivan:
Con aria di sufficienza. Si ovviamente questa è la mia interpretazione.

Rinaldo:
Certo.

Ivan:
Come se già sapevano che (dal loro punto di vista) li stavamo facendo perdere tempo... infatti alla fine..

Rinaldo:
A me invece si sono mostrati molto consci di quanto stesse accadendo.

Ivan:
Ci ha dato i fogli firmate dicendo a mezza bocca una cosa del tipo "abbiamo un sacco di cose da fare..."

Rinaldo:
Tutto l'opposto di me. Il comandante della stazione mi ha chiesto di ritornare con una denuncia più completa e poi quando son tornato un altro maresciallo mi è stato a sentire e non era per niente stufo.

Ivan:
Beh ottimo... una curiosità, che età avevano?

Rinaldo:
Si ma il punto è che potrebbero avermi preso per il culo insomma..

Ivan:
I nostri erano tutti molto giovani.. Ah certo, non è da escludersi.

Rinaldo:
Il comandante della stazione, un maresciallo era quasi in età pensionabile, molto saggio ti giuro, un padre di famiglia. Lui mi incoraggiato a scrivere una denuncia un po' più dettagliata.

Ivan:
Ok.

Rinaldo:
E poi son tornato e l'ho depositata con un altro maresciallo che pure lui mi è stato a sentire. Ma ripeto, loro se ne sono lavate le mani.

Ivan:
Eh ... certo...

Rinaldo:
Il problema è moh ste denuncie che ce fanno?

Ivan:
Me lo sono chiesto anche io.. hai fatto caso che poi ora non c'è più un numero che le 'protocolli'???

Rinaldo:
Esatto, molto grave la cosa.

Ivan:
Già...

Rinaldo:
L'ho notato e ci volevo tornare.

Ivan:
Noi lo abbiamo notato subito e siamo rientrati a chiedere...

Rinaldo:
A dire il vero mi sono trovato con pure una pagina di allegati mancante e l'inchiostro quasi illeggibile.

Ivan:
Perché c'erano un paio di amici che si sarebbero aggiunti dopo con il riferimento al numero, ma niente... ha detto che non esiste più... incredibile...

Rinaldo:
Lo stanno facendo apposta allora, guarda.. io so che c'abbiamo come minimo la Postale addosso.

Ivan:
Hai detto bene... minimo.

Rinaldo:
Bravo. Quindi tutto quello che facciamo loro lo sanno in anticipo, non è una novità.

Ivan:

Già..

Rinaldo:
Poi tocca vedere la Digos, cioè bisogna vedere chi è il responsabile dei nostri file, chi se ne occupa. Ad esempio, potremmo stare in mano a un procuratore che magari sta pure già indagando, capisci cova voglio dire?

Ivan:
Certo...

Rinaldo:
Ecco..

Ivan:
Indagasse pure, non abbiamo nulla da nascondere.

Rinaldo:
Ora, se c'è già un'indagine nella quale noi siamo per così dire, solo stati pescati, allora immagino che possano anche volerla riservata per il momento.

Ivan:
Sono loro che nascondono.

Rinaldo:
Io comunque vorrei che mi rispondesse l'Interpol.

Ivan:
Eh si.. sta cosa che hai fatto è interessante...

Rinaldo:
Che cazzo.. anche solo per dire che hanno ricevuto la mia richiesta..

Ivan:

179

Ne parlo con quelli di
Albamediterranea.

Rinaldo:
Hai il link dell'Interpol?

Ivan:
No.

Rinaldo:
Non sono riuscito bene a capire come
inoltrarla, poi alla fine l'ho fatto
tramite la mail di contatti generali.

Ivan:
Mh...

Rinaldo:
Dagli un'occhiata tu, magari fammi
sapere.

Ivan:
Stasera me lo spulcio, certo.

Rinaldo:
Ok. Thanks.

Ivan:
Your are welcome.

Rinaldo:
Ah, comunque c'abbiamo pure i
servizi addosso, che poi
http://www.sisde.it/ dovrebbe
reindirizzare a
http://www.sicurezzanazionale.gov.it
/web.nsf/pagine/home ma non lo fa..

Ivan:
Se fosse vuol dire che stiamo facendo
un buon lavoro eheheheh ☺

Rinaldo:

Non lo so, è sempre quello il punto.

Rinaldo:
Questi usano la gente come gli pare.

Ivan:
È vero...

Rinaldo:
Non mi stupirei di nulla, nel migliore
dei casi potrebbero essere denuncie
"non classificate" o un'omissione
completa dalla storia.

Ivan:
Secondo me la seconda, ti ignorano e
non esisti.

Rinaldo:
È molto probabile.

Ivan:
E comunque sta storia del numero di
protocollo assente è una porcata
immonda.

Rinaldo:
Si, in tal caso c'hanno preso per il culo
alla grande ed il nostro sarà stato solo
un film!

Ivan:
Però stiamo indicando una 'possibile'
via...

Rinaldo:
Certo! Insomma, stiamo sul filo del
rasoio.

Ivan:
Il momento è abbastanza 'topico'...
sto' pure in coma perché non ho

dormito stanotte per la tensione... oggi recupero! ☺

NATO is the perpetrator and the US the redeemer or savior!

Ho appena inoltrato la mia denuncia per usura del Governatore della Banca d'Italia Mario Draghi all'Iterpol chiedendone l'intervento. Chissà se almeno l'Interpol risponderà?

I am forwarding my police report filed at the Italian Carabinieri station of Venafro, IS (Italy). I have pressed charges against Governor of the Bank of Italy Mario Draghi. I am requesting the intervention of the Interpol. My police report is attached to present message.

Rinaldo Pilla
Italian Passport # B371695
Issued on 24 May 2004
By Consulate General of Italy, Chicago (USA)

E comunque l'Interpol non manda email di conferma di ricezione messaggi online.

Alla faccia del conflitto d'interessi! La Banca Mondiale è partner della The United Nations Convention against Corruption (UNCAC) o Convenzione Contro la Corruzione delle Nazioni Unite che dovrebbe difendermi contro l'usura di Mario Draghi. Andiamo bene!

Chi mi potrà mai salvare? Dov'è il salvatore?

10 SETTEMBRE

Il tessuto culturale, sociale, educativo, formativo ed addestrativo delle Forze dell'Ordine di un particolare Paese ne identifica uno stereotipo psicologico utile alla manipolazione delle stesse Forze dell'Ordine da parte di terzi.

The cultural, social, educational tissue and the training of law enforcement of a particular country identify a stereotype useful to psychological manipulation of the same law enforcement by a third party.
Il fallimento dell'euro era il loro obiettivo perché in mente mentre si firmava l'unione monetaria europea c'era già la moneta unica globale ed il ritorno della plutocrazia ebraico - anglosassone con pieno controllo su tutte le genti e le terre del globo. Altro che democrazia.

Il problema non sono le varie Agenzie nazionali e sovrannazionali ma come e chi ne coordina l'operato a livello strategico in quanto esse stesse non si calpestano mai i piedi a vicenda e quindi non agiscono al di fuori dei loro stessi scopi ed obiettivi e così terzi ne dettano la convergenza degli sforzi complessivi, spesso a loro stessa insaputa. Quando queste diverse Agenzie non riescono a ricomporre il puzzle ed avere una visione generale e globale della totalità dei loro singoli operati, proprio come nel caso del corpo umano che si regge sul lavoro coordinato dei suoi organi, allora

181

si sarà ottenuto il pieno controllo manipolativo delle totalità delle Agenzie stesse.

Ad ogni costo bisogna dire sempre la verità e chi non lo fa è complice del regime perché solo a quello serve il segreto di stato, ufficiale e non.

12 SETTEMBRE

Rinaldo:
Jasmine ma mi hai dimenticato?

14 SETTEMBRE

Jasmine:
Nono scusa... è che è iniziata la scuola.. e mi hanno già riempita di compiti..

Rinaldo:
Ma sei tornata a Novara?

Jasmine:
Eh già... iniziata la scuola e fine vacanza..

Rinaldo:
Hai lasciato la Sicilia insomma..

Jasmine:
Purtroppo...

Rinaldo:
Ti manca?

Jasmine:
Tantissimo...

Rinaldo:
Come ti ha accolto il Piemonte?

Jasmine:
Male.. dato che il giorno dopo ho iniziato scuola..

Rinaldo:
Di già ah..

Jasmine:
Già..

Rinaldo:
Ehi non hai voglia di venire?

Jasmine:
Si... tantissimo... ☺

Rinaldo:
Ci facciamo una sveltina?

Jasmine:
Ok! ☺

Rinaldo:
Mi fai provare un po' l'aria di Novara?

Jasmine:
Oook... ☺

Rinaldo:
Sei in camera tua?

Jasmine:
Certo! ☺

Rinaldo:
Sei vestita?

Jasmine:
Tanga.. ☺

Rinaldo:
Sei sempre nuda.. ma che devo fare con te?

Jasmine:
Ahahahah mi svesto perché ho caldo.. ☺

Rinaldo:
Fa caldo su a Novara?

Jasmine:
Si, abbastanza! Da te??

Rinaldo:
Si si. Vorresti che ti venissi addosso?

Jasmine:
Si, certo..

Rinaldo:
Dove lo vuoi?

Jasmine:
In qualsiasi posto!

Rinaldo:
Ma ti stai masturbando?

Jasmine:
Sto iniziando.. ☺

Rinaldo:
La prima volta a Novara allora! Ti senti più rilassata?

Jasmine:
Eh si..

Rinaldo:
Non ti manca il brivido di essere spiata?

Jasmine:
Non più di tanto.. ☺

Rinaldo:

E allora succhiamelo un po' mentre con l'altra mano ti continui a masturbare..

Jasmine:
Oook... te lo succhio fino a farti quasi venire.. ☺

Rinaldo:
E poi.. vuoi farmi venire o mi vuoi pure prendere dentro?

Jasmine:
La seconda.. ☺

Rinaldo:
E com'è la tua fica.. calda?

Jasmine:
Si..

Rinaldo:
Vuoi che te lo infili dentro solo per venire o vuoi pure che ti fotta un po'?

Jasmine:
Sempre la seconda ☺

Rinaldo:
Ma ti sento già tanto calda.. non so quanto potrò resistere.

Jasmine:
Allora mettimelo dentro..

Rinaldo:
Ce l'ho già dentro.. e sei calda .. tanto calda.. non mi rimane che metterti dentro solo un'altra cosa..

Jasmine:
Cosa? ☺

183

Rinaldo:
Un bel po' di sborra.. la vuoi?

Jasmine:
Certo!! ☺

Rinaldo:
E mi dai qualche bacio nel frattempo?

Jasmine:
Certo!

Rinaldo:
Mi dici che vuoi che ti faccia venire.

Jasmine:
Voglio che tu mi faccia venire!

Rinaldo:
Quanto ancora dovrò lavorare per farti venire?

12 SETTEMBRE

Rinaldo:
Ieri sera poi alla fine sei scappata senza darmi modo di eiaculare. Ma tu almeno sei venuta?

Rinaldo:
Ma ci vieni su Facebook?

16 SETTEMBRE

Noach:
Israel Defense Forces's photo.

Rinaldo:
What do you think, is it gonna happen this time with the Arab states backing Palestine statehood bid?

Noach:

It is getting more complicated. I think the next big war comes out of the Middle East (hope I am wrong.) I do not hate Arabs and Muslims, I am more worried about any type of terror, I was in the West bank last July, and I had no problems with them. As a German I can live in liberty and freedom, so I want Israel, and the people in the Middle East to be.

Rinaldo:
I think we can't afford any more big wars at the moment if you can have a global mindset or attitude toward our human condition on Earth at this particular moment. I think a peace agreement, at the moment, negotiating your borders and regulations between the two of you, in respect of the rest of International Laws and Agreements is the best.

Rinaldo:
I would support Israel in such a negotiation.

Noach:
The world has bigger problems to solve, than killing each other in hate. Thanks.

Rinaldo:
Thank you actually, I always post anti-Zionism material, however I have never been able to fully express how I feel about the issue till now.

Noach:
Well, I have a split personality in regard of Middle East problems, and

184

as a German I have the feeling to support Israel, to reach out for freedom like we do in the EU.

Rinaldo:
Well, in Latin one says "E pluribus unum," and if things can't be agreed upon in any manners, then you know which part I would support despite the fact I still opt and pray for a peaceful "Two State" solution.

Noach:
It makes me sick looking back in Nazi history, and what they did. That's one reason I support Israel.

Rinaldo:
No no.. no more of that talking either please.. not to me! It must be peace, now!

Noach:
Two State solution is not possible, because there is no trust between them.

Rinaldo:
Not even on a strict legal basis?

Amine:
Okey, well, dear sir (Noach,) I just want to tell you something about this. 1- all Muslims in this world are praying for peace ...

Rinaldo:
Then let's just do it now? I mean right here.. How would you manage the issue of Jerusalem capital?

Amine:

2- we can never know the future of this world because the people are changed every day.

Rinaldo:
States stays though, my outsider question is, can you figure it out how this could be done technically.. I mean, you know, the Capital issue.. etc.. I would like to know how you think this problem could be overcome in a peaceful way.

Noach:
That means every day agreements?

Rinaldo:
Yah, I mean if you live there the every day life is what you want to make the most pleasant one.

Amine:
There are only two solutions to these problems.

Noach:
Jerusalem is holy for three religions.

Amine:
Peace, or a big war.

Rinaldo:
I want peace. And yes, Jerusalem is holy to three religions. However, technically, how are we going to make it in order for both Israel and Palestine to have their own capital building in the same city?

Noach:
That's also a big problem as it is the holy city, and the holy land for many.

Rinaldo:
Would it be a problem?

Noach:
Look in the past, and then you know the answer.

Amine:
But the problem is that we can never do anything to make peace.

Rinaldo:
As far as the taxation problem it wouldn't be much of a problem since the to states could share expenses for a fiscal service Amine, I know.. some don't want the two of you to ever reach a peace agreement because the profits of war are bigger than Israel and Palestine put together.

Noach:
There is always a third party.

Rinaldo:
The West. As long you both grant my visas I'm fine.

Amine:
I am realizing that most of all presidents of the powerful countries don't want peace.

Noach:
Business as usual, or the industry. Maybe capitalism is behind all that.

Rinaldo:
Rothschild Zionism, not capitalism!

Noach:
I support Israel because of my nasty German past.

Rinaldo:
I don't look at it that way, Hitler may very well have been a Rothschild himself. Hitler created Israel in 1933 with the Haavara Agreements.

Noach:
Did you read my struggle?

Rinaldo:
Where? Not in these lines other than some references to a nasty past I don't agree with. Meaning I don't agree it's nasty.

Noach:
The book Hitler wrote in Landsberg jail "Mein Kampf."

Rinaldo:
Didn't know about it.

Rinaldo:
Where is it?

Noach:
You can find it in antique stores.

Rinaldo:
I mean, online.. Do you have a link?

Noach:
It is forbidden in Germany.

Noach:
Maybe Americans have it legal

Rinaldo:
Really? Shit! What's the title in English?

Noach:
My Struggle.

186

Rinaldo:
By Hitler?

Noach:
Him and Rudolf Hess. Maybe it is an eye opener.

Rinaldo:
Nothing will change what I have told you in the previous lines about the necessity of a Two State solution for Israel and Palestine. We cannot change our past, but we can write our future in our present.

Noach:
But we have to know the past.

Noach:
Thanks for this interesting talk, I am always open to point of views.

Rinaldo:
Thank you actually for the opportunity.

Rinaldo:
Jasmine, non so se vuoi farmi ingelosire..

17 SETTEMBRE

Intelligent design and evolution is the same thing. Briefly, one must consider everything we know today, including the fact that usually God is also referred to as light. We know that light is photons, therefore E=mc2. Light creates matter, and matter constantly changes and cannot ever stay still or there would be none but just pure light. This continuous change is called evolution which is just the attempt of light not to end up sucked all up by into a black hole or there would be none at all. Pagans focused on Sophia and Gaia, Zoroastrians on the one star upon which all life on Earth depends. Judeo-Christian philosophy pushed forward the concept that our life, just like the life of Gaia or Earth is not eternal, and in fact it is not because we know that even galaxies eventually will change. However, the one God never will, the same one able to open the gates for light or darkness, just like it is in the universe. Everything else in Christianity is material for lower frequencies, radiations which light itself gives life thanks to its existence, which proves the existence of God as pure light.

3. ROSANGELA

18 SETTEMBRE

Rosangela:
Ciao piacere ☺

Rinaldo:
Ciao, come mi hai trovato?

Rosangela:
In un link di info libera.

Rinaldo:
Ok, piacere.

Rinaldo:
Di dove sei?

Rosangela:
Di dove sei? Ops..

Rinaldo:
Vivo a Venafro, in Molise, è tutto suo mio profilo.

Rosangela:
Io a Pescara, ma sono nata a Firenze.

Rinaldo:
Ok, non tanto lontano da qua. Cosa fai nella vita?

Rosangela:
Segretaria in uno studio di avvocati, tu?

Rinaldo:
Insegno inglese, privatamente. Ma più che altro scrivo, sono un autore. Quanti anni hai?

Rosangela:
Wow ☺

Rinaldo:
Non è molto semplice sai.

Rosangela:
27 e tu?

Rinaldo:
34.

Rosangela:
Il mio ex ne aveva 36.

Rinaldo:
Sei single?

Rosangela:
Si, da due anni, tu?

Rinaldo:
Si. Sei in cerca di qualcosa di serio nella vita o vuoi solo conoscere un po' di gente?

Rosangela:
Sentimentalmente?

Rinaldo:
Beh non si può conoscere gente senza esserne condizionati sentimentalmente o saremmo sassi.

Rosangela:
Beh è da un po' che ho solo storielle, più o meno serie, ma per ora voglio solo divertirmi.

Rinaldo:
Allora dovresti venire a trovare anche me, però sono pesante.

Rosangela:
Ahahahahha

Rinaldo:
Per via delle cose di cui scrivo.

Rosangela:
Tipo?

Rinaldo:
Beh ho denunciato Mario Draghi per usura sai, diciamo che mi piace la geopolitica.

Rosangela:
Beh sinceramente io ho storie sia con uomini di destra che di sinistra.

Rinaldo:
Ah no.. non in quel senso.. ☺ Sono molto intenso.. dopo un po' ci si stufa dello starmi attorno, capisci? I miei interessi sono molto vasti, però amo le donne.

Rosangela:
Vabbeh, posso dirti che le mie relazioni non durano molto ☺

Rinaldo:
Non c'è nulla di male sai ☺ Almeno conosci gente. Vivi sola a Pescara?

Rosangela:
Si è vero, quindi tu sei etero? Si.

Rinaldo:
Senza dubbio.

Rosangela:
Anche io, però ho avuto esperienze a tre.

Rinaldo:
Beh diciamo che io sono sempre stato con straniere.. ho vissuto tanto in America. Ma il fatto appunto non dipende dal numero se non da chi ti fa fare le esperienze.

Rosangela:
Senti ci sei fra un'ora?

Rinaldo:
Penso di si.

Rosangela:
E dopo pranzo?

Rinaldo:
Penso di si.

Rosangela:
Beh allora ci sentiamo tra un po', ora devo fare alcune cose, a dopo, cosi riprendiamo il discorso.

Rinaldo:
Dovrei venire a trovarti io insomma.

Rosangela:
Ciao ☺

Rinaldo:
Ehi, insomma sei una tipa molto aperta, socievole.

Rosangela:
Perché? Grazie.

Rinaldo:
Beh perché ti presenti subito per quello che sei, è bello.

Rosangela:
☺

Rinaldo:

Onesta, insomma ti andrebbe di conoscermi?

Rosangela:
Si, perché no.

Rinaldo:
Ok, se vengo a Pescara mi ospiti?

Rosangela:
Se mi organizzo si, comunque per ora conosciamoci su fb.

Rinaldo:
Io sto qua, ci mancherebbe.

Rosangela:
☺

Rinaldo:
Un attimo che ho mia cugina in chat.

Rosangela:
Ok.

Rinaldo:
Scusa

Rosangela:
Non fa niente.

Rinaldo:
Senti ma che tipi ti piacciono?

Rosangela:
In che senso?

Rinaldo:
Beh che tipo di uomini ti piacciono in termini di personalità o frequenti tutti indistintamente? E poi tra questi fisicamente quali preferisci?

Rosangela:
Mah no, nel senso, non mi piacciono quelli troppo muscolosi, anzi a volte preferisco che ci sia un po' di pancia.

Rinaldo:
Ok. Ed in quanto ad altezza che ne pensi?

Rosangela:
Ahahahahah indifferente

Rinaldo:
Ok. Ti piacciono gli uomini?

Rosangela:
Certo ☺

Rinaldo:
E le donne?

Rosangela:
Nel sesso a tre l'ho fatto anche con donne.

Rinaldo:
Ok, io non ho problemi con le donne ma sono come i galli, ce ne può essere solo uno per pollaio.

Rosangela:
? Ahahahahah

Rinaldo:
Sei più clitoridea o vaginale?

Rosangela:
Ahahahaha ma che domanda è?

Rinaldo:
Come che domanda è..

Rosangela:

191

Tutta questa confidenza.

Rinaldo:
A tre si lavora meglio se sei più clitoridea. A beh.. scusa allora.. sai.. pensavo fossi una senza malizia..

Rosangela:
No nel senso, possiamo anche parlare di sesso, però che rimanga fra noi.

Rinaldo:
Ma se manco ci conosciamo, io sono così, come mi leggi. Basta che guardi quello che posto in bacheca, puoi immaginare quanto me ne freghi a me degli altri.

Rosangela:
☺

Rinaldo:
Poi non ho affatto una mentalità italiana.

Rosangela:
Comunque se vuoi parliamo di sesso.

Rinaldo:
Sono stato troppo a lungo in America, si ho capito.. voi italiane mi fate diventar pazzo..

Rosangela:
☺

Rinaldo:
Senti ma una cam ce l'hai?

Rosangela:
No.

Rinaldo:

Sai.. invece di parlare.. ok

Rosangela:
Non mi piace fare certe cose su internet, parlare solo.

Rinaldo:
Ok. Ma sesso virtuale lo fai?

Rosangela:
No che schifo. Tu lo fai?

Rinaldo:
Schifo? Certo.

Rosangela:
È per bambini.

Rinaldo:
Meglio masturbarsi assieme a qualcuno che da soli. Ah beh.. se lo dici tu.. meglio di niente comunque.

Rosangela:
Si ma non dietro un pc.

Rinaldo:
Ah beh, sono con te, ma è un altro modo per conoscersi. Tipo .. cosa indossi adesso?

Rosangela:
Se vuoi fare queste cose, io non sono d'accordo, una cosa è scambiarsi opinioni.

Rinaldo:
Beh, c'ho provato. Io non sono contrario al sesso virtuale ☺

Rosangela:
Non mi piace.

192

Rinaldo:
Preferisco le cose in carne ed ossa ovviamente.

Rosangela:
Infatti.

Rinaldo:
Ci mancherebbe, non è neppure da mettere in dubbio la cosa.

Rosangela:
☺

Rinaldo:
Senti ma perché mi hai aggiunto?

Rosangela:
Non c'è un motivo.

Rinaldo:
Ma è che t'è piaciuto qualche mio commento? Così, per curiosità.

Rosangela:
No, ho solo fatto la richiesta.

Rinaldo:
Ok. Ah, comunque a me piace chattare, così anche senza secondi fini, mi piace conoscere gente.

Rosangela:
☺

Rinaldo:
Anche se col sesso di mezzo è sempre meglio, addolcisce la vita.

Rosangela:
Ahahahah.

Rinaldo:

Tu cosa vuoi nella via?

Rosangela:
?

Rinaldo:
Non so .. cerchi l'amore?

Rosangela:
Per ora no.

Rinaldo:
Ok, quindi non ti faresti problemi a stare con me se ti piacessi.

Rosangela:
Se mi piaci no.

Rinaldo:
Grande! Senti, cosa ne pensi degli intellettuali?

Rosangela:
Non ci ho mai pensato ahahah

Rinaldo:
Mmm, beh mi sa che è giunto il momento che ci pensi allora, io lavoro tanto d'intelletto; è quello che ti dicevo prima a proposito di stufare la gente che mi circonda abbastanza facilmente, indipendentemente dalla destra o sinistra.

Rosangela:
Ah, capisco.

Rinaldo:
Ok, brava, grande! Vado a pranzo, ciao.

Rinaldo:
Jasmine, ma non Ma ci vieni più online o mi eviti di proposito?

Comunque volevo chiederti se tu sei una tipa che si analizza, nel senso che cerca di conoscere profondamente se stessa e la propria personalità.

Rosangela:
Ciao. Ci sei?

Rinaldo:
Si, dimmi..

Rosangela:
Come va?

Rinaldo:
Sono stato in giardino, tutto bene. Ho preso un po' di sole e digerito un po'.

Rosangela:
☺

Rinaldo:
Ehi ma volevi chiedermi qualcosa in particolare?

Rosangela:
No, tu?

Rinaldo:
Onestamente no.. ma solo perché non vivi proprio dietro l'angolo..

Rosangela:
Sennò cosa chiederesti?

Rinaldo:
Mmmm...

Rosangela:
?

Rinaldo:

Bet ti chiederei di andarci a fare un giro.

Rosangela:
☺

Rinaldo:
Al fine di fare un po' d'attività fisica.

Rinaldo:
Sai, io comunque non sono il tipo che scopa con tutte, non vorrei darti quell'impressione.

Rosangela:
Non me l'hai data.

Rinaldo:
Comunque hai un fondoschiena alquanto invogliante e il marrone ti sta anche bene.

Rosangela:
☺

Rinaldo:
Penso tu lo sappia bene, non fare la modesta.

Rosangela:
Si piace molto.

Rinaldo:
Infatti.. anche se poi bisognerebbe giudicarlo dal vivo per poter dire l'ultima parola.. ☺ Oh anche solo un gemito.

Rosangela:
Poi cosa ti piace di me?

Rinaldo:
Mah, ti posso chiedere quanto sei alta?

Rosangela:
1 e 68

Rinaldo:
Ok, dalle foto non è che si capisca poi
tanto bene.

Rosangela:
Ok..

Rinaldo:
Hai un bel sorriso comunque ed un
volto radiante.

Rosangela:
Grazie ☺

Rinaldo:
Dei bei orecchini che si abbinano
bene ai tuoi capelli, mi piace il
marrone.. a te? Anche il giallo
comunque ti sta bene, sembrerebbe
anche che tu abbia un bel seno..

Rosangela:
Grazie, 4ª, molto sode.

Rinaldo:
Ci vorrebbero solo un po' più foto di
te in costume sai, giusto per avere una
visione più completa.

Rosangela:
Ahahahahah..

Rinaldo:
Beh, se poi avessi dei nudi sarebbe
ancora meglio, se proprio vogliamo
metterla cosi!

Rosangela:
Tu fai nudismo in spiaggia?

Rinaldo:
Non di solito, ma l'ho fatto, non ho
problemi col nudismo anzi, è un
peccato che il resto della società sia
tanto chiusa a riguardo. Tu?

Rosangela:
Si abbastanza, anche se di solito lo
faccio nella barca del mio capo.

Rinaldo:
Col capo?

Rosangela:
Si.

Rinaldo:
Te lo fai?

Rosangela:
Eh diciamo di si.

Rinaldo:
Basta che stai bene tu, ma lui è libero?

Rosangela:
No, sposato.

Rinaldo:
Eh vedi.. non penso che noi due non
scoperemo mai. Almeno abbiamo
risolto l'enigma ☺ Non fai sesso
virtuale ma ti scopi gli uomini sposati?
Non siamo compatibili. Esistono i
club di scambisti apposta per le
coppie sposate.

Rosangela:
Perché non ti piace che un uomo
sposato si scopi un'altra?

Rinaldo:

195

No. Stanno in un altro giro. Tu te li fai, io non mi faccio te e mai succederà. Ti ho detto che sto ben attento a dove lo infilo.

Rinaldo:
Senti Jasmine.. a proposito, ma come procede l'astinenza, ce la fai ancora a stare senza sesso o hai già ceduto?

Rosangela:
Perché credi che abbia malattie?

Rinaldo:
Non per le malattie, assolutamente non per quello.

Rosangela:
E per cosa?

Rinaldo:
Non sono compatibile con questo tipo di persone per il tipo di energia che esse rappresentano.

Rosangela:
Per la cronaca, lui si sta divorziando, mi ha invitata in barca proprio perché non aveva quasi più legami.

Rinaldo:
Anzi ti dirò di più, da americano ti dico che mi fa schifo questa mentalità mafiosa italiana del cazzo dove il popolo vive in miseria e i padroni si fanno le segretarie. Per me non esistono le mezze vie.

Rosangela:
Ma scusa se ci piacciamo perché non possiamo farlo?

Rinaldo:

Infatti, sono fatti vostri, io non c'entro.

Rosangela:
Comunque è finita da un pezzo, ci sono stata assieme a luglio.

Rinaldo:
Preferisco evitare certe storie.

Rosangela:
Capisco.

Rinaldo:
Infatti, non voglio "sentire" quel tipo di energia, capisci? Non lo lascio entrare nel mio mondo.

Rosangela:
Si ho capito ☺

Rinaldo:
Ottimo. Sai, poi se uno dice che a me piace la cultura ariana mi pigliano per estremista e quindi mi fermo qua.

Rosangela:
No parliamo, chiedimi quello che vuoi.

Rinaldo:
Non c'è veramente nulla di cui parlare, ariano non è solo una questione di razza ma di moralità. I più temprati sono anche i più buoni. Se tu hai scelto un certo percorso non sei sulla stessa mia via, questo è tutto ed è un bene che me lo abbia detto subito, almeno così nessuno dei due perde tempo.

Rosangela:
Perché? Tu mi stai simpatico..

Rinaldo:
Si ma tu non ti sai contenere.

Rosangela:
In che senso?

Rinaldo:
Che ti scopi pure gli uomini sposati,
capisci? Non ti sai contenere. Le
italiane so' proprio tutte strane,
chiamano puttane le americane e poi
fanno peggio di loro.

Rosangela:
Io non ho mai detto puttana a
nessuno, tranne a quelle che prendono
soldi.

Rinaldo:
Secondo me è perché qua in Italia le
donne crescono represse dagli uomini.
L'Italia è più Africa che Europa in
quel senso secondo me.

Rosangela:
Ah ho capito.

Rinaldo:
Meno male. Spero.

Rosangela:
☺ Mi dispiace che ora ti sto antipatica.

Rinaldo:
Non mi stai antipatica. Ti ho detto
solo come la penso e spero di non
averti offesa. Non vedo cosa potrei
darti né cosa tu potresti dare a me.. il
sesso virtuale basta.. se deve essere
solo uno sfogo.

Rosangela:
Non cerco sfoghi.

Rinaldo:
Neppure io.. ecco perché sto attento a
selezionare con chi vado a letto.

Rosangela:
Però si vede come sei cambiato verso
di me, prima tu volevi sapere tutto e
ora nulla.

Rinaldo:
Beh ti ripeto, sai io sono uno che
separa il personale dal professionale a
tal punto che sono aree
completamente non compatibili. Non
vedo come si possa andare a letto col
proprio capo senza conseguenze e
quindi non sono attratto da quel tipo
di vicende.

Rosangela:
Scusami eh dici che il sesso deve
essere visto come qualcosa di
normale, io mi sono scopata lui, però
ora è come se non fosse successo
nulla.

Rinaldo:
Appunto, e io non faccio quel tipo di
sesso.

Rosangela:
☺

Rinaldo:
Son fatto così.. non so che farci.

Rosangela:
Ahahahah. Sei da molto senza sesso?

Rinaldo:
Si, senza dubbio.

Rinaldo:

Non ho ancora avuto nessuna italiana ma debbo confessarti che non mi piacete più di tanto.

Rosangela:
Mai nella vita?

Rinaldo:
Non so .. se, mai nella vita.. aho.. vengo dall'America mica da non so dove.

Rosangela:
E lì come ti comporti?

Rinaldo:
Tra single è molto più fluida la cosa, basta uno sguardo.

Rosangela:
Vero.

Rinaldo:
E ognuno si fa i cazzi suoi, non come in Italia che non puoi manco guardare una donna che tutti la giudicano.. peggio dell'Africa! E poi finite coi papponi sulle barche.. che schifo di Paese.

Rosangela:
Anche lì ci sono quelle con i papponi.

Rinaldo:
Ah senza dubbio, ma il popolo si rispetta di più. Temo che neppure a te piacciano più gli intellettuali, giusto?

Rosangela:
Non lo so, non ti ho nemmeno mai visto, solo che tu cambi opinione su tutto, ti contraddici sempre. Sul fatto dello sparlare hai ragione, ma su

quello dei papponi si sa che in America ci sono più cose così che in Italia.

Rinaldo:
Ci stiamo avventurando in un vicolo cieco. Io non ho ragione perché quella si da agli stolti a cui manca. È solo che siamo diversi, tutto qua.

19 SETTEMBRE

Rinaldo:
Comunque mi manca tanto parlare con te..

Rinaldo:
Ma proprio tanto.. mi manchi tu!

Rinaldo:
Uffa ti voglio!

20 SETTEMBRE

Rinaldo:
Ma come debbo fare con te? Ti fai rincorrere come una gazzella! Per fortuna che mi sento un leone..

21 SETTEMBRE

Rinaldo:
Ho una voglia matta di venire con te in chat immaginando di sborrarti dentro..

22 SETTEMBRE

Rinaldo:
Ehi ci sei?

Jasmine:
Ehilà!!

Rinaldo:
Salve signorina! Come andiamo?

Jasmine:
Devo andare a studiare... ci sentiamo dopo...

Rinaldo:
Ok, mi manchi.

Rinaldo:
Non mi sarai mica diventata una studentessa modello?

Rome, 9/22/2011

The Cern in Geneva has dealt a blow to one of the axioms of the relativity by Albert Einstein, according to whom in the universe nothing can exceed the limit of the speed of light. A team of researchers led by the Italian Antonio Ereditato has recorded that neutrinos, the smallest particles so elusive to cross any solid, have exceeded 300,000 kilometers per second.

Ereditato, who works at the Center for particle physics at the Cern, said that during three years of measurements it has been verified that neutrinos move 60 nanoseconds (a infinitesimal unit of time) faster than the speed of light across the distance of 730 km between Geneva, headquarters of Cern, and the Gran Sasso National laboratory, home to the National Institute of Physics (Infn) "We're quite sure of our results, but we need other colleagues to confirm them," Ereditato said.

The scientific community has not yet released an official confirmation, which most probably will come tomorrow by the Cern.

Berlin, 9/22/2011

In his speech, stating that "as final standard and motivation for his work," a politician cannot aim at "fame nor material payoff," Ratzinger cited St. Augustine's admonition: "If you take away the rights, then what distinguishes a State from a large gang of robbers?" "Politics -he underlined- must be a commitment to justice and thus creating the conditions for peace."

"Of course –the Pope admitted- a politician will struggle for the success necessary to open him or her the possibility of effective political actions." "But success is subordinate to the standard of justice, the will to implement rights and the intelligence of law," he insisted, citing more from the bishop of Hippo. "We, Germans, -in reference to Nazi abominations- know from our experience that these words are not a blank bogeyman. We have experienced the separation of power from law, the use of power against rights, trampling them, to the point that the State became a mean for the destruction of the law; it become a gang of very well organized brigands, which could threaten the entire world and push it to the brink of a precipice."

According to the theologian Pope, "serving the law and combating injustice is and remains the fundamental task of a politician." And "in a historical moment when man has hitherto reached an unimaginable power, this task becomes especially urgent," because "man is able to destroy the world."

23 SETTEMBRE

We should all be treated equally (as in a treaty.) We are not equal, and that's ok!

Rinaldo:
Ciao Gelsomino! Senti una cosa, visto che oggi è sabato stavo pensando che sarebbe bello se ti chiedessi un appuntamento virtuale, che dici vuoi chattare un po' con me oggi?

Rinaldo:
Ho tanta voglia di sbatterti sulla scrivania, allargarti le cosce e fotterti talmente tanto e talmente forte da farti immaginare che stiano per esplodere le Alpi. Poi godrei ancor di più sentirti dire fino a qualche giorno dopo che ti fa ancora male la vagina!

24 SETTEMBRE

Rinaldo:
Ho come l'impressione che dovrò mettermi in fila o in lista d'attesa, tu che dici, mi fari provare ancora una volta tutta la tua dolcezza?

25 SETTEMBRE

Rinaldo:
Ma non ti manco neppure un pochino?

Rinaldo:
Ma non trovi neppure il tempo di scrivermi due righe, sai solo per farmi sapere come vanno le cose. Potrei dire che sei quasi senza cuore.

Il concetto del donare se stessi come Cristo non vuole essere una manipolazione psicologica dei fedeli volta ad instaurare il cosiddetto complesso o legame vittima-predatore per cui l'abuso diventa sinonimo di dominazione ed eventualmente anche legame profondo. I cristiani dunque non sono vittime acconsenzienti, né tantomeno abusati che si trasformano a loro volta in abusatori che nella redenzione vedano la giustificazione delle loro azioni violente per il bene e la salvezza altrui.

The concept of giving oneself away as Christ does not want to be psychological manipulation of the believers in order to establish the so-called victim-perpetrator bond according to which the abuse becomes synonymous with dominance, and possibly creates a deeper connection. Therefore, Christians are not silence victims, nor abused who turn into abusers seeing redemption as justification for their violent actions onto others for their benefit and salvation.

26 SETTEMBRE

Rinaldo:
Dimmi un po'.. ma mi lascerai solo
per tutto l'inverno al freddo e al gelo?
Non c'avrai mica un altro, in tal caso
me lo diresti come promesso, vero?

27 SETTEMBRE

Rinaldo:
Ma cos'è successo alla mia sicula
focosa, non mi sarà mica diventata
una gelida celta? Questa notte ti ho
sognata e mi sono svegliato verso le
sei perché ho avuto una polluzione
notturna. È stato bellissimo, tu
indossavi solo un vestitino sottile e
mentre venivi verso di me che ti stavo
mostrando la vecchia casa dei miei
nonni te lo sei sollevato facendomi
vedere la tua vagina perché non
indossavi mutandine né reggiseno. A
quel punto non c'ho visto più ti ho
preso e ti ho fatto entrare nel piccolo
bagno che c'è adiacente ad un
cortiletto interno della casa. Ho
chiuso la porta e ti ho aperto le gambe
sulla vasca da bagno e sono venuto
incessantemente nel sonno mentre ti
sborravo dentro col mio sperma che ti
fuoriusciva dalla vagina ed io che lo
respingevo dentro col mio cazzo! Che
sborrata, mi sono dovuto alzare ed
andare a pulire avendo le mutande
tutte piene di liquido seminale.

I want to tell Mr. Barroso I have the
mathematical solution to the crisis:

The euro zone, as well as the dollar,
must only be saved from its debt-
money system model that constrains
the union to perpetual and
mathematical trap where two opposite
factors to indicate debt vs. credit
cancel each other, just like $|-X| = |+Y|$, and whose result is 0. So,
if you issue a credit in the amount
equal to the debt, and give it to people
who might turn it to the State to repay
its public debt, then the accounting
problem would be solved in 2 minutes
without creating inflation. By the way,
it should also be intuitive that
exchange rates will cushion such
maneuver across currencies.

Affirming we are aware of the
European Commission considering
seigniorage revenues as property of
private Central Banks does not mean
we cannot manage and defeat even
such system by using nothing other
than mathematics. I will not even
suggest to nationalize seigniorage, I
would like it to be done, but I will
actually say that banks must be forced
at political level to apply basic
mathematics to the worldwide spread
crises. We understand very well that
debt does not exist mathematically,
however we also know that it must be
used in order to establish a true free
market Union, but this cannot mean
ignoring mathematics.

I don't even care who owns the euro,
all I care about is the fact that
mathematically debt does not exist as
I have just proved with the formula
above. I would be more than happy to
provide further explanation if such a
possibility were given to me.

The last few words I want to spend talking about your college, Mrs. Angela Merkel. I sincerely have great appreciation for Mrs. Merkel, and I agree with her that more privatizations in Greece will be beneficial instead of adding more debt to the debt (which doesn't even exist mathematically, let's not forget that.) However, despite the plan looks good, who is going to buy these public assets that should be privatized? Obviously the answer cannot be the same banks which have created this false debt crisis in the first place. I hope to be as clear, honest and transparent as possible.

Using the mathematical solution I have provided, it should be possible to take a quick and easy accounting shortcut by mean of mere debt cancellation techniques. We can pay off all creditors of the State with the privatized assets up to canceling all public debt and any titles or bonds. We don't even need banks to issue the credit necessary to cancel all debts. Did you get that? I can explain it to you in person if you wish.

28 SETTEMBRE

Rinaldo:
Si dice che il silenzio è assenso, non vorrà mica dire che c'hai un altro?

Come suggerito a José Barroso, la via delle privatizzazioni, ben sapendo che matematicamente il debito non esiste, è senza dubbio la strada maestra. Ad ogni modo, resta aperta la questione di chi dovrebbe investire nelle privatizzazioni di Grecia ed Italia ad esempio. Certamente non mi pare congruo né tantomeno eticamente corretto che siano le stesse banche che hanno causato la crisi del debito ad investire poi nelle privatizzazioni. Sarebbe molto più logico, anche considerando che al momento la questione della proprietà del reddito da signoraggio è praticamente invariata a livello europeo e del tutto ignorata a livello nazionale, cercare una via alternativa al fine di estinguere il debito pubblico. Ciò lo si può fare semplicemente "scambiando" o pagando i creditori verso cui lo Stato italiano è debitore direttamente con quote di società privatizzate, incluso il settore scolastico. In tal modo si trasferirebbe ricchezza dallo Stato direttamente ai cittadini. Gran parte del debito pubblico italiano è infatti detenuto da creditori italiani ed il restante ovviamente riguarda creditori internazionali. Così si estinguerebbe il debito senza neppure interferire con le politiche monetarie delle Banche Centrali che comunque dovranno rispondere di tutto un diverso regime fiscale nei loro confronti in virtù del fatto che la Commissione Europea si è espressa chiaramente a riguardo della proprietà delle rendite da signoraggio che potranno quindi essere pesantemente tassate dallo Stato.

29 SETTEMBRE

Rinaldo:

Temo proprio di si allora, certo mi sarebbe piaciuto continuare a sentirmi con te, soprattutto dopo tutte le cose che ci siam detti sin ora.

Rinaldo:
Certo però che lasciarmi così senza neppure dirmi che è stato bello conoscersi anche se solo virtualmente mi sembra veramente molto crudele da parte tua!

1 OTTOBRE

Rinaldo:
Insomma non mi calcoli proprio più, hai deciso di scaricare il tuo mentore eh!

2 OTTOBRE

Rinaldo:
Non ti va proprio di farci un altro manga virtuale assieme?

3 OTTOBRE

Rinaldo:
Debbo ammettere che già fin dall'inizio avevi visto e detto bene che o mi avresti dimenticato, o non mi avresti dimenticato. Io però ho ancora una gran voglia di cliccarti il grilletto e fotterti nella fessa!

5 OTTOBRE

Rinaldo:
Ma mi fai i dispetti, per questo non rispondi?

6 OTTOBRE

Rinaldo:
Oggi è successa una coincidenza molto strana, mio cugino potrebbe essere chiamato a fare una supplenza di matematica a Novara. E guarda che non scherzo, è vero. I casi della vita sono proprio strani.

Rinaldo:
O forse ora che sei tornata coi tuoi ti è venuta la paranoia di non sapere come fare a dirgli che ti senti con un trentaquattrenne?

7 OTTOBRE

Rinaldo:
Sono ad un bivio. Da un lato non voglio sembrare troppo intrusivo, opprimente o addirittura ossessivo, dall'altro però vorrei ancora fare un po' di sesso virtuale con te. Cosa vuoi che faccia? Devi dirmelo tu!

10 OTTOBRE

Rinaldo:
È calato il gelo anche in Molise.

24 OTTOBRE

Rinaldo:
Ma poi scusa, non volevi aggiungere altre foto al tuo profilo?

Rinaldo:
Vieni online?

Rinaldo:
Dai non fare più la bambina, dimmelo se non mi vuoi più sentire o almeno mandami un saluto.

29 OTTOBRE

Rinaldo:
Eppure io leggo sempre "single"..

Rinaldo:
Abbiamo scritto 209 pagine di un libro, ti andrebbe di finirlo o dobbiamo lasciarlo a metà?

Rinaldo:
È talmente tanto che non sto con una donna che è come se fossi tornato vergine.

30 OTTOBRE

Rinaldo:
Jasmine!

Jasmine:
Ciao!! ☺

Rinaldo:
Ciao. Da quanto tempo!

Jasmine:
Eh già.. ☺

Rinaldo:
Come mai, dai racconta.

Jasmine:
Sono impegnatissima con la scuola.. ☺

Rinaldo:
Ok, ma ti manco? Ti tocchi ancora pensandomi?

Jasmine:
Sisi.. ☺

Rinaldo:
Hai voglia di rilassarti un po' intimamente con me?

Jasmine:
Ma si, dai.. ☺

Rinaldo:
Cosa indossi bella mia? Sono arrapato come un flex, lo sai cosa voglio dire?

Jasmine:
Tanga e reggiseno verde, e pigiamino lilla... ☺

Rinaldo:
Pigiamino in cotone? Hai dei colori bellissimi addosso. Abbigliamento celta.. E se cotone, fino o pesante?

Jasmine:
Cotone pesante.

Rinaldo:
Liscio o rugoso?

Jasmine:
Liscio.

Rinaldo:
Immagino scivoli bene sotto le mie mani mentre ti tocco il culo.

Jasmine:
Si ☺ liscio

Jasmine:
si... ☺

Rinaldo:
Posso toccarti anche un po' la vagina da sopra il pigiamino?

Jasmine:
Certo... ☺

Rinaldo:
Posso premere col dito contro la tua vagina? E destino vuole che c'è mio cugino a bussare alla porta. Ci possiamo sentire dopo? Mi spiace.. Ti voglio..

Rinaldo:
Ci sei? Dai sentiamoci stasera.. fai uno sforzo se leggi questo messaggio..

Rinaldo:
Senti, ma le manderesti un po' di foto? Mi piacerebbe vedere altri scatti di te.

Rinaldo:
Mi fai passare le ore davanti al PC sperando che tu ti colleghi.

31 OTTOBRE

Rinaldo:
Mi piacerebbe tanto finire il gioco che avevamo cominciato ieri. Ero rimasto col cazzo tosto sotto i miei jeans mentre ti tocco la fica, il culo, i fianchi, le zizze da sopra il tuo pigiamino lilla e mentre ti bacio e mordicchio le labbra per farti arrapare sino ad impazzire.. mi piacerebbe tanto sborrarti nella fica mentre ti fotto e ti guardo dritta negli occhi!

1 NOVEMBRE

Rinaldo:

Vorrei tanto sculacciarti perché ora non so quando ti potrò risentire la prossima volta!

4 NOVEMBRE

Rinaldo:
Come va a scuola? Non hai voglia di raccontarmi cosa stai studiando?

5 NOVEMBRE

Rinaldo:
A proposito, ma come va con l'astinenza, ti stai ancora preservando per me? Con l'inglese invece, lo stai studiando?

Rinaldo:
Cioè questa me la devi spiegare. Mi hai fatto fare le seghe facendomi immaginare che tu fossi quella modella quando io in realtà avrei voluto veramente scopare te invece, sul serio, in carne ed ossa! Ecco perché dicevi di non essere mai sincera al 100%, vero?

4. LUCIA

8 NOVEMBRE

Rinaldo:
Ma dove ti nascondi? Dai vieni un po' online a chattare con me!

Rinaldo:
Ma insomma chi sei, sei veramente chi dici di essere o mi nascondi molto più di quanto tu non dica?

Rinaldo:
Ciao, ti va di chattare un po'? Sono un po' annoiato, non mi dispiacerebbe conoscere qualche persona nuova. Posso chiederti se sei single? Ma il tuo è un profilo vero o solo uno dei tanti specchietti della rete? È tua la foto? Se si sei anche molto carina. Ah, non è che ci sto provando online, insomma, sto solo cercando di fare la tua conoscenza sperando che la cosa possa interessarti siccome vedo che nel tuo profilo c'è scritto che ti interessano gli uomini. Per questo ti ho chiesto se eri single.

Lucia:
Certo sono single e mi interessano gli uomini.. ma se non ti rispondo non vuol dire che sono finta! Magari semplicemente non mi va.

Rinaldo:
Non si sa mai. A me piace sempre prima controllare però. Spero di non averti offesa.

Lucia:
No figurati.

Rinaldo:

Grazie. Ti va di chattare un po'? Mi piace che studi comunicazione.

Lucia:
No sto lavorando.

Rinaldo:
Ok. Grazie dello scambio di chiacchiere.

Rinaldo:
Ti sei liberata?

9 NOVEMBRE

Rinaldo:
Ci sei? Vorrei chiederti un mucchio di cose, tu non vuoi sapere nulla di me?

10 NOVEMBRE

Rinaldo:
Ehi Jasmine, Ma quando ti risentirò la prossima volta?

Rinaldo:
Comunque sei tanto carina; non soltanto un po'. Hai delle labbra bellissime.

Rinaldo:
Hai voglia di chattare un po' come me?

Lucia:
Scusa ma no. Ho altro da fare.

Rinaldo:
Io però vorrei conoscerti meglio.

Rinaldo:
Sono tornato da due anni dagli Stati Uniti ed ora vivo a Venafro, il paese

d'origine di mia madre. Non conosco praticamente nessuno in zona e ti trovo estremamente affascinate, ragion per cui spero non ti infastidisca se ti mando messaggi anche quando non sei online. Posso farlo? Posso chiederti anche se parli inglese?

11 NOVEMBRE

Rinaldo:
Ah, poi tra le altre cose ho vissuto anch'io a Roma cinque anni per studio.

12 NOVEMBRE

Rinaldo:
Non sei mica di Venafro, vero?

13 NOVEMBRE

Rinaldo:
Dai, chatta un po' come me! Ma di che colore esattamente sono i tuoi occhi?

Rinaldo:
Senti, ma con lo smog romano invece come te la cavi, che ne pensi rispetto al Molise? E le foto invece, ti piace farle o fartele fare?

14 NOVEMBRE

Rinaldo:
Ciao Jasmine, volevo solo vedere come te le passavi. Sai, io avevo il dubbio che quella foto non potesse essere di una diciassettenne, vorrei solo sapere però come stanno le cose veramente.

Rinaldo:
Dai, mica sei di Venafro? Almeno solo questo dimmelo, ti prego!

Lucia:
No.

Rinaldo:
Grazie.

Lucia:
Sono di Campobasso ma vivo a Roma.

Rinaldo:
Ok. Tu non vuoi sapere nulla, passi mai per Venafro?

Rinaldo:
Se ci passi in treno per andare a Campobasso, poco prima di arrivare in stazione a Venafro c'è un ponte che passa tra gli orti, a sinistra c'è una chiesa e l'ospedale, io vivo là, in una casa ad un solo piano con tetto a mansarda ed un terrazzo. Se ci passi fammi ciao.

Rinaldo:
Senti, ma se venissi io a Roma mi faresti compagnia per una cioccolata calda? Di tanto in tanto capito a Roma per salutare degli amici di vecchia data. Ma tu studi o lavori a Roma?

15 NOVEMBRE

Rinaldo:
Ti andrebbe di venire con me ad ascoltare un po' di musica dal vivo

questo venerdì, vicino Cassino? Sai com'è, volessi fare una fuga da Roma senza dover andare sino a Campobasso. Suona mio cugino a dire il vero e per l'accoglienza non ci sarebbero problemi. Avresti una tua stanza, non ti chiedo di entrare tu da sola in bocca al lupo.

Rinaldo:
So Lucy, do you speak English, would you like to chat with me in English?

Rinaldo:
Sei sfuggente come un'anguilla, o forse più come un salmone per un orso.

Lucia:
Ahahah :)(Scusa sono molto impegnata. Se capiterà ci incontreremo.

Rinaldo:
Ma cosa fai? Si, ma se non ci parliamo non potrà mai succedere.

Lucia:
Studio.

Rinaldo:
Cosa, ti posso aiutare?
Lucia:
Scienze della comunicazione.

Rinaldo:
Si, ma cosa esattamente? Dico ora, in questo periodo.

Lucia:
Sociologia dei media.

Rinaldo:

Interessante. Fai anche un po' di psicologia?

Lucia:
Si si.

Rinaldo:
Per la sociologia dico. Ok. Parli inglese? Trattate mai dei media americani?

Lucia:
No..ho fatto solo due esami di inglese.

Rinaldo:
E i Media americani li coprite in classe?

Lucia:
What?=????

Rinaldo:
Things like CNN, BBC, Fox News, you know.. major American Mass Media and their impact on society, politics, social and cultural environment, etc.. I can help you improve your English if you like.

Rinaldo:
Ci sei, o ti ho persa? Questo poco lo capisci, vero?

Lucia:
No non mi serve migliorare grazie ☺

Rinaldo:
Non ti piacerebbe neppure avere un pen pal con cui parlare inglese? Anzi, scrivere per il momento.

Rinaldo:

Ma poi non mi hai più risposto, li studiate i Media americani?

Lucia:
No.

Rinaldo:
Che aspetto della comunicazione ti piace di più?

Lucia:
Il silenzio.

Rinaldo:
L'etere costa, studiate il fattore economico delle frequenze vero?

Rinaldo:
Comunque, voglio che tu sappia che ti trovo molto interessante ed attraente.

Lucia:
Grazie ma ho una situazione un po' particolare.. dammi un parere da esterno e da uomo..

Rinaldo:
Ok.

Lucia:
Vado sempre in un locale e guardo sempre un ragazzo che mi guarda.. ci fissiamo sempre ma non fa mai niente... non so che pensare.. lui lavora lì, io invece vado per divertimento.. tu cosa penseresti?

Rinaldo:
C'è un conflitto d'interessi. Tu mi interessi quindi non potrei mai consigliarti su come finire nelle braccia di un altro. Ti dico però di lasciarlo perdere ed uscire con me

invece, magri ti ci posso accompagnare io in questo locale in maniera tale che tu possa capire cosa senti veramente.

Lucia:
Grazie ☺

Rinaldo:
Però dico sul serio, io vorrei uscire con te qualche volta.

Lucia:
Grazie, ma sono sempre a Roma.. sarebbe un po' scomodo.

Rinaldo:
Beh non proprio, è dietro l'angolo, una sola fermata di treno da Venafro.

Lucia:
Bè più o meno! Un po' lunga questa fermata.

Rinaldo:
Abituato all'America ti dico che Roma è dietro l'angolo. Meno di due ore? Vale la pena.

Lucia:
☺

Rinaldo:
Sempre che tu poi sia disposta ad usciere con me. Possiamo fare un incontro lampo, vengo e poi riparto nel giorno stesso se vuoi.

Lucia:
In realtà non ti conosco neanche.. non so che faccia hai non riesco a farmi un'impressione di te.

210

Rinaldo:
Beh, questo è positivo allora. Non ho molte foto online, ma quello che vedi è quello che sono. Un po' di suspense dico, non è male.

Rinaldo:
E comunque anch'io poi non è che ti conosca poi tanto. Anche tu hai solo un paio di foto online, e sembri molto enigmatica, ma quello capisco sia non solo lecito, ma anche normalissimo.

Rinaldo:
Ma secondo te invece è possibile che io mi stia già innamorando di te, per via del tuo sguardo e delle tue labbra generose?

Lucia:
Innamorando non esageriamo.

Rinaldo:
Perché no? Non mi dispiace affatto l'idea.. Ti mando un po' d'amore come regalo, anche se tu non lo vuoi, poco importa. Conta solo il sentimento. I doni si fanno non perché ci si aspetta qualcosa in cambio.

Rinaldo:
Io comunque devo andare, ho una lezione d'inglese tra poco. Insegno come madrelingua inglese al British di Venafro. Chattare con te è simpaticissimo, alla prossima!

Lucia:
Alla prossima.

Rinaldo:
You rock babe!

Lucia:
We will we will rock you!

Rinaldo:
Who?

Lucia:
We, me and you ☺

Rinaldo:
Great! Why not?

Lucia:
Yeahhh.

Rinaldo:
So, are you going to date me?

Lucia:
Because is impossible.

Rinaldo:
What is impossible? Nothing is impossible!

Lucia:
Bye bye. Good lesson!

Rinaldo:
Bye Lucy, thank you. Hey, one last thing.

Lucia:
Bye Rino.

Rinaldo:
I go by Al in English. Nobody has ever called me Rino. By the way, I look very much like that Rino on the Italian TV show "renegade" or something like that, very much like him. Live, of course.

211

Lucia:
Ahahahahha ☺

Rinaldo:
It's true. Otherwise call me Al, thanks!

Lucia:
You are my Rino.

Rinaldo:
Wild! The last boyscout.

Lucia:
The lesson starts.

Rinaldo:
The lessons? Or the lesson starts?

Lucia:
Tour lesson.

Rinaldo:
Your lesson? Yeah, I know. I have got to go.

Lucia:
The lesson starts.

Rinaldo:
Ciao. Yes, I have to go.

Lucia:
Ciao.

Rinaldo:
Bye.

Lucia:
Goodbye.

Rinaldo:
Un bacio. Anzi due. Anzi, meglio tre.

Lucia:
Kiss kiss, byeeeeeeeee.

Rinaldo:
Mi ami?

Lucia:
Yessssssssss.

Rinaldo:
Fantastic!

Lucia:
Oohh yes I love you so much.
Teahhh.

Rinaldo:
All right.

Lucia:
Byeeeeeeeee

Rinaldo:
Hey, let's talk later. Bye

Lucia:
It's definitive bye? Sure, sure?

Rinaldo:
For a while. You know where to find me. So, you speak pretty good English. I am happy about that.

Lucia:
To Venafro? So and so.

Rinaldo:
Well, yeah. I am in Venafro, but I am online a lot.

Lucia:
You are very generous with me.
Oookk perfect! See you later.

Rinaldo:
Why generous? I am single.. later..

Lucia:
Ahah ☺ Because you said me that my English was good. But isn't so.

Rinaldo:
Ah, ok! Because I told you that your English was good. Yeah, it is, and I am very happy about it too!

Rinaldo:
Ah senti, ma quando ti avevo chiesto se le foto ti piace farle o fartele fare, ricordi? Bè, quella foto di te sdraiata in estasi sul divano non sarà mica una foto fatta da qualche tuo ex?

Rinaldo:
Non che sia eccessivamente geloso; più che altro è che preferirei non guardarti attraverso gli occhi di qualcun altro, capisci cosa voglio dire?

Rinaldo:
Comunque, mi piace anche il fatto che tu disegni. Mia madre era un'insegnante di educazione artistica, quindi sono cresciuto con l'arte nel cuore.

Rinaldo:
Sai cosa stavo pensando, se ti andasse di visitare l'orto botanico di Roma assieme a me un fine settimana. Che te ne pare come primo possibile appuntamento?

Rinaldo:
Ci potremmo andare di giorno, in piena luce in maniera tale che tu ti senta sicura e rilassata. Io potrei venire presto in mattinata e programmare di rientrare in treno a Venafro il giorno stesso. A meno che, ovviamente, tu non volessi farmi rimanere. Cosa ne pensi?

Rinaldo:
Ci sarebbe poi sempre l'invito aperto per venire a Venafro ed andare ad ascoltare musica dal vivo venerdì sera in un ristopub tra San Vittore e Cassino. Potresti venire in treno sino a Cassino o Venafro e farti un fine settimana diverso. Inutile dire che sono preoccupato sempre del fatto che tu ti senta sicura, quindi ti anticipo che non saremmo soli in casa e tu avresti una stanza per te, in caso non volessi dormire come me, ovviamente.

16 NOVEMBRE

Rinaldo:
Vedi che mi sono già innamorato, altrimenti non mi mancheresti mica.

Rinaldo:
E comunque dal vivo sono esattamente come su internet.

Rinaldo:
Io invece non ti manco manco un po'?

Rinaldo:
Ma che fai, oggi mi sfuggi di nuovo come un'anguilla? Poi, ormai mi hai detto che mi ami, quindi posso anche permettermi un po' più di confidenza.

Rinaldo:

You didn't change your mind about loving me, did you?

Rinaldo:
Stasera se potessi ti vorrei svestire e riempire di baci!

Rinaldo:
Rino misses you..

Rinaldo:
Non vorrai mica usarmi come cavia scientifica per i tuoi studi di comunicazione, vero?

Rinaldo:
Potrei andare avanti per ore con i miei monologhi. Magari tu sei pure impegnata, ma io mi sto rilassando scrivendoti quindi non è affatto spiacevole per me farlo. Anzi, a dire il vero io scrivo. Ho pubblicato già dei libri di poesia e filosofia.

Rinaldo:
Dai amore mio, facciamo così, io attendo una tua letterina e non ti scriverò altro sin quando tu non me l'avrai inviata, che dici, si può fare?

Rinaldo:
Spero non ti dispiaccia essere corteggiata da me..

17 NOVEMBRE

Rinaldo:
Vuoi sapere una cosa? Non ce la faccio a non scriverti, ne ho voglia e quindi lo faccio lo stesso perché voglio sentirti e non stare senza sentirti. So che a te piace il silenzio, a me però piace condividerlo con qualcuno; il silenzio dico. Non è che ti intimidisco mica, vero?

Rinaldo:
Hey Jasmine, come te la passi, è tanto che non ci sentiamo. Mi hai dimenticato o t'interesso ancora? Un po' mi manca la tua compagnia. Almeno potresti dirmi se ti piace leggermi?

Rinaldo:
Senti ma dove studi, alla Sapienza?

Rinaldo:
Cioè, mica ti vergogni di parlare con me, vero?

Rinaldo:
Guarda che non mordo sai, eccetto qualche morsettino che potrei darti sull'orecchio o sul collo; beh, magari potrei anche mordicchiarti un po' quelle belle labbra abbondanti che c'hai. Però nulla che tu non volessi che ti facessi.

Rinaldo:
Ma non mi farai passare mica un'altra giornata senza sentirti, vero? Guarda che se ormai sei innamorata di me non hai più scampo. Tanto vale cedere dritta tra le mie braccia.

Rinaldo:
Ma per quanto tempo ancora continuerai a scappare da me? Stai preparando qualche esame da dare a breve?

Rinaldo:
Mi sento come se fossi sotto osservazione da parte tua. Non starai

mica studiando me invece che per i tuoi esami?

Rinaldo:
You know what, it sucks when I get back home, check my mail and see that you haven't written back. You are not being shy, are you?

Rinaldo:
Non sarai mica rimasta veramente senza parole? Studi comunicazione, sai che non te lo puoi permettere, vero?

18 NOVEMBRE

Rinaldo:
Mi sveglio la mattina e ti penso; poi ti cerco e non ti trovo. Allora mi dico, ma non sarà mica che Lucy vuol farmi sudare sette camicie proprio alle porte dell'inverno? Sai com'è, gli inverni sono freddi, in due si sta più caldi.

Rinaldo:
Comunque una cosa è certa, preferisco di gran lunga il silenzio alle bugie, quindi secondo me tutto sommato stiamo andando più che bene. Io non dico mai bugie, la ritengo l'offesa peggiore che potrei fare a me stesso, ossia mentire agli altri è in realtà mentire solo a se stessi. Dai, chatta un altro po' con me, mi sono divertito tantissimo l'altro giorno e poi voglio sentirmi dire un'altra volta che m'ami!

Rinaldo:
Solo che mi rendo conto di averti fatto tante di quelle domande che ci

vorrebbe più di un fine settimana per raccontarci tutto. Sai, è da tanto che non vado all'orto botanico di Roma. Ti assicuro che è un posto molto stimolante per le conversazioni, a Trastevere poi. Ti va di andarci con me? L'orto ha dei custodi sai, non è come le altre ville romane che poi a dire il vero amo tutte. Beh, che mi dici, lo trovi il coraggio d'incontrarmi?

Rinaldo:
Ah, ma poi allora stasera mi toccherà andare a Rocca d'Evandro da solo..

Rinaldo:
Ho come il presentimento però che non mi rimanga che accontentarti col tuo tanto amato silenzio. Che poi è anche il mio tanto amato.

Rinaldo:
Certo però che se fossimo andati oggi all'orto botanico avremmo avuto una giornata favolosa e non dico solo perché ci saremmo potuti conoscere, ma anche per via del bel tempo con cui il sole sta squarciando la giornata alla mezza.

Rinaldo:
Non starai mica testando quanto duro, vero?

Rinaldo:
By the way, "silenzio è assenso," right?

Rinaldo:
Insomma stasera mi ci mandi da solo al pub.. uhm.. Ma ti va di andare all'orto botanico dopodomani,

215

domenica? Devo solo controllare se sia aperto di domenica però.

Rinaldo:
Comunque capisco che tu non riesca a farti un'impressione di me. Permettimi solo di confessarti che sono molto intelligente e spesso questo spaventa le persone. Ti chiedo però di darmi almeno una possibilità ed uscire qualche volta con me. Non è necessario neppure andare all'orto botanico se non ti piace l'idea. Potremmo anche solo incontrarci al centro e farci una passeggiata tra la gente, che ne dici?

19 NOVEMBRE

Rinaldo:
You'll end up driving me crazy if you don't talk to me! You make me chase you as a bunny, are you playing playmate?

Rinaldo:
Hey playmate, I am not trying to get you posing nude for playboy, you know. I want you, and the more you run away, the more you'll make me desire you.

Rinaldo:
I think it's kind of odd that you study communication, but elude me so well that actually you don't even need to communicate with me in order to get me down your feet. I just wish I could at least bite your toes a little bit!

Rinaldo:

You know what though? In a way I think it's great that we have the internet. We are the very first generations in history to be using the internet as a mean of communication. How do you feel about that, do you like the idea of getting to know a person online before deciding if he or she may be worth your time for a date?

Rinaldo:
See, you didn't believe me when I told you I was falling in love with you. Do you believe me now? And please, don't forget you already wrote that you love me too!

Rinaldo:
Allora, come procede l'autunno a Novara?

Rinaldo:
So Lucy, do you want me to come to Rome tomorrow? Today the weather was very pleasant and if tomorrow stays the same we can spend a nice time in the capital. What do you think, do you want to meet me?

Rinaldo:
I really have nothing better to do in Venafro tomorrow, I'll rather come to Rome and spend some time with you. I only hope you have not decided to talk to the other guy you mentioned who works at the pub, that will break my heart!

Rinaldo:
You know, considering I didn't want to write you any more until your reply,

216

well, it looks like I have actually ended up writing you a poem. But still, you haven't shown me any vitals.

Rinaldo:
Luuucyyyy.. Talk to me, come on.. ..

Rinaldo:
Hey, you are not hoping I forget about you, are you?

Rinaldo:
How about we talk on the phone, can I call you?

Lucia:
Parla italianoooooooo.

20 NOVEMBRE

Rinaldo:
Ma dai che l'inglese lo capisci benissimo! Oggi è domenica e mi fai stare tutto solo soletto a Venafro. Sarebbe stato molto meglio venire a Roma a trovarti sai.

Rinaldo:
Ad ogni modo, sono felicissimo soltanto di averti letto stamani, mi stavo cominciando a preoccupare.

Rinaldo:
Uhm... sono le 9:08 e c'è un treno per Roma alle 9:58, dopodiché alle 15:35, quindi avrei a mala pena il tempo di finire il mio caffè e correre in stazione sperando poi che tu legga questo e mi venga incontro a Roma ma considerate le circostanze credo che dovrò rimandare l'invito alla settimana prossima, sperando sempre che il tempo regga. Oggi comunque è una bellissima giornata come ti avevo detto. Sarebbe stata perfetta per andare all'orto botanico.

Rinaldo:
Ma invece a Campobasso che dialetto parlate? Il venafrano è simile al napoletano alla fine, e pure col romanesco non è che me la cavi poi tanto male. Solo che i dialetti li so parlare ma non li so scrivere. Sono curioso di sentirti parlare in dialetto.

Rinaldo:
Comunque ti confesso che mi piace il fatto che tu sia molisana. Le molisane sono proprio delle belle donne, un po' toste da conquistare, ma pur sempre delle gran belle donne, affascinanti proprio come il Molise! Non avevo mai vissuto in Molise prima; mi ci sono trasferito all'incirca un anno fa e non lo conosco proprio molto bene, ma mi piace tantissimo.

Rinaldo:
Beh, in fin dei conti anche parlando italiano non è che le cose cambino. Insomma, la sostanza resta, cioè un monologo è pur sempre un monologo, che sia in italiano o meno!

Rinaldo:
Insomma, non mi ami più allora; tra noi non è neppure cominciata ed è già finita?

Rinaldo:
Ehi ciao bellissima! Hai un po' di tempo per me?

Rinaldo:

Mi manca giocare a toccarmi con te immaginando di starti dentro la pisciotta sai!

Rinaldo:
Dai Jasmine.. vieni un po' online, ti prego!

Rinaldo:
Insomma ho capito, preferisci l'altro, quello che ti guarda e che non dice nulla. Beh, almeno lui può guardarti dal vivo e dopotutto tu l'avevi detto di pensare che il fatto che io viva a Venafro e tu a Roma sia un po' scomodo. Immagino tu ci abbia riflettuto di più e magari a questa cosa ci credi veramente a tal punto da non perder neppure tempo a scrivermi, vero? Se poi vuoi sapere se voglio solo infilartelo tra le cosce, beh.. certo che voglio, ma non solo! Sono un uomo, ma sono anche onesto però. Non sto cercando solo un buco, mi interessano gli esseri umani e non i burattini.

Rinaldo:
You see, it just doesn't make any difference if it's Italian or English. It's not a software issue, it's a hardware one!

Rinaldo:
Il fatto è, come dicono qua in Molise, che sei e rimani una gran bella pisciottona e quindi potrei continuare a scriverti all'infinito, ma se poi stessimo giocando alla bella addormentata, quanto meno dovrei darti un bacio per poterti risvegliare; ma poiché neppure mi parli, la vedo un po' difficile.

Rinaldo:
Certo comunque che se ti sei letta tutto quello che ti ho scritto ti devi già esser fatta un gran bel viaggio nella mia testa, complimenti.

Lucia:
Si abbastanza! Però dacci un taglio!

21 NOVEMBRE

Rinaldo:
Why, don't you like reading?

Rinaldo:
In Italia non vi fanno studiare la teoria dell'universo come ologramma prodotto dalla mente e risultato dell'attività neuronale?

Rinaldo:
Oggi mi sono trattenuto. Va meglio, ti sei riposata un po' la testa?

Lucia:
Ciao.. quando non ti rispondo è perché sono molto impegnata. Non vivo di Facebook! Comunque sei stato un po' volgare nelle ultime cose scritte.. no, non ti amo più.

Rinaldo:
Ecco, così mi hai spezzato il cuore! Me lo ricuci?

Rinaldo:
Sai, una volta il volgare era considerato una lingua non consona, ma poi grazie proprio a Francesco d'Assisi divenne l'italiano di cui oggi godiamo. Cosa posso fare per farmi perdonare e per farti tornare ad amarmi?

Rinaldo:
D'accordo, allora farò del mio meglio per riconquistare il tuo cuore. Non so ancora come, ma la notte porterà consiglio. Prima di addormentarmi penserò a te e pregherò per incontrarci in sogno affinché possa starti vicino e sentire i nostri cuori che battono forte dall'emozione. Voglio poterti guardare dritta negli occhi dicendoti no, non sono volgare. Sono solo innamorato dell'amore che tu mi puoi dare ma che come un cacciatore mi fai rincorrere per mari e monti sognando l'attimo che, stanca di scappar via, sfinita mi cadrai tra le braccia. Allora non potrai più sfuggirmi; mi dovrai baciare e lasciarti accarezzare quei bellissimi capelli che hai e quel volto dolce e delicato su cui dimorano le tue labbra succulenti. Voglio sognare di stringerti forte a me e sentire il calore del tuo corpo e la passione del tuo irresistibile desiderio. Non voglio più staccarmi da te e domare il tuo spirito forte e vitale, non per soggiogarti ma per supportarti accarezzandoti le braccia non per farmi respingere ma per farmi stringere forte a te. E io ti amo ancora! Conta di più un poema o una parolina molisana come te? Sogni d'oro! A presto.

Lucia:
Bè mi sembri un po' esagerato! Non mi piaci!

22 NOVEMBRE

Rinaldo:

Lo sospettavo. In tal caso, proprio come Rinaldo in campo, non posso che ritirarmi conscio d'aver perso tra le più belle perle del Molise. Scusami per il disturbo, non ti irriterò più.

Lucia:
Ahahahaha però te la cavi sempre facendomi fare una risata ☺

Rinaldo:
E tu invece mi mandi su e giù per le montagne russe, ma sei sicura di essere molisana?

Rinaldo:
E poi non posso farci nulla se non indosso mai maschere e mi mostro sempre per quello che sono, nudo sino al midollo. Mi piace troppo quando mi scrivi con un sorriso invece che col muso!

Lucia:
Ahahaha un po' di brio sulle montagne russe non fa male.. un po' su... un po' giù.. fino a fine percorso!! E chissà come sarà la prossima curva, se ci sarà una discesa o una salita.. così è la vita! Buonanotte Rino ☺

23 NOVEMBRE

Rinaldo:
Ma allora mi ami ancora? Chissà se sarà un'altra ripida salita solitaria o una felice discesa in dolce compagnia..

Lucia:
Mah.. il tempo ci darà le risposte.. ora ti saluto perché... I'm engaged. Buona

giornata Rino, oggi ti do anche un bacino va..

Rinaldo:
Engaged con me spero!

Rinaldo:
Temo di non poter tollerare qualcun altro nello scenario. Anzi, tale pensiero forse mi irrita più di quanto io abbia potuto irritare te precedentemente.

Rinaldo:
Comunque adoro il fatto che tu sia l'unica a chiamarmi Rino, è simpaticissima questa cosa. Sempre che ovviamente tu non abbia un altro, in tal caso infatti sarebbe solo masochismo per farmi soffrire di proposito!

Rinaldo:
Pensandoci bene però, se per te questo non sembra essere un problema, non vedo perché dovrei farlo diventare un problema per me. Cioè, sin quando tu mi lasciassi fare lo stesso tutto dovrebbe scorrere liscio. Credo.

Lucia:
Capisco di più quando parli in inglese ☺

Lucia:
eheheh

Lucia:
Comunque io non prendo in giro nessuno e non voglio illudere nessuno.. per la testa ho solo il ragazzo del locale.

Rinaldo:
Apprezzo la tua onestà allora. Thank you.

Lucia:
Bacio.

Rinaldo:
I did my best.

Lucia:
Mi stai dicendo addio?

Rinaldo:
I don't know.. I think it's better if we talk in English. It's less enigmatic, in my opinion. More direct.

Lucia:
Oh yes I like this...

Rinaldo:
I like you.

Lucia:
ok.. do you speak Spanish?

Rinaldo:
Si, pero prefiero el ingles. He vivido en España por algunos meses.

Lucia:
Davvero?

Rinaldo:
Y conocía mucha gente de México en los estados unidos. Si, en Barcelona y Madrid.

Lucia:
Uao me gusta. Yo soy estada a Barcelona

Rinaldo:
I traveled in Central America for a month. Si, yo también.. por un mes.

Lucia:
Me gusta esta lengua..

Rinaldo:
El español?

Lucia:
Si pero

Rinaldo:
Y porque?

Lucia:
No saber hablarla. Porque es sensual.

Rinaldo:
No sabes hablarla? Si, es verdad.

Lucia:
No.

Rinaldo:
Es sensual. En los estados unidos es el segundo idioma mas popular puede escuchar conversaciones en español? Yo no puedo escribir muy bien en español.. pero es porque necesito mas practica.

Lucia:
Muy bien ☺

Rinaldo:
However, I prefer English though. I mean.. I am much more comfortable speaking English. I use it every day, you know.. I watch lots of Spanish videos on YouTube, but it's just not the same when you don't use a language.

Lucia:
It's true.

Rinaldo:
Did you study Spanish or just English?

Lucia:
Just English.. But I love Spanish..

Rinaldo:
It's very useful in America.

Lucia:
And I want to study Spanish. Really?

Rinaldo:
Can't you take a class there at the university? Yeah, there are lot's of Hispanics in the US.

Lucia:
No..

Rinaldo:
At school here in Venafro there is one of the teachers who speaks Spanish. She was born in Argentina. Once in a while I talk Spanish with her.

Lucia:
Wow -.) Hello baby

Rinaldo:
I like Italian too, to be honest with you.

Lucia:
☺

221

Rinaldo:
Why hello honey?

Lucia:
I must go ... bye

Rinaldo:
Oh.. bye..

Lucia:
Come direste voi, men'aggia i ☺
Bacio.

Rinaldo:
? It was a pleasure..

Lucia:
For me tooo.

Rinaldo:
I am glad!

Lucia:
Cry

Rinaldo:
I cry? I'm gonna miss you..

Lucia:
Hablamos español.

Rinaldo:
Si claro, no es un problema.

Lucia:
☺

Rinaldo:
Pero yo no puedo escribir muy bien..
me falta practica.

Lucia:
Mi también, pero hablo y escribo y

Rinaldo:
Me gustaría hablar español mas
correctamente.. Como así! Pero mi
computadora es americana, no tengo
las letreras italiana y española. Para
escribir correctamente en español
tengo que escribir antes in Word,
después copiar en facebook.

Lucia:
Ahahah

Rinaldo:
Si, es verdad!

Lucia:
☺ Yo escribo como dices la mi
cabeza.

Rinaldo:
En realidad yo puedo hablar muchos
idiomas pero tengo problemas de
ortografía en todas las lenguas!

Lucia:
Mi también! ahahah

Rinaldo:
La ortografía es mí limite. Mira mujer,
tú me gustas mucho!

Lucia:
Gracias.

Rinaldo:
Esto puedo decírtelo en todas las
lenguas que quieres!

Lucia:
Ahahhahah ☺

Rinaldo:

222

Yeap babe! Sei bellissima. Me gusta tu conexión mental. Y te gusta leer?

Lucia:
Mucho!!! Alguna vez leo en lengua extranjera por estudiar una otra lengua.

Rinaldo:
Muy bien, esto me hace muy feliz.

Lucia:
☺

Rinaldo:
Yo vivo internacional.

Lucia:
Y tu?

Rinaldo:
Cada día.. Conoces a Manu Chao?

Lucia:
Bueno!!! Poco. ☺

Rinaldo:
Yo lo he escuchado en Chicago. Me gustan los artistas plurilingües. Pero Lucy, mi español no es perfecto. Yo no soy un buen profesor de español. En ingles es todo diferente, en español puedo solamente comunicar bien.

Lucia:
Yo no sé hablar en ingles.. yo soy péssimaaan. ☺

Rinaldo:
Oh come on, stop it. That's not true.

Lucia:

Yes. I'm a disastrous.. I do a lot of mistakes. ☺

Rinaldo:
You make a lot of mistakes.. but those are not real mistakes though.

Lucia:
☺

Rinaldo:
Good! I actually write a lot myself, both in English and Italian. Never in Spanish though. I am just so used to English that it's difficult for me to live without it.

Lucia:
And it's difficult for me understand English and write it. ☺

Rinaldo:
Where else have you been other than Barcelona?

Lucia:
In London, but many years ago and in Paris.

Rinaldo:
Uhm.. which one did you like better? London or Paris?

Lucia:
Paris!!!!! Oh.. London is beautiful, but I prefer Paris because I love French.

Rinaldo:
Can you speak French?

Lucia:
A little. ☺

Rinaldo:
You are pretty smart.. I was able to read that in your eyes!

Lucia:
☺ Thanks.

Rinaldo:
Yeah. What color are your eyes though? I can't tell from the picture.

Lucia:
Green/brown! I don't know me too. ☺

Rinaldo:
"I don't know either!" Hey, by the way, I speak American English, not British English. For example, color is American, the Brits say colour.. you know, little differences.

Lucia:
☺ Ok!!

Rinaldo:
I wanna go eat a tangerine, but I am afraid that if I go, then you'll be gone when I come back.

Lucia:
I like talk with you .) I learn many thing..

Rinaldo:
I like + ing.. always! I like talking to you!

Lucia:
Ops.. ☺

Rinaldo:

Many + plural. Many things. Do you mind if I help you with your English? I love talking to you too. You are very intelligent, talking to you is a real pleasure!

Lucia:
Thank you for your "corrections" :?:)

Rinaldo:
Sure, you're welcome. Your English is very good.

Lucia:
For me too is a pleasure.. Do you think really?

Rinaldo:
I am very happy about that. One day I would like to meet you. Yes Lucy, I teach it.

Lucia:
One we 'll meet.

Rinaldo:
One day.

Lucia:
Oh *_*

Rinaldo:
Also, "It's a pleasure for me too." Subject first, just like in Italian. Riferendomi alla frase di prima.

Lucia:
☺

Rinaldo:
Enough corrections for today though. Have you been anywhere else in Europe?

Lucia:
No..only in Europe.

Rinaldo:
Si, anywhere sta per "da qualche altra parte" in Europa oltre che Spagna, Inghilterra e Francia?

Lucia:
Oh sorry.. avevo capito da qualche altra parte oltre l'Europa intendo.

Lucia:
Lucia Lucia!!!

Rinaldo:
Luce dell'anima mia!

Lucia:
☺

Rinaldo:
I am a poet! I mean.. I am serious. I told you I wrote a few books. So, have you been anywhere else in Europe?

Lucia:
No.

Rinaldo:
Why did you decide to go study in Rome?

Lucia:
Because Rome is a big city!

Rinaldo:
How do you like it?

Rinaldo:
Ma secondo te uno si può innamorare della propria pen pal?

Rinaldo:
You know what? I am thinking I wouldn't mind coming to Rome early on Saturday to go to the Teatro Quirino, in Via delle Vergini. I don't know if you are into politics much, however the place is downtown, by Piazza Barberini, and there is going to be Sara Tommasi and Selvaggia Lucarelli with a lawyer by the name of Alfonso Luigi Marra. Do you know what I am talking about?

24 NOVEMBRE

Rinaldo:
Che poi pure il nome del teatro è già tutta una commedia, Qui-Rino .. ☺

Rinaldo:
Comunque Lucy, seriamente parlando ora, sono conscio del fatto che potrebbe non interessarti andare a teatro a sentir parlare di referendum per fermare le banche e che con l'università d'impegni già ne hai un bel po'; però, siccome io dovrei partire sabato alle 7 di mattina per poter andare a quell'incontro, magari potremmo incontrarci verso l'ora di pranzo. Non penso la cosa durerà oltre quell'ora e potremmo farci una chiacchierata a Piazza Barberini se ti va, bevendoci un caffè, una cioccolata calda o qualsiasi cosa tu voglia. Io comunque non potrò trattenermi più di tanto perché i miei cugini hanno organizzato una serata tutti insieme qui vicino per una pizza. So, please let me know if you can make it downtown for an hour or so, I really

like the idea of chatting with you in person. Bye!

25 NOVEMBRE

Rinaldo:
Qué tal? Io comunque domani sarò a Roma. Mi piacerebbe se ti venissi a fare una passeggiata al centro con me. Puoi chiamarmi o mandarmi un messaggio sul cellulare quando vuoi.

Lucia:
Va bene, ma non credo di esserci. ☹ Fino a che ora sei a Roma?

Rinaldo:
Non posso certamente obbligarti, ma mi dispiace che non possa venire. Beh.. non saprei. A dire il vero dipende dai treni per tornare a Venafro. Se tu non vieni in centro me ne tornerò a Venafro appena finito in teatro. C'è un treno alle 14, o alle 19. In ogni caso non c'è pericolo che mi perda per il centro quindi sto tranquillo. Andavo a scuola ogni mattina da quelle parti. Ma fisicamente quanto sei alta?

Lucia:
1.70, perché???

Rinaldo:
Tanto per sapere.

Lucia:
Mi piacciono i link che condividi.. sei molto acculturato. ☺

Rinaldo:
Grazie, non piace a tutti, la cultura.

Lucia:
Perché non la si diffonde nel modo giusto.

Rinaldo:
Forse, ma so anche che mi è costata cara, la cultura.

Lucia:
Cioè.

Rinaldo:
E non mi riferisco al denaro.

Lucia:
Ma sei stato a torino?

Rinaldo:
Si, ci sono nato.

Lucia:
Davvero, wow.

Rinaldo:
Si, non dico mai bugie, te l'ho detto.

Lucia:
E quanto tempo ci sei stato?

Rinaldo:
Sino a tre anni, con qualche periodo in Trentino. Poi ci sono tornato un paio di volte nel corso della mia vita. Ho viaggiato veramente tanto.

Lucia:
Beato te..

Rinaldo:
Beh anche tu non è che non sia mai uscita di casa. Lucy devo fare un servizio qui in casa.. mi allontano per un po'.

Lucia:
Ahaha no no, però .) Non e mai abbastanza.

Rinaldo:
☺ Certo, non lo è neppure per me anche se a volte penso di averne avuto abbastanza. I viaggi sono interiori, non solo fisici. Le esperienze rimangono e quello che si è visto non lo si può cancellare.

Lucia:
Si si quello si..

Rinaldo:
A dopo.. ti ho detto che ho scrivo e ciò è possibile solo dopo aver letto e vissuto un bel po' e confrontandosi col prossimo ovviamente. Domani comunque potresti farmi tutte le domande che vuoi di persona, sempre ammesso che non sia cattivo tempo.

Rinaldo:
Well babe, I'm going to bed now, but I wanted to let you know that I would have never decided to go to Rome without the slight chance of seeing you. Good night and sweet dreams!

26 NOVEMBRE

Rinaldo:
I really hope to see you today!

27 NOVEMBRE

Rinaldo:
Too bad you didn't come downtown yesterday! Actually, I got out of the theater at 3 o'clock in the afternoon; therefore I had to stay in Rome till 7.

It was fun though; I walked quite a bit and visited the Pantheon. Anyhow, I took some extra books there at the theater for you, hoping you would call. I know you like reading, so I ended up bringing those books here with me in Venafro. I have scanned the covers, so you can take a look at them and see if they may even have interested you. Have a happy Sunday, which today looks very sunny indeed!

29 NOVEMBRE

Rinaldo:
Il fatto è che potrei continuare a scriverti all'infinito, ma non vorrei asfissiarti!

1 DICEMBRE

Rinaldo:
Temo proprio di non avere speranze con te. Dopotutto tu l'avevi detto di non volere illudermi ed avere in mente una persona sola. Ma almeno c'ho provato!

Rinaldo:
Insomma Jasmine, ormai hai quasi 17 anni e mezzo. Altri sei mesi e sarai maggiorenne! Chissà se ti ricorderai ancora di me ...

Lucia:
Eii scusa sono stata un po' impegnata e poco collegata.. ora guardo cosa mi hai mandato ☺. La storia di Giovanni e Margherita deve essere molto interessante. L'altro non tanto mi isopira.

Rinaldo:
L'altro cosa, l'altro libro o l'altro tizio?

Lucia:
L'altro libro..

Rinaldo:
Ah.. peccato.. speravo dicessi l'altro tizio invece.

Lucia:
Perché?

Rinaldo:
Mi avrebbe fatto sognare un po' meglio.

2 DICEMBRE

Rinaldo:
Ma aspetti me per cena?

3 DICEMBRE

Lucia:
Se vuoi venire si ☺

Rinaldo:

Cucini tu?

Lucia:
Si si ☺

Rinaldo:
E dopo cena poi mi lasci per strada? E per quand'è l'invito?

Rinaldo:
Ovviamente io accetto l'invito eh..

Rinaldo:
Allora, che mi dici?

Rinaldo:
Comunque ci sarebbe un treno alle 18..

Rinaldo:
Rimandiamo?

Rinaldo:
Senti Lucy, ho notato che in una delle ultime foto che hai postato ci sono delle magliette con scritte in ebraico. Ma tu sei ebrea o frequenti la comunità ebraica? Spero la domanda non sia fuori luogo.

5 DICEMBRE

Rinaldo:
What's dangerous?

Lucia:
Tutto:)

Rinaldo:
Are you afraid?

Lucia:
Un po' :D

Rinaldo:
Why?

Lucia:
Ahahah mi piace che tu parli in inglese e io ti rispondo in italiano ☺.

Rinaldo:
It's not a problem for me ☺.

Lucia:
☺

Rinaldo:

I am used to it.. living in Italy is almost inevitable!

Rinaldo:
So, when are you going to delight me with your cosine?

8 DICEMBRE

Rinaldo:
Are you afraid of me?

9 DICEMBRE

Rinaldo:
Mi sei mancata, è possibile secondo te?

Lucia:
Buh.

Rinaldo:
Vabbè ma t'ho pensata però!

Rinaldo:
È tanto difficile crederci?

Rinaldo:
Pure tanto a dire il vero.. e tutta colpa del tuo invito a cena tra l'altro, che m'ha lasciato col languorino in bocca!

Rinaldo:
Ma all'università invece come va, stai seguendo ancora corsi? Quando torni a casa per natale? Comunque guarda che non sono certamente il lupo cattivo.. non che sia un angioletto, ma il buh non me lo merito però.

10 DICEMBRE

Rinaldo:

Do you have time to chat a bit? I am bored..

11 DICEMBRE

Rinaldo:
Ma tu lo sapevi che "Nel calendario svedese medievale, Santa Lucia, fissata il 13 dicembre, era la notte più lunga dell'anno in cui si usava celebrare la luce in contrasto ai demoni dell'oscurità. Solo dal 1600 la festa è dedicata alla Santa martire della Luce. In Svezia, Santa Lucia è un giorno molto speciale: è usanza che ovunque si canti l'inno alla santa che, guarda un po', è di origine napoletana"?

12 DICEMBRE

Rinaldo:
Sto facendo un master di perfezionamento per docenti online e sono lieto di notare che c'è una bella impronta di Paul Watzlawick e della scuola di "Palo Alto". Lo conosci? È bello vedere che certe filosofie sono già ben presenti anche in Italia, sebbene ancora solo a livello teorico. Poi non ci si dovrebbe meravigliare se qualcuno usi Facebook pure per rimorchiare..

Lucia:
Siiii Watzlawick mi piace molto. ☺ Lo devo studiare pure per un esame!! Infatti Facebook è utile per far arrivare messaggi diretti a ragazzi che non leggono e che non studiano.. è buono diffondere notizie affinché si diffonda la cultura in modo diverso e meno pesante!

Rinaldo:
E di telepatia sintetica invece ne parlano mai a lezione?

13 DICEMBRE

Rinaldo:
Or is it still a taboo in Italy?

15 DICEMBRE

Rinaldo:
Scusa, ma per te l'amore è più una sfida o un'intesa?

Rinaldo:
Ovviamente mi riferisco al tuo link sull'uomo che si innamora di una donna quando sente di aver incontrato l'avversario giusto.

Rinaldo:
Jasmine, ma ora che a Natale avrai una pausa da scuola, me le scriverai due righe o sarai troppo impegnata a fare i compiti tutto il tempo?

Lucia:
Per me è un'intesa, per alcuni tipi di uomo e una sfida!

Rinaldo:
Non capisco bene grammaticalmente ciò che vuoi dire. Cioè, per te è un'intesa con alcuni tipi di uomini ed anche una sfida, giusto?

16 DICEMBRE

Lucia:
Scusa ho scritto con un piede già fuori casa.

Rinaldo:
Non l'ho capito bene infatti.

Lucia:
Comunque per me è un'intesa ma per altri uomini è una sfida.

Rinaldo:
Si ma tu sei una donna.

Lucia:
E quindi??

Rinaldo:
Cioè non capivo se volessi dire per altre donne.

Lucia:
No.

Rinaldo:
Ok. Da un lato però c'è un certo meccanismo di rincorsa delle donne da parte degli uomini che potrebbe innescare quel tipo di gioco psicologico, non credi? Anche se debbo ammettere che questa cosa la noto più in Italia ed è assolutamente non vera in America ad esempio.

Rinaldo:
Ma stai seguendo ancora corsi? Comunque, è sempre grammaticalmente che non capivo quando dici "altri uomini" poiché mi confondo pensando che anche tu sia uno.

Lucia:
In che senso??

Rinaldo:

Cioè, siccome sei tu a parlare deduco che dicendo "altri" ti riferisci a terzi simili a chi sta parlando, cioè a te, una donna. Poi, se leggo uomini mi vien da pensare cosa volessi dire.

Lucia:
Ahh ok .) Non capivo ..

Rinaldo:
Capito? Ok. What can I say? I prefer English.. It's much easier for me.

Lucia:
For me not .)

Rinaldo:
There are way less misunderstanding. Italian is a very complex and difficult language. "Not for me."

Lucia:
It's true.

Rinaldo:
Very true! Beautiful, but very complex.

Lucia:
It' true, it's very difficult.

Rinaldo:
It has got lots of rules..

Lucia:
Yes.

Rinaldo:
There is actually a joke comparing English to Italian.

Lucia:
Wath? ops.. what?

Rinaldo:
They say Italian is just like Ferrari, very nice and expensive, affordable only by few people. English is stupid, simple, just like Fiat cars; good for everybody.

Lucia:
Good.

Rinaldo:
Then, there is a second part to the joke that is not that nice, and ironically speaking is about communication issues. Basically, they say this is also the reason why Italy always loses its wars. That's because of misunderstandings among the people and problems of interpreting the language. English is so stupid instead, that there is no interpretation needed on the receiving part of an order, therefore there are no communication failures.

Rinaldo:
Insomma, come si dice in dialetto, anche se non so come si scriva correttamente, parlamm e nun ce capimm! Ma poi ti è passata la voglia di cucinare per me?

18 DICEMBRE

Rinaldo:
Comunque voglio che tu sappia una cosa che dovresti capire anche abbastanza bene datosi che studi proprio comunicazione. Il tono dei miei post è volutamente provocativo. Insomma, non vorrei darti un'impressione sbagliata di me

giudicandomi solo da quanto posto su Facebook. Quella di un linguaggio critico e diretto è una scelta prettamente dettata da una volontà di convogliare e trasferire un messaggio che poi in realtà con me e la mia vita privata non ha nulla a che vedere! Spero tu capisca cosa voglio dire.

19 DICEMBRE

Rinaldo:
Ieri notte ha nevicato, brava te la sei chiamata! Stamani guardando fuori dalla finestra qui a Venafro si vedono tutti i monti innevati. Decisamente un bello spettacolo.

Lucia:
☺ Da te c'è?

Rinaldo:
Si, da stamani, sui monti.

20 DICEMBRE

Rinaldo:
Senti ma stavo pensando una cosa. Se torni a Campobasso per le feste in treno e passi per Venafro mi piacerebbe venire a dirti ciao dal finestrino del treno in stazione. Che dici, si può fare o mi lascerai a digiuno come per la cena?

Rinaldo:
Novarese ma mi hai proprio dimenticato?

Rinaldo:

Condannato a 14 anni, il Generale Ganzer resta al comando dei Ros. E a me na' canna no?

Lucia:
Finiscila ☺

Rinaldo:
Cosa, la canna che non ho? Oh meglio.. lasciamo perdere questo discorso..

Rinaldo:
Ma a quale canna pensavi mi stessi riferendo?

Lucia:
Si alla canna dicevo :D

Rinaldo:
La questione comunque resta ancora troppo vaga..

Rinaldo:
Forse sarebbe il caso di approfondirla da vicino..

Lucia:
? O.o

Rinaldo:
Mi consigli di espatriare di nuovo? Son tornato da soli due anni.. noto un po' di problemi di comunicazione.

Lucia:
Ahhh ok non avevo capito :-)

Rinaldo:
Secondo me però mi prendi in giro, vieni via con me?

Lucia:

Macché non ci siamo capiti.. io parlavo sempre della canna :D si vengo.

Rinaldo:
Dove vieni?

Lucia:
Via!

Rinaldo:
Quando?

Lucia:
QUANDO VUOI :)

Rinaldo:
Me lo segno!

Lucia:
:d OK

Rinaldo:
In tutto ciò mi hai pure fatto dimenticare la canna.. insomma, quasi..

Rinaldo:
Io vado a nanna, sei simpaticissima.

Lucia:
OK..SEMPRE MOLTO INTERESSANTE IL TUO PROFILO.

Rinaldo:
Faccio propaganda.

Lucia:
Fai bene

Rinaldo:
Stessa tecnica.

Lucia:
Diffondi notizie interessanti!

Rinaldo:
Cambio solo i contenuti, sono contento che ti piacciano.

Lucia:
☺

Rinaldo:
Notte.. e comunque me lo son segnato di nuovo..

Lucia:
Ahahah segna segna.

Rinaldo:
All'infinto, segnassi così i goal..

Lucia:
Prrrrrrrrrrrrrr

Rinaldo:
Azz, pure le pernacchie.

Lucia:
Ahahah ☺

Rinaldo:
Dicevo, segnassi così i goal sarei un matador, cioè un goleador.

Lucia:
Ahahhaha

Rinaldo:
Mi giri e mi rigiri come un calzino, neppure mi stessi cucinando un calzone. A proposito.. la cena sai..

Lucia:
Io ??? Ma quando mai .)

Rinaldo:
Ah giusto, meno male che c'ho tutto scritto. Io segno sai. Non saranno goal, ma sempre note.

Lucia:
Certo .) La cena la faremo.

Rinaldo:
Uaho, ho pure la conferma!

Lucia:
Si.

Rinaldo:
Questa vale più di una banco-nota

Lucia:
Addirittura.. notte Rino mi cala la palpebra .)

Rinaldo:
Notte Lucy, anch'io debbo far riposare i neuroni.

Lucia:
Ok..notte.

22 DICEMBRE

Rinaldo:
Che fai? Oltre a cliccare mi piace ovviamente.

Lucia:
Cosa?

Rinaldo:
Ma hai problemi di connessione?

Lucia:
Ah scusa

Rinaldo:
No figurati.

Lucia:
Non avevo letto che fai.. chat penosa.. sì ☹.

Rinaldo:
Sì lo so

Lucia:
Sì vede? Sto per uscire con le amiche.. tu??

Rinaldo:
Sto per andare a nanna. Son due giorni che aiuto babbo natale.

Lucia:
Allora dolce notte..

Rinaldo:
Grazie, buon divertimento.

Lucia:
Sempre interessante quello che condividi ☺ Mi stupisci ogni giorno!

Rinaldo:
Figurati.

Lucia:
In che senso hai aiutato babbo??

Lucia:
E a me niente regalo??:P

Rinaldo:
Al British c'è stata la recita dei bimbi e un collega ha fatto Santa.

Lucia:
Ahh ☺

Rinaldo:
Da domani vacanza.

Lucia:
Ohhh bene..ti riposi allora.

Rinaldo:
Beh, non dovrò insegnare, quello sì.

Lucia:
☺

Rinaldo:
Cos'è che ti stupisce?

Lucia:
Che ti interessi di tutto ☺ e sempre cose interessanti.

Rinaldo:
Sì, mi piace tutto.

Lucia:
Ma dove le trovi?:) Hei io esco.. Ciao .) A presto!

Rinaldo:
Ciao, alla prossima.

27 DICEMBRE

Rinaldo:
È proprio vero allora, mi ha proprio dimenticato. Non ti fai sentire neppure per le feste di Natale, che peccato!

Rinaldo:
Interessante pure sto' Ferdinand de Saussure; lo conosci vero?

31 DICEMBRE

Rinaldo:
Ehi, buon anno nuovo!

Lucia:
Grazie mille, buon anno anche a te ☺

Rinaldo:
Grazie!

Lucia:
Come festeggi questa sera?

Rinaldo:
Nulla di speciale. Mio fratello è sceso da Milano, staremo assieme in famiglia.

Lucia:
Ah bene

Rinaldo:
Che per me è cosa nuova ☺.

Lucia:
☺

Rinaldo:
Sì, sono stato tanto fuori e mi sono accorto di aver perso tanti anni con i miei.

Lucia:
Eh già.

Rinaldo:
Ora è bello godermeli un po', per così dire. Peccato solo che a Venafro dopo la mezzanotte c'è veramente poco da fare. Non è proprio come vivere a Roma.

Lucia:

235

Ahahah bè si è un po' diverso.. però alla fine sono dell'idea che è le persone con le quali festeggi che rendono speciale un evento.

Rinaldo:
Senza dubbio.

Lucia:
Quindi magari potresti divertirti e stare meglio tu che io a Roma con altre 3 amiche.

Rinaldo:
Beh non saprei.. sarebbe ancora meglio stare tutti assieme.. ☺

Lucia:
:)ù ☺

Rinaldo:
Vai a ballare?

Lucia:
Si, andiamo allo spazio 900.

Rinaldo:
Non lo conosco.

Lucia:
È un locale grande di Roma.. ci sarà il mondo.

Rinaldo:
Non oso immaginare.

Lucia:
Spero non sia troppo dispersivo.. solo che le mie amiche si sono fissate con sto party.

Rinaldo:

Beh non vedo perché no, certe cose van fatte nella vita! Ti confesso che pure a me non dispiacerebbe l'idea.

Lucia:
Certo certo, infatti sono anche un po' curiosa, vedremo ☺

Rinaldo:
Occhio solo ai drink.

Lucia:
Eh sarà un po' difficile:)

Rinaldo:
Mi riferivo a quello che ci potrebbero mettere dentro di indesiderato.

Lucia:
Certo certo.

Rinaldo:
Buono. A buon intenditor poche parole. ☺ Comunque un po' t'invidio, da due anni che son tornato in Italia ho sempre passato capodanno a casa coi miei.

1 GENNAIO

Rinaldo:
Happy new year!

Lucia:
Anche a teeee:)

Rinaldo:
Did you meet the world?

Lucia:
Yessss ☺ the world! ☺

Rinaldo:

The chat is very slow today.. it's taking me for ever to write a message! I am happy though!

Lucia:
☺

Rinaldo:
Are you recovering?

2 GENNAIO

Lucia:
Questo 2012 non promette nulla di buono!!! Help.

Rinaldo:
Allegria! Ma che è sta' frase triste al secondo dell'anno?

Rinaldo:
Io comunque una soluzione ce l'avrei. Sono sicuro che potrei tirarti su di morale in un batter d'occhio. Provare per credere e soprattutto, soddisfatta o rimborsata. Al massimo ci potresti rimettere una cena anzi, manco quello..

Lucia:
Si si!!! Facciamo che il 2012 è iniziato oggi.. allora è iniziato bene Rino!:-)

Rinaldo:
Meno male!

3 GENNAIO

Rinaldo:
Sai, magari approfittando proprio che nessuno di noi deve andare a lezione ancora per qualche giorno..

4 GENNAIO

Lucia:
Vedremo.. nessuno può dirlo

Rinaldo:
Mmm.. sempre più enigmatica!

Rinaldo:
E se facessimo l'amore?

Lucia:
Mah! Non mi sembra molto il caso.

Rinaldo:
È pur sempre un suggerimento..

Lucia:
Si un suggerimento che rimane tale. Non ci conosciamo nemmeno.

Rinaldo:
Ci mancherebbe. Appunto dico.. era proprio per enfatizzare il fatto che non ci conosciamo nemmeno. Sai, tipo una trama di un film.. e non dico a luci rosse, anche se poi non mi dispiacerebbe neppure quello.

Rinaldo:
Non so come si chiamino in italiano, ma ho come l'impressione che non ti piacciano le "blind dates".

Rinaldo:
Ma insomma mi consideri uno sconosciuto? Ne debbo dedurre che devi essere una bimba molto ben educata allora!

Lucia:
No, è che non mi sembra il caso.

237

Rinaldo:
Ah ecco, almeno però sei onesta e
quello forse è molto più importante.
Spero solo che non ti arrabbi se ci
provo, sai com'è, non sono
omosessuale. Non che abbia problemi
con chi lo è, solo che ovviamente non
mi intrigherebbe come te.

Lucia:
Certo. Però detto sinceramente mi sto
frequentando con un ragazzo.. quindi
non ti aspettare chissà che risposte da
parte mia visto che ho la testa
occupata da un'altra persona.

Rinaldo:
Beh ma me lo avresti dovuto dire
prima.. vedo che non sei neppure
onesta. Ma chi è, quello del pub che
alla fine ti ha parlato? Non posso che
offrirmi volontario come amante a
questo punto, che ne dici? Dico per
una cenetta romantica con l'amante,
cioè me, il secondo in lista sai, il
sottoscritto che ti sta scrivendo ora.

Lucia:
No non è lui, l'ho conosciuto la sera
di capodanno. E poi scusa.. perché
avrei dovuto darti tutte queste
spiegazioni?

Rinaldo:
Mah sai, giusto per farmi smettere di
flirtare con te..

Lucia:
Ehhh

Rinaldo:

No dico, così, giusto perché prima di
capodanno m'ero segnato l'invito a
cena sai. Ci tenevo..

Lucia:
Eh lo so

Lucia:
Ma siamo lontani e d'altronde non
dirmi che ci avevi creduto senza mai
incontrarci.

Rinaldo:
Ma su che pianeta vivi scusa?

Lucia:
Con vite diverse e lontane.
? Sorry ?

Rinaldo:
Well, it's not like you live on Mars!
And honestly, our different lives
makes it even more interesting in my
opinion! I like the idea of getting to
know someone I had never met
before. I am kind of an explorer.

Lucia:
O parli italiano o non so cosa dirti.

Rinaldo:
Però m'hai capito? Cioè, in pratica mi
stai dicendo di cancellare l'invito a
cena, giusto? Oppure bisogna solo
posporlo al dopo la consumazione
della brace di capodanno, quando il
concorrente sarà stato dismesso?

Lucia:
Vedremo.

Rinaldo:

Mmm.. sembri una leonessa più che una gazzella!

Lucia:
Molto.

Rinaldo:
Ma mi stai studiando per caso? Spero solo tu non sia tipo una mantide.. Mmm.. mi piacciono le leonesse..

Rinaldo:
Comunque mi piace sentirti!

Rinaldo:
Ti confesso una cosa però, proprio perché studi comunicazione, cosa che mi piace particolarmente. Non so se l'abbia notato, ma lo dico in virtù della mia passione per internet in genere. Ad ogni modo, non voglio neppure spacciarmi per un mentor, ma il motivo vero per cui non penso che né la distanza tra due persone, né i diversi percorsi esistenziali siano un problema è dovuto proprio alla mia esigenza di comunicare. Insomma, se con te posso comunicare è certamente meglio che non comunicare affatto, non credi? A questo punto ovviamente si apre la finestra anche a forme di devianza psicologica opposte a tale spaziosità di pensiero del tipo, perché dovrei comunicare proprio con te e non con altri? Cosa c'è che non va in Rino e cose del genere che poi in realtà celano solo la paura vera profonda dell'individuo di conoscere se stesso o se stessa. Vabbè, ho pensato fosse cosa saggia dirtelo. P.S. È da tanto che non mi mandi un bacio

telematico! Ma se ti scrivo lettere così lunghe ti dispiace o annoia per caso?

Rinaldo:
Ci tenevo a dirtelo soprattutto perché non vorrei passare per uno stalker. Mi rendo conto infatti che la linea d'ombra tra le due cose è molto sottile, soprattutto se uno come me cerca di rimorchiare online!

Rinaldo:
Più scrivo però e più mi rendo conto che la cosa potrebbe aprire spiragli a dir poco inquietanti. Questo sempre a conferma che con te innanzitutto cerco appunto comunicazione. Pochissime persone infatti si sarebbero spinte o mai aperte a tal punto con un estraneo come sto facendo io in queste righe, forse, o forse no. Voglio dire, come dici tu non ci conosciamo affatto, eppure un amico di penna può spesso diventare la persona con cui ci si confida più di tutti. Forse quando si è più piccoli la cosa riesce semplice e spontanea. Poi invece col passar del tempo subentra la diffidenza, il giudizio severo dell'estetica ed il giudizio sociale. Cosa ne pensi tu? Se non posso conoscerti almeno vorrei essere un pen pal serio!

8 GENNAIO

Rinaldo:
Non ti sei ancora stancata dell'altro?

Lucia:
No ☺

Rinaldo:

Ok, era solo per controllare..

Lucia:
ahahahah

Rinaldo:
Sai com'è, non si può mai sapere,
magari cambiassi idea e volessi
conoscere anche me. Penso te lo
possa permettere.

5. SOMAIA

12 GENNAIO

Somaia:
Hi.

Rinaldo:
Hi.

Somaia:
How are you?

Rinaldo:
Fine. How can I help you?

Somaia:
I don't need help. I'm just bored.

Rinaldo:
Sorry, I am reading a lot. Definetly not bored!

Somaia:
You are reading a lot, so tell me.

Rinaldo:
Read my Facebook wall.

Somaia:
How to forget something causing pain to you.

Rinaldo:
It's all there, I have nothing else to add. It's called cannabis, ask your doctor.

Somaia:
Why are you posting pictures of naked women?

Rinaldo:
Why, where did you come from? Didn't you come out of a pussy?

Somaia:
What?

Rinaldo:
It's the most natural thing a human being could do. Unless you're a nigger, of course..

Somaia:
I am a gal.

Rinaldo:
I am not sure, I cannot know for sure.

Somaia:
I don't need to lie.

Rinaldo:
Are you white?

Somaia:
Yes. Why?

Rinaldo:
Because it matters. Many women here get infibulated. That's not funny at all. Women and their bodies are magnificent, not something to be ashamed of.

Somaia:
Are you married?

Rinaldo:
No.

Somaia:
Do you have a gal friend?
Rinaldo:
No.

Somaia:
Why?

Rinaldo:
Because Italians are more African than European, and I don't like that.

Somaia:
Maybe.

Rinaldo:
I prefer Nordic women.

Somaia:
But your English is good.

Rinaldo:
Native. I lived in America for many years. Your English is good too, how come?

Somaia:
I have studied English since I was 10 years old, and I'm using it in my study and my life. You seem too serious.

Rinaldo:
What do you do in Egypt? I am very serious, that's for sure.

Somaia:
I was working in a microbiological lab. Now I don't work. Why are you so serious?

Rinaldo:
Because I know a lot of things, and knowledge carries with it a lot of responsibilities. Are you blond?

Somaia:
No. I'm white, but my hair is brown.

Rinaldo:
Ok.

Somaia:
And you?

Rinaldo:
Brown hair, and brown eyes.

Somaia:
Do you want your wife to be serious like you?

Rinaldo:
Can I ask how old you are?

Somaia:
I am 25, and you?

Rinaldo:
34; a knowledgeable wife for sure.

Somaia:
Are you 34? And single?

Rinaldo:
I have to leave for a few minutes. Yeah, and I want to live up to 150!

Somaia:
What do you do?

Rinaldo:
I teach English. Do you wonna marry me?
Somaia:
Good.

Rinaldo:

Somaia:
But I think it's not good to be serious all the time.

Rinaldo:

Not so good lately in Italy.

Somaia:
You are human, not a machine.

Rinaldo:
Very human.

Rinaldo:
And as a matter of fact, I am not serious all the time, but I am serious at first with people I don't know because I am extremely cautious.

Somaia:
Ok.

Rinaldo:
And also, it's important for me to be honest, I don't like much people with black hair. I prefer brown hair, blond or red. Why? It's a long story. Let's say it's thanks to experience. Can I see your face?

Somaia:
Why?

Rinaldo:
You have pictures of mine, just to be fair. [do you get the double meaning there?]

Somaia:
I don't see your face, and it doesn't matter to me to see you.

Rinaldo:
Ok, I have pictures on Facebook though, you don't. You could be a man.

Somaia:

I am a woman, and I don't need to lie.

Rinaldo:
I don't have anything against gay people, it's just that I like women, and therefore I would like to see you. I don't like burkas. Plus, you seem pretty smart, now I am curious.

Somaia:
Tell me, what do men feel when they see a naked woman?

Rinaldo:
It's beauty! Women give life to mankind. Do you know the story of Hypatia?

Somaia:
No

Rinaldo:
Really? She was from Alexandria! Look her up Wikipedia.

Somaia:
Ok.

Rinaldo:
Do you really live in Alexandria?

Somaia:
Yes.

Rinaldo:
Do you have a daughter?

Somaia:
I am single.

Rinaldo:
Who's that baby in your pictures?

244

Somaia:
Just a pic on the internet.

Rinaldo:
Oh. Do you think I can see what you look like?

Somaia:
I am white, brown hair, 160 cm tall and 55 kg. What else?

Rinaldo:
Yeah, but can I see your pics?

Somaia:
I don't know you enough.

Rinaldo:
Ah, ok. Are you happy in Alexandria?

Somaia:
Yes, Alexandria is so beautiful, but I'm not happy with myself.

Rinaldo:
I was in Egypt once.

Somaia:
I feel sad.

Rinaldo:
Why?

Somaia:
I have some stuff in my life I need to forget, but I can't. That causes pain to me.

Rinaldo:
What kind of stuff?

Somaia:

Do you know when you trust someone doesn't deserve that trust?

Rinaldo:
Yes, of course. Unfortunately that's life, but you get over it.

Somaia:
I want to forget it.

Rinaldo:
And, what doesn't kill you makes you stronger.

Somaia:
But I can't.

Rinaldo:
Is it a man?

Somaia:
Can I trust you?

Rinaldo:
Yes, tell me. Is it a man?

Somaia:
Yeah.

Rinaldo:
Black hair?

Somaia:
Yeah. Why?

Rinaldo:
Darker complexion than you?

Somaia:
Sure, I'm white.

Rinaldo:
There you go.

Somaia:
He is brown.

Rinaldo:
Bingo.

Somaia:
I don't know what the difference is.

Rinaldo:
Sure. Did you have a white male like you, right?

Somaia:
Yes.

Rinaldo:
Ok.

Somaia:
Tell me. What's the difference? Why do you care about color?

Rinaldo:
First of all, I think we don't belong with darker people. It makes life harder. Is he out of your life now, or does he still bother you?

Somaia:
We are still friends. But he doesn't love me, I feel it.

Rinaldo:
Than it's not a problem at all.

Somaia:
He loves how I look like.

Rinaldo:
He surely doesn't bother you, right?

Somaia:

My face, my body.

Rinaldo:
Of course, they are niggers.

Somaia:
You know, he piss me off always.

Rinaldo:
I don't mix with them.

Somaia:
Are you there?

Rinaldo:
What? Find some else, don't waste your time.

Somaia:
What about if a guy wants a woman for just sex? He loves her body.

Rinaldo:
Yeah, and after a while? As long as the woman is free to move on with her life there shouldn't be problems, but Africans and Middle Eastern, even Italians call whores women who leave their partners; and, that's because they are niggers, underdeveloped, mentally underdeveloped. In Northern Europe this problem does not arise, women are free and society is much better! As a man may want a female body just for sex, so women may want to try as many men as they wish, and that's fine. Niggers don't get that though, and that's why I don't mix with them.

Somaia:
But I want to feel loved, not just sex.

Rinaldo:

246

Not even white people with black hair as they are too similar. Of course, that's natural.

Somaia:
Women care more about emotions than intercourse itself.

Rinaldo:
But it's just like chemistry, if there is no chemistry between two people, don't waste your time, look somewhere else.

Somaia:
Hope that is private and be secret.

Rinaldo:
I don't know you, and honesty, that's just what I think.

Somaia:
Yeah.

Rinaldo:
And it's not a secret because I say the same thing all the time.

Somaia:
I always read what you post in your Facebook.

Rinaldo:
Thanks, I appreciate it.

Somaia:
I also love to read, but nowadays I don't feel good.

Rinaldo:
I wrote a few books myself. Come on vacation to Italy!
Somaia:

Really?

Rinaldo:
If you want, yeah.

Somaia:
Do you know Radwa Hassan Radwan?

Rinaldo:
Nope. My books are online, for free if you want.

Somaia:
So, what do you write about?

Rinaldo:
History, philosophy, poetry, politics, neo-Platonism..

Somaia:
Ok. Don't you get bored?

Rinaldo:
☺ Never, I don't know what that is. The only problem is that now I would like some sex, now, that I lack in my life!

Somaia:
Tension between the U.S. and Iran is being ratcheted up on what seems like a daily basis. What do you think?

Rinaldo:
Yeah, it's inevitable.

Somaia:
Do you think America will go to war with Iran or it's just threats?

Rinaldo:
Most likely.

247

Somaia:
It's going to be WW3.

Rinaldo:
Yes, I know. We all know it.

Somaia:
The US has regularly violated treaties with Native Americans, as well as manipulating their meaning for the purpose of stealing their land.

Rinaldo:
But our societies seem very incompatible. The US has given us the internet, so that you could tell me about your pains. They helped you there. Without the US we wouldn't be chatting right now.

Somaia:
In 1848, US President James Polk lied to Congress to start a war with Mexico, despite Abraham Lincoln's crystal-clear explanation as a member of Congress that the Adams-Onis Treaty placed the "border dispute" 400 miles within land forever promised to Mexico and forever promised as outside any US claim.

Rinaldo:
Niggers like your boyfriend will never allow women like you to be free individuals. That's more than enough for me to justify WW3. Our way of living is not compatible.

Somaia:
The US violated a treaty with Hawaii and stole their country in 1898.

Rinaldo:

Oh really? The US gave you the internet..

Somaia:
The US entered in the First World War on the basis that nothing should threatens America's national security and imprisoned the 3rd party Presidential candidates for questioning the war.

Rinaldo:
Bye Somaia, take care. Nice talking to you.

Somaia:
Why?

Rinaldo:
Because I told you my points, your points are opposite, and that's how humans get into wars. It's inevitable.

Somaia:
The Vietnam War occurred after the US allowed the cancellation of an election to unify the South Vietnam with North Vietnam.

Rinaldo:
Why, don't think the North Korean dictator deserved to die?

Somaia:
Why?

Rinaldo:
At least the US changes its President once every 4 years.

Somaia:

Why don't you see Obama crimes in Libya and other countries? Afghanistan.

Rinaldo:
Of course I see them.

Somaia:
Pakistan.

Rinaldo:
That's to prove that niggers aren't good as Presidents either.

Somaia:
The US and NATO promoted the war in Kosovo based on short-term military and casualty reports that were later found highly inaccurate.

Rinaldo:
I told you, our way of living is not compatible. It will always create frictions, therefore wars. It's inevitable. It has been like this for thousands of years! Don't you know history?

Somaia:
I know.

Rinaldo:
Today is nothing different.

Somaia:
What did I say didn't happen?

Rinaldo:
Our cultures are not compatible.

Somaia:
Why don't you tolerate to hear the truth?

Rinaldo:
That's the ultimate truth. Because that's your truth.

Somaia:
After the September 11 attacks, the US army with the help of NATO invaded Afghanistan under the pretext of combating terrorism and locating Osama Bin Laden, which is now the longest military conflict in US history.

Rinaldo:
Yeah, it's all true, but guess what?

Somaia:
America is a criminal country.

Rinaldo:
Europeans are now at risk much more than before. America gave you the internet, and twitter.

Somaia:
To waste our time in shit chat.

Rinaldo:
I can try to teach about the entire story, and that's what I do actually. However, in the end I stand with America.

Somaia:
The US reneged on promises of freedom after the Spanish American War to impose its rule on the Philippines and install US-friendly dictators in Cuba.

Rinaldo:
And the reason why are many. First and foremost is that our cultures are

not compatible. Do you know the origin of the word Mediterranean ?

Somaia:
No.

Rinaldo:
Media Terra
Terra= land
Media=Middle
The land in the middle, between Europe and Africa. Europe and Africa have been fighting since the beginning of time. White vs. black.

Somaia:
The entire world now knows that all "reasons" for war with Iraq were known to be false as they were told, according to Congressional reports.

Rinaldo:
Do you understand now why I love colors so much? Nobody will ever be able to stop this war. It has been going on for thousands of years, and has not finished yet, nor will in the near future.

Somaia:
In the covert "Operation Ajax" the CIA overthrew the elected Iranian government led by Dr. Mohammad Mosaddegh and installed a US-friendly brutal dictator. When that dictator was overthrown and Iran refused another, the US aided Iraq to unlawfully attack Iran from 1980-1988, killing up to a million Iranians

Rinaldo:

While white fight blacks, Asians grow, whereas for black I mean "mulattoes" or Arabs as well, just like your boyfriend. Therefore, you are an example of one woman of my clan who went with the enemy. And, you know how they say in America, right? Once you go black, you never go back. That means when a white woman goes with a black, she never comes back to the white clan, as she is considered black. That's my truth.

Somaia:
Give me your yahoo address.

Rinaldo:
Why? I don't use yahoo much.

Somaia:
Because I don't like Facebook.

Rinaldo:
I do.

Somaia:
I don't use Facebook.

Rinaldo:
I do. I don't use yahoo.

Somaia:
Ok, as you like.

Rinaldo:
I gotta go.

Somaia:
I don't think we're gonna chat again anyway.

Rinaldo:
Good for you.

Somaia:
It's nice chatting with you.

Rinaldo:
My pleasure. Say hello to Alexandria on my behalf.

Somaia:
And I don't have my boyfriend as I told you.

Rinaldo:
Oh, so you lied! And you are a man! Aren't you?

Somaia:
I am a woman.

Rinaldo:
Ok, that at least!

Somaia:
But I don't have a boy friend.

Rinaldo:
Thank God! Are you virgin?

Somaia:
Yes. Why?

Rinaldo:
Hmmm.. can I have you?

Somaia:
Are you kidding?

Rinaldo:
No, I am serious. My cock is getting hard!

Somaia:
What?

Rinaldo:
Yeah, the idea of filling you with my sperm gets my horny!

Somaia:
I don't like you talking like that.

Rinaldo:
What? About the most natural possible thing? Don't you know that's how you make babies?

Somaia:
You said we have different cultures. Yeah.

Rinaldo:
Not anymore. You didn't sleep with negroids. ☺ You're still uncontaminated.

Somaia:
I'm virgin.

Rinaldo:
Yeah, but white.

Somaia:
And I have never had a boyfriend.

Rinaldo:
I wouldn't say that to a negroid, or Asian virgin. You make me wonna marry you!

Somaia:
Why?

Rinaldo:
Because virgins make good babies! Don't you know?

Somaia:

251

I know.

Rinaldo:
That's the point of the Virgin Mary in Christianity. You're a Virgin Mary.

Somaia:
So you want someone to give you babies, not me?

Rinaldo:
Of course, oh.. not you.. right..

Somaia:
I need love and passion.

Rinaldo:
You belong to Mohammed.

Somaia:
I'm Muslim.

Rinaldo:
That's how you bake babies in a woman's womb.

Somaia:
Are you Christian?

Rinaldo:
With love and passion, yeah.

Somaia:
Ok.

Rinaldo:
Can't you tell?

Somaia:
I respect all religions.

Rinaldo:

Virgin Mary! Yeah, but you are a Virgin Mary for me now! And I wouldn't mind to bake a nice Christ in your womb! Do you get the story of the Virgin Mary and baby Jesus?

Somaia:
Sure.

Rinaldo:
It's also an allegory to say that virgins make the best babies.

Somaia:
It's mentioned in the Quran.

Rinaldo:
Oh well, but you see, that doesn't mean that non-virgins are whores. Jesus saved the whore who was being stoned alive by negroids, like those who venerate the Quran.

Rinaldo:
Hey.. listen, let's not get there today.

Somaia:
In Western countries, they don't care about virginity, right?

Rinaldo:
Right, but up to a point. I mean, women have the right to choose. For example, of course a virgin is most wanted. I can't be dishonest telling you that's not true.

Somaia:
In Islam we are not allowed to make love before we get married.

Rinaldo:

Well, the same in Christianity. But that's to preserve that message. You cannot force that onto all.

Somaia:
So the only way to lose virginity is through marriage.

Rinaldo:
Or discriminate gay people, or religious persons. I am Christian but I do not care about virginity. I would prefer it, but not demand it; and, I also agree that priests should teach virginity as a value. However, you cannot discriminate people on that issue. Thank you for confessing to me.. I appreciate your trust!

Somaia:
You know making love before marriage is a fornication, right?

Rinaldo:
I don't care.

Somaia:
Called zena in Arabic.

Rinaldo:
I don't care how you call it, it's not true. It's one thing to say that it would be preferable not to fornicate.

Somaia:
Yes.

Rinaldo:
However, you cannot impose that onto some else. I mean, I would like to get you pregnant. We don't even need to be married. So, let's say we make a baby, we have responsibilities toward God for that baby, with or without religious formalities. Negroids have issues with sex, also white people with black hair. For the rest of us is not an issue, life goes on. For example, if you are a virgin because you want to give birth to a baby born out of virginity, I think that's admirable. That's the message of Virgin Mary. However, let's say you are a virgin not because you desire to give birth to a baby born from a virgin, but because you chose to study first, then experience sex; well, why shouldn't you do it? You have the choice, the possibility to choose. You know that if you choose not to give birth to a child born from a virgin, then you'll never be able to experience that again. But, at the same time, you'll never know what having multiple partners in life is if you don't choose that. It's important that nobody discriminates people on their sexual preferences. Plus, Catholics forgive sins. Therefore, if you do fornicate before marriage, it's not a big deal.

Somaia:
I understand.

Rinaldo:
Good, I am glad.

Rinaldo:
So, are you coming to Rome now?

Somaia:
I think you are kidding.

Rinaldo:

No, at least you should send me your photo, after all this long confession.

Somaia:
In Islam females can't get married with someone from other religions.

Rinaldo:
We don't have to get married. I mean, we can be a family and make babies without being married.

Somaia:
What?

Rinaldo:
Yeah.

Somaia:
Fornication?

Rinaldo:
Sure, and I'll tell you even more. I would also like the Muslim privileges of polygamy!

Somaia:
If you wonna marry me, then you must be Muslim.

Rinaldo:
Well, then I am afraid I'll have to continue masturbating alone.

Somaia:
Bye.

Rinaldo:
Bye.

13 GENNAIO

Somaia:

Why did you send me this link?

Rinaldo:
Because you told me you were not working. I thought it'd be useful.

Somaia:
Thank you.

Rinaldo:
You're welcome.

Somaia:
People are made to be loved and things are made to be used. The confusion of this world is that people are used and thing are loved.

Rinaldo:
That's very true!

Rinaldo:
I would like to take your virginity, how can we do this?

14 GENNAIO

Somaia:
Find a heart that will love you at your worst and arms that will hold you at your weakest.

Rinaldo:
Can I be your Caliph then?

Somaia:
Check my account on twitter.

Somaia:
Free Syrian Army" Unleashes Suicide Bombing in Damascus; Madrid 2004 Bomber Belhadj of Al Qaeda Now Commands "FSA" from Iskanderun,

Turkey; NATO Airlifting Libyan Terrorists and Weapons for Salvadoran Death Squad Option vs. Syria.

Rinaldo:
No doubts about that, but what about you?

Somaia:
Wishing you nice day.

Rinaldo:
You too. Shouldn't you be sleeping, by the way?

Somaia:
I am used to getting up early. Now it's 8am.

Rinaldo:
Ok, you're one hour ahead of me. Hey, are you sure you are not a Saracen spy sent to defeat me? I think you want me to fall in love, so that you can steal my soul!

Somaia:
Do you wanna marry me?

Rinaldo:
Why not! But we cannot get married because I am Christian and you're Muslim.

Somaia:
Yes, I see, so what?

Rinaldo:
Let's just meet first. It wouldn't be fair to marry in a mosque or a church; for reciprocal respect.

Somaia:
If you make love without marriage, it's called fornication, and it's banned in Islam, and also in Christianity.

Rinaldo:
Yes, but we can decide to marry each other directly with God, without going to church or mosque. God will know we want a pure marriage and a family. We worship the same God, just in two different forms. We can ask Him directly for His benediction.

Somaia:
Why do you want to marry me while you can marry any Christian woman from your country; at least she will be from your culture.

Somaia:
Right?

Rinaldo:
First of all, because I don't think that is fornication; secondly, because your are virgin, at least I hope so! You lied to me about your boyfriend, therefore you can lie about other things. Lies are sins as well. Anyhow, as long as you won't kidnap my children and take them to Egypt, I think that biological diversity is an important aspect of human reproduction. With you I wouldn't be crossing races, just getting some fresh and new blood for my progeny!

Rinaldo:
I mean, I don't think that asking directly to God to marry us without

going to church or mosque is fornication.

Somaia:
Sorry, but we are too different.

Rinaldo:
Why?

Somaia:
I appreciate you as a good friend.

Rinaldo:
Then I must forget about you. I don't need you as a friend, sorry. But if you want to visit Rome I'd be happy to be your guide.

Somaia:
Thank you. Bye.

Somaia:
Take care.

Rinaldo:
You can hire me trough a company called Vayable, and pay the guide fee. That should make you feel safer!

Rinaldo:
We cannot be friend, but business relationships are welcome!

Somaia:
Life with our spouse is a voyage and can be eternally blissful depending on our attitude to each other. We sometimes have a dispute or encounter a "small" problem in our marriage and easily forget the thousands of pleasurable and blissful moments before that event.

Rinaldo:
That's very true my love!

Somaia:
Bye. Have a Nice Day....

Rinaldo:
Don't leave me now my love! I want to talk to you some more. Talking isn't fornication.

Somaia:
Yes, talk.

Rinaldo:
Why wouldn't you like to marry me?

Somaia:
I would like to marry you, but you are Christian, and in Islam, Muslim girls can't marry one other religion. That's it. I appreciate your request, and hope the best for you.

Rinaldo:
Do you think you could live in Italy?

Somaia:
Anywhere.

Rinaldo:
And be a good mum there? Even if Italy is a Christian country?

Somaia:
Yes.

Rinaldo:
Have you ever been to Italy? I was in Egypt once.

Somaia:

Many Muslims live in Western countries. No.

Rinaldo:
Yeah, I know. I went all the way to Dahab, on the Red Sea.

Somaia:
I live in Alexandria.

Rinaldo:
Have you ever visited Cairo?

Somaia:
No.

Rinaldo:
Ok, so you don't know Egypt very well. Have you ever been to the Red Sea?

Somaia:
I never went outside Alexandria.

Rinaldo:
Wouldn't you like to travel?

Somaia:
I like to travel, but my parents are so conservatives. They don't let me to go anywhere.

Rinaldo:
I understand. Try to find a job then, as I suggested you.

Somaia:
Thanks.

Rinaldo:
I loved the Red Sea. Do you want to know why?

Somaia:
Why?

Rinaldo:
Because..

Somaia:
Because what?

Rinaldo:
It reminds me of a virgin. So tell me, will your parents choose a husband for you?

Somaia:
Maybe. I don't know.

Rinaldo:
Are you happy about that?

Somaia:
Here, the man asks the girl he likes to get married, then he goes to her parents and asks them, then I can say yes or no. And I think it's a good way to get married.

Rinaldo:
In the West we call that oppression, and that's why Muslims in Westerns countries have big problems. That is also why there are infinite wars in my opinion. You should be the owner of your own life and destiny, not someone else. You have been taught what is good and wrong, now you and only you should be responsible for you future!

Somaia:
Because, as you know, most guys lie and deceive girls.

257

Rinaldo:
Exactly, we have different ways. Negroids do it too.

Somaia:
I have no boy friends, and never been touched by anyone. I think it's good.

Rinaldo:
Yes, I think that too.

Somaia:
Because the only one who deserves to touch me and make love to me is my husband.

Rinaldo:
Sure, I understand that choice too.

Rinaldo:
And you deserve it. Just choose wisely though. If you choose you won't be able to blame it on anyone else but yourself. And, that's good, I think.

Somaia:
Yes, my parents can't ever decide for me my destiny, it is my choice to choose who I want to live with. But he must come to my parents to ask them, not behind doors.

Rinaldo:
You are a beautiful soul, and it was an honor for me getting to know you a little. Thank you for the possibility! I disagree on that one. It's up to you, not your parents to manage your life. But again, you choose what's better for you. I surely am fascinated by your purity.

Somaia:

Thank you. I also respect all traditions and all religions. I think Italians also have their own traditions and culture.

Rinaldo:
One day, when you'll be married, if you still remember me, then you'll be able to judge if what I am telling to you right now is nonsense or the actual truth. Time will tell, you are young! For me, it was surely a joy talking to you! Now I think I can say good bye to you with all the respect you deserve.

Somaia:
Thank you, nice to meet you. Bye.

Rinaldo:
You're welcome. Bye.

Somaia:
Some people come into our lives as a blessing, other come as a lesson.

Rinaldo:
That's true. No matter what, it would have been worth it!

15 GENNAIO

Lucia:
Febbreeeeee :(

Rinaldo:
Ops..

Lucia:
Uuffff..che fil mi consigli di guardare??

Rinaldo:

258

Mmm... non saprei, dipende dalla febbre e quanto puoi reggere ☺

Lucia:
Ahahaha film leggero e divertente ☺

Rinaldo:
In che lingua?

Lucia:
Italiano ☺ Non posso sforzarmi troppo :P

Rinaldo:
Guardati un po' di trailer e sceglitene qualcuno da qua: ultimifilm.com - Trailer film. Tutte le novità del cinema. Trame ultimi film usciti al cinema con schede, locandine e trailer. Adesso al cinema.

Lucia:
Grassie :*

Lucia:
Conto sempre su di te :)

Lucia:
Ancora un disturbo.. con che programma scarichi film??? ☺

Rinaldo:
Con real player. Non disturbi mai amore mio! Filmgratis.tv ☺ Debbo farti la corte o qualcuno potrebbe rubarti il cuore al posto mio! Sto facendo dei lavoretti qui a casa quindi vengo a controllare il PC solo di tanto in tanto. Spero tu ti rimetta presto. Stattene al caldo, riposa e mangia tanti mandarini o arance. Evita le spremute,

meglio se le arance le mangi fresche. Un bacione.

Lucia:
Ohh che carino *_* ascolterò i tuoi consigli!! Ma se la spremuta me la faccio io non è comunque fresca??

Rinaldo:
Certo tesoro, solo che alcune molecole antiossidanti contenute nella polpa poi non le ingerisci. Questo vuol dire che diminuisce l'abilità del tuo corpo di usufruire al massimo della vitamina C che è meglio assimilata, nonché in quantità maggiori se l'arancia non è spremuta.

Rinaldo:
Posso raccontarti una cosa senza che t'arrabbi?

Lucia:
Ohh ma quant'è saggio il mio infermiere e quante cose mi insegna ☺ Sei un tesoro! Mm già che mi dici così vuol dire che mi devo arrabbiare??

Rinaldo:
Vebbè non vorrei farti ingelosire..

Lucia:
Dai dimmi ☺

Rinaldo:
Comunque, per caso chattavo con una tipa di Alessandria, in Egitto. Lei è musulmana e per farla breve, alla fine mi ha raccontato di essere vergine. È stato interessante conoscere quell'aspetto della vita di una donna musulmana. Tutto qua.

Lucia:
E come ti è venuto in mente adesso?
E quanti anni ha? Non mi tradire con
le musulmane :P

Rinaldo:
Lei 25 .. beh.. abbiam parlato anche di
poligamia infatti. L'Islam è veramente
una cultura molto diversa.

Lucia:
Che figo sapere ste cose.. sempre cose
interessanti tiri fuori.

Lucia:
Ma non mi attira come cultura..

Rinaldo:
Potrei farla sempre convertire!
Conosci il racconto o l'opera del
Tasso intitolato appunto "Rinaldo"?
Da Wikipedia: Rinaldo (opera) - è
un'opera in tre atti di Georg Friedrich
Händel, su libretto di Giacomo Rossi
basato su alcuni episodi tratti dalla
Gerusalemme liberata di Torquato
Tasso.

Lucia:
No non la consoco..

Rinaldo:
Tipo s'innamora di una saracena,
Armida, la maga regina di Damasco.
La cosa l'ho trovata buffa. Mi ha detto
che non le dispiacerebbe neppure
sposarmi, solo che non può perché è
musulmana! Ed io pensavo, magari
me l'avesse detto Lucy. L'avrei già
pappata come un lupo!

Lucia:
Hahaha mi pensi sempre quindi :P

Rinaldo:
Perché lo dubitavi? Tu mi tradisci col
primo che capita.. io approfitto e mi
dedico alle poligame. Non si sa mai,
potrei sempre cogliere due piccioni
con una fava!

Lucia:
Che carino ☺ ahahahahahah

Rinaldo:
Imparo da te!

Lucia:
Prrrrr

Rinaldo:
Perché non faccio forse bene? Chi più
di te, che studia comunicazione, può
sapere come manipolare un uomo
come me ?

Lucia:
Eh già :D

Rinaldo:
Vedi, magari mi dicessi di venire da te
immediatamente!

Lucia:
Sono a letto che la febbre sale.. un
bacione vado a mangiare un'arancia e
penso a te.

Rinaldo:
Un bacione a te, buon riposo!

Lucia:
Grazie ☺

Rinaldo:
Ti manco?

16 GENNAIO

Somaia:
Always remember this: somewhere, someone is happy simply because you exist!

Rinaldo:
I love you!

Somaia:
Oh ,really?

Rinaldo:
Sure. Even though you lied about your virginity.

Somaia:
What? I didn't lie to you. I'm virgin.

Rinaldo:
You did.. you told me you had a boyfriend, before you told me about your virginity. I cannot trust you, but I love you.

Somaia:
I don't have a boy friend. I was just kidding with you.

Rinaldo:
And that's ok too. I told you virginity is not everything.

Somaia:
Yes. Why haven't you got married yet? You are 34, yeah?

Rinaldo:
Yeah, and I want to live up to 150, at least! I am still a "teenager"

Somaia:

Why don't you get to settle down and have kids, with a wife loving you and take care of you?

Rinaldo:
There is still time for that, plus, men mature much slower than women.

Somaia:
Yeah.

Rinaldo:
A lot slower!

Somaia:
Hope for you a happy life. I wanna ask you something.

Rinaldo:
You too, but that's mostly a matter of money.

Somaia:
Have you ever made love before?

Rinaldo:
I mean. the economy will influence our life. I am not virgin.

Somaia:
Ok.

Rinaldo:
Just don't go with Negroids, please!

Somaia:
Trust me, I don't have friends, male or female.

Rinaldo:
Ok. I have to go now. I've got some work to do. Talk to you later.

Somaia:
Take care. Bye.

Rinaldo:
Bye.

Somaia:
Man dreams of perfect woman &
woman dreams of perfect man & they
don't know that God created them to
complete each other.

Rinaldo:
Yes, but God also made man
polygamist!

Somaia:
What do you think about a Hijab ban
Law.

Rinaldo:
I don't know what that is.. Ah, Ok, I
already told you, I want to be able to
see your face. Therefore, I am against
burquas, but have nothing against
hijab, as long as it is not mandated to
be worn by women. So, if you don't
put your pictures on Facebook, I will
no longer talk to you because I want
to see your face!

Somaia:
If you have a Skype account, you can
see my picture in the profile.

Rinaldo:
How do I find you there? I see the
same picture you use on Facebook.

Somaia:
Somaia

Somaia:

Are you there?

Rinaldo:
Sorry, I am just very busy lately. I
don't feel comfortable anymore
talking to you as if you were Christian.
Sorry about that. I wish you good
luck.

Rinaldo:
However, to be honest with you, I
don't like the hijab because I don't
like black hair, therefore, anything that
will hide a woman's face as well as her
hair color.

17 GENNAIO

Rinaldo:
Coma va con la febbre, ti è passata?

Rinaldo:
Poi debbo confessarti che non mi
piacciono le musulmane, dovrei
provare più con le mormone secondo
me!

20 GENNAIO

Somaia:
Be kind whenever possible. It is
always possible.

Rinaldo:
Of course, you can always convert to
Christianity!

30 GENNAIO

Rinaldo:
Jasmine, l'altro ieri sono venuto in
Piemonte, a Serravalle. Bella!

262

8 FEBBRAIO

Rinaldo:
Come va da voi a Novara con la neve?
Perché non mi rispondi più, non ti
piaccio più forse?

10 FEBBRAIO

Rinaldo:
Mi manca parlare con la mia amica
siculo - celta. Non starai mica in
ibernazione perpetua su a Novara? Mi
scrivi almeno due righe per dirmi
come stai, dai!

Rinaldo:
Poi non sono riuscito neppure a finire
di raccontarti la storia della Savana e
del Congo, non la vuoi sapere?

11 FEBBRAIO

Rinaldo:
Ma ogni tanto mi pensi? O è solo
delirio da stato febbrile?

Lucia:
Ahhaha certo. Solo che questi giorni
sono stata molto occupata causa tesi.

Rinaldo:
Ma su cosa la stai facendo la tesi?

Lucia:
Tante idee.. ci sto lavorando ancora
bene.. sulla comunicazione delle
imprese penso.

Rinaldo:
Mmm... interessante, non ti andrebbe
di parlarne un po' come me, così

giusto per avere una prospettiva
internazionale della cosa?

Lucia:
Potrei pensarci ☺

Rinaldo:
Secondo me ti gioverebbe non poco.

Rinaldo:
Dai Jasmine, vieni un po' online, ti
prego!

12 FEBBRAIO

Rinaldo:
Senti, ma quando ti laurei? A Venafro
tra un anno ci saranno le elezioni per
il nuovo sindaco, mi voglio candidare
e mi servirebbe una specialista in
comunicazione. Che dici ti potrebbe
interessare la cosa?

23 FEBBRAIO

Rinaldo:
Ma non ti fai più vedere online, non
mi dirai mica che ti sei spaventata
perché voglio fare il sindaco di
Venafro?

Lucia:
Ahahahah ma vaaaaa, è che ho il PC
un po' pacco e se apro la chat mi si
impalla tutto..

Lucia:
E poi sto venendo proprio poco
ultimamente.. tesi studio e
sinceramente pochi stimoli.

Rinaldo:

263

E perché non mi cucini una cenetta allora? A dire il vero poi sono anch'io alle prese con la tesina per il master. La farò sulla semantica, esponendo il legame tra sanniti e bibbia. Un gioco da ragazzi insomma.

6. ANNABELLA

24 FEBBRAIO

Annabella:
So what we get druuunk, so what we smoke weeeed.. We're just having fun, we don't care who sees!
So what we go out.. That's how it's supposed to be, living YOUNG and WILD and FREE! :)

Rinaldo:
Hmmm, that's not exactly how it goes..

Annabella:
?!? And.. how does it exactly go?!

Rinaldo:
Moderation and decorum is the key.

Annabella:
But we can be "young, wild and free" with moderation! ☺

Rinaldo:
Of course, but not without decorum or you'll be offensive towards others and that's not acceptable.

Annabella:
This is obvious! :O Ps: I know that you speak Italian!

Rinaldo:
Only Italian?

Annabella:
Absolutely not!

Rinaldo:
Right.

Annabella:

How many languages do you speak?! I'm curious. :D

Rinaldo:
Dipende se consideri il milanese, il romano, il napoletano e il siciliano linguaggi veri e propri. Lo spagnolo ovviamente è optional.

Annabella:
Ci hai ingannato per troppo tempo!!!

Rinaldo:
Non vi ho mai ingannato, al massimo vi ho istruito.

Annabella:
You're right.

25 FEBBRAIO

Lucia:

26 FEBBRAIO

Rinaldo:
Meno male che almeno ti faccio sorridere!

27 FEBBRAIO

Rinaldo:
Senti Jasmine, non avrai mica gli ormoni in letargo? Che dici, con la primavera è possibile che ti torni anche la voglia di sentirmi? Ci vuoi ancora venire in Molise a trovarmi quest'estate? Ah, un'altra cosa, ma il foglio rosa per la patente l'hai preso?

Rinaldo:

Tra l'altro ho letto che Playboy sbarca nello spazio per cui le migliori modelle sono quelle vergini – parola di Virgin Galactic Playboy.

7. LINDA

29 EBBRAIO

Linda:
Not only are you crazy, but also reckless! ahahahahhah

Rinaldo:
I assume that's a good thing, isn't it?

Rinaldo:
Hi Linda. On my wall there is post titled "Venafro" with the following message: "Cercasi personale qualificato per inserimento lista Pilla sindaco di Venafro con le seguenti caratteristiche". Please, share that post, making sure to include my message as it appears on the post, which is exactly like what I have included in this message, with the link. Thank you very much, I really appreciate your help!

Linda:
Al, candidato sindaco di Venafro, cosa ne pensi del circo (acquatico e non) nella tua città? Perché l'ha scritto due volte? mah... Ma lo scrive sempre 2 volte! il mio Fb è impazzito.

Rinaldo:
Ci sono stato, mi sono divertito tantissimo... com'è andato l'esame?

Linda:
E tu ti aspetti che io ti faccia pubblicità!!!!!!!!! Ma il circo deve sparire! È una tortura nei confronti di poveri animali innocenti picchiati, rinchiusi in gabbie e costretti ad eseguire sempre gli stessi innaturali ed estenuanti esercizi! Odio il circo! Ma

tu non facevi parte del WWF??????? Comunque ancora non ho i risultati dell'esame.....

Rinaldo:
Povera Italia.. l'ignoranza dilaga.. Io almeno ci sono andato ed ho potuto constatare di persona la salute degli animali. Tu invece parli senza criterio o cognizione delle condizioni degli animali che menzioni. Tra l'altro, se sei aggiornata sul WWF dovresti sapere che il leone è a rischio estinzione in soli 15 o 20 anni e conseguentemente, che ti piaccia meno, fa solo bene che ve ne siano esemplari anche in cattività per la conservazione della specie. Vabbuò.. domani piove e scappano i piragna.

Linda:
Punto primo: vai a dare dell'ignorante a qualcun altro. Punto secondo: tu ti sei goduto uno spettacolo indecente comodamente seduto in poltrona (o sedie di plastica, chi lo sa su cosa ti fanno sedere). Come l'hai constata questa salute degli animali, telepaticamente? Sei un medico che fa visite a distanza? Se dico una cosa è perché mi sono informata, non parlo senza cognizione di causa. Ho conosciuto una trapezista ungherese che mi ha spiegato cosa fanno agli animali nei circhi: anche quando non vengono picchiati, sono comunque costretti a fare viaggi lunghissimi chiusi in quei camion senza luce, al caldo o al freddo. Inoltre devono fare quegli esercizi stupidi solo per far divertire le persone stupide. Ti sembra normale che un cane debba

camminare sulle zampe posteriori vestito da pagliaccio o che il leone venga frustato per passare all'interno di un cerchio infuocato? Tu dici che per preservare questa specie è necessario che vivano in cattività... ma il circo mica è cattività! C'è una bella differenza tra il circo e uno zoo fatto come si deve, che riproduce l'habitat degli animali.... Il circo li sfrutta solo per fare soldi, se ne frega degli animali! E tu paghi pure il biglietto contribuendo a questo scempio! Se proprio ti interessava la salute degli animali mandavi la forestale e un medico dell'ASL a fare un controllo, non ti accomodavi divertendoti! Io non ci vado al circo, e non ci andrò mai, neanche un centesimo deve andare nelle loro tasche. Se fossi il sindaco di una città è la prima cosa che farei, impedire l'installazione del circo, di tutti i circhi, anche di quelli che risultano a norma di legge o che ufficialmente non maltrattano gli animali. Gli animali devono vivere liberi nella natura, non devono essere un oggetto a disposizione della cattiveria e dell'opportunismo degli uomini. Pensavo che ci arrivavi da solo a queste conclusioni, ma a quanto pare.....

Rinaldo:
A quanto pare tocca che andiamo al circo assieme e constatiamo di persona, che ne dici?

Linda:
Grrrrrrrrrrrrr! Non ci vengo!

Rinaldo:

Vado a lezione e ti scrivo dopo quando posso. Ti vorrei portare allo spettacolo delle 17:30 Ovviamente sei mia ospite.

Rinaldo:
Anzi, animalista aguerrita, ti ci potrei portare domani o venerdì. Se mi fai sapere mi posso portare anche mio fratello minore come giudice neutrale per risolvere la questione.

Rinaldo:
Anche se a dire il vero eravamo rimasti che TU mi avresti dovuto offrire una birra se avessi superato l'esame che, a proposito, non mi hai ancora detto com'è andato.

Linda:
Ancora non sono usciti i risultati, ci mettono una vita a correggere! Ma un NO tu come lo interpreti?

Rinaldo:
Esattamente come in inglese, no! Dal punto di vista dello yes-man, ovviamente.

1 MARZO

Gianluca:
Ma se cito un antico proverbio italiano rischio la denuncia per violazione della Legge Mancino ?

Rinaldo:

Non penso proprio, le parole non sono certamente fatti.

Gianluca:

Dimentichi che è prevista l'istigazione.

Rinaldo:
Scrivere un proverbio non è istigare,
ossia cercare di farlo entrare nella testa
degli altri per fargli credere sia vero ed
agire di conseguenza.

Gianluca:
Se insistentemente lo scrivi, fino a
farlo entrare nella testa?

Rinaldo:
Bisognerà poi valutarne la potenzialità
criminale del soggetto influenzato ed
ovviamente influenzabile e quindi
potrebbe essere un esperimento per
vedere se poi il soggetto interessato
vittima del plagio volto ad istigarlo
passi mai all'azione vera e propria.
Solo col completamento dell'azione da
parte del soggetto istigato si
commetterebbe il reato in forma
violenta e pure di istigazione nei
confronti di chi ha istigato a far
commettere tale gesto.

8. SIMONA

2 MARZO

Rinaldo:
Jasmine, Ma ti farai mai vedere in costume da me così? Sei quasi maggiorenne ormai e la primavera è alle porte. Potresti come minimo mandarmi qualche tuo scatto, almeno per farmi vedere come sei fatta veramente.

3 MARZO

Rinaldo:
Stavo pensando che sarebbe bello scambiare qualche riga con te, se non ti spiace ovviamente, perché mi piacerebbe scrivere qualcosa con te da mettere nel mio libro osé. Che dici, te la senti? Son contento che tu abbia capito la storia delle "cicche" oggi anche perché se non conosci sia l'inglese che l'italiano non sarebbe neppure possibile raccontartela. Ti è piaciuta?

Simona:
Cosa, in particolare, ti piacerebbe scrivere con me? Comunque, la storia delle "chicks" l'ho capita. Non ho ben capito quella dei "kisses".

Rinaldo:
Allora temo di dovertela mettere per iscritto, così mi potrai anche dire se leggendola la si capisce meglio che sentendosela raccontare col soffio del respiro sulla pelle. Che dici, o te la ricordi?

Simona:
Temo che dovrai metterla per iscritto.

Rinaldo:
Dunque, partendo dal presupposto che la storia delle "cheeks" vale per coloro i quali hanno da ridire nei confronti dei fumatori di tabacco trinciato che si arrotolano le proprie cicche a mano perché ritengono che in tal modo si possa fumare di meno ed in maniera più salutare. Quando si arrotola una cicca e la si fuma tenendola per l'estremità dalla quale si aspira con la bocca, tra il pollice ed il dito medio, ciò provoca delle macchie da fumo sui polpastrelli di quelle dita. Queste due macchioline sono di colore marrone e di forma pressappoco circolare. Sono delle vere e proprie "nicotine patches", ossia delle pezze di nicotina come il cerotto che si adopera per somministrare la nicotina ai fumatori che vogliono smettere di fumare. La parola inglese "patch" significa appunto toppa o pezza e la si usa anche in ambito informatico per gli aggiornamenti necessari per migliorare o riparare un software con qualche problema. Gli psicologi dicono che in genere i fumatori fumano per via di un certo complesso del capezzolo, per cui la sigaretta rievocherebbe nella psiche dei fumatori il rapporto intimo dei neonati con la madre ed inconsciamente l'allattamento. Quest'immagine a dire il vero mi ricorda in particolar modo quasi tutte le raffigurazioni della Vergine Maria con Gesù. Ad ogni modo, per continuare il nostro discorso, uno dei vantaggi del fumare tabacco trinciato è che viene meglio segnalato su tali

prodotti il tipo di tabacco acquistato. Ora, se uno ad esempio scegliesse di fumare un tabacco virginia invece che maryland, potrebbe dire che quando si arrotola le cicche si fuma le cosiddette "verginelle", ossia cicche di puro tabacco varietà virginia. Il tabacco è una pianta originaria delle Americhe e la Virginia è appunto uno Stato così chiamato in onore di Elisabetta I d'Inghilterra, detta anche la Regina Vergine. Quando poi in una verginella metti anche un po' di maria, cioè marijuana, ti fumi una "vergine maria". Senza dilungarmi troppo, quelle macchioline di nicotina sui due polpastrelli ricordano tanto anche gli zigomi delle donne, le quali amano truccarsi quella particolare area del viso, generalmente con un colore tendente al rosso. La cosa è estremamente interessante se si pensa che nella Bibbia è scritto che i Nazareni, quindi gli Israeliti in senso lato, erano di carnagione chiara e per l'appunto arrossivano. Gli zigomi in inglese si dicono "cheeks" che è molto simile nella pronuncia al termine "chicks" con cui si indicano le giovani pollastrelle. Il paragone è molto appropriato se si pensa che il gesto usato per fumare può, in assenza della cicca, essere utilizzato per spiegare tutto questo ad una ragazza ed essere anche la scusa per rubarle appunto un bacio, o "kiss" in inglese. Ovviamente, con un bacio solo non si può far nulla e dopo il primo debbono per forza seguirne altri, quindi kisses, al plurale. Che dici, secondo te come tattica di abbordaggio può funzionare?

Simona:
Wow! Fammi capire.. Tieni salvata questa spiegazione sul PC e alla prima occasione la copi ad una ragazza? .. Interessante, davvero. Ma vuoi la mia sincera opinione? Credo che come "tattica di abbordaggio", come dici tu, sia un po' troppo lunga e inutile. Per far capire quell'associazione di idee dovresti ripetere il discorso ogni volta. Un bacio si può rubare in tanti modi, magari più sbrigativi!

Rinaldo:
E che dici, mi insegneresti questo modo più sbrigativo? Sai, sono alquanto interessato.

Simona:
Eh, l'ho notato! Comunque, mi spiace, ma devo dirti di no. E poi sono sicura che ci sono molte altre chiks disposte ad insegnartelo.. :) Facciamo così: tu continui ad insegnarmi l'inglese e io continuo ad imparare. Che dici?

Rinaldo:
Ma scusa, cosa c'entra adesso l'ambito professionale col privato? Avevi qualche dubbio forse che avrei smesso d'insegnarti inglese? Non parlo mica italiano io! Infatti, in America le ragazze si prendono gioco dei ragazzi fifoni chiamandoli appunto "chicken", ossia polli. Sai, per imparare bene una lingua devi anche comprenderne a fondo la cultura. Ovviamente questa descritta più che inglese è cultura propria "m'rican". Spero solo a questo punto di non averti spaventata. Sai, non mi andrebbe di perdere una

studentessa tanto quanto una pollastrella.

Simona:
No che non mi hai spaventata! Non c'è niente di cui spaventarsi. Dico solo che vorrei fare a meno delle spiegazioni approfondite. :) Chiaro?

Rinaldo:
Oh sorry, it's just that an English persona is extremely curios, and pays lots of attention to details.

Simona:
☺ Che tipo!

Rinaldo:
Sorry?

Simona:
Sei simpatico.. ora però non fare l'offeso!

Rinaldo:
Excuse me, can you speak English please? Did you just call me chicken? Non sto mica cercando di fare il ratto delle Sabine, sai!

Simona:
I didn't. I just said you're a nice guy, but sometimes you're a little touchy, I think. :)

Rinaldo:
I gotta go do some gardening. You should stop by if you got a chance. Talk to you later.

Rinaldo:
Hey, did you miss me? Just to prove I am not touchy, but have a green thumb instead, the shamrock I sowed has all sprouted.

Simona:
Ah già.. the shamrock :) I started reading your book.. but it's a little difficult.. Anyway, ti saluto! Vado a farmi bella per uscire.. per la serie "saturday night fever"..:) Have a nice night.. Bye man!

Rinaldo:
See ya.

Lucia:
Menomale dai ☺

Rinaldo:
Infatti, mi chiedevo dove fossi finita. Ma che fai, ti nascondi come Alice nel paese delle meraviglie? Io la mia tesina per il master l'ho finita. Alla fine l'ho fatta sulla "Semantica Sannita". Tu a che punto stai?

Rinaldo:
Ma poi scusa, che hai mica bisogno di farti bella tu?

Rinaldo:
In effetti mi chiedevo anche se non mi amassi più.

Simona:
Eh già!! ☺ See ya.

4 MARZO

Rinaldo:
Cara Fernanda, comunque mi sono giunte voci che i tuoi capelli non sono biondi. Non mi avrai mica preso in giro? Ah, poi mi è anche giunta voce

che sei pure già impegnata col figlio di
un certo Alfonso. Non sarà mica il
figlio di Al (Alphonse) Capone?

5 MARZO

Lucia:
Sono un po' assente ma l'amore c'è
sempre ☺

Rinaldo:
Mi piacerebbe provarlo quest'amore
però, o quantomeno conoscerlo!

9. FERNANDA

6 MARZO

Rinaldo:
Anche se poi dalle foto si direbbe che sei veramente bionda. Ma a questo punto mi chiedo, riccia o liscia?

Rinaldo:
Comunque, se mi permetti un suggerimento per il vostro ristorante, direi che esporre ben in vista la bandiera italiana, quella europea e quella statunitense non sarebbe una cattiva idea. Secondo me ovviamente. Anche solo fuori.

Fernanda:
Punto primo perché dovrei dire bugie per i miei capelli? Punto secondo, ERO fidanzata con il figlio di Don Alfonso. Punto terzo, chi te le dice tutte queste cose???

Rinaldo:
Beh, se te lo dicessi non mi crederesti comunque. Sono telepatico. Ma senti, giusto per curiosità, ho capito che parli al passato, ma hai il cuore veramente libero o ancora fa a botte con la testa? Sentimentalmente parlando, ovviamente. Ti spiace se ti corteggio un po'?

Rinaldo:
Ah, ma poi sto' Don Alfonso chi sarebbe, Al Capone?

Rinaldo:
Ah, anche un'altra cosa. Ti sei scordata il punto quarto, liscia o riccia? Io direi liscia, anche se noto un po' di effervescenza..

Fernanda:
Il ristoranteee, Don Alfonso, con il figlio. Io direi mossa comunque.

Rinaldo:
Ah scusa. Io me la cavo meglio con l'inglese a dire il vero. Ma il Don sta per Mr?

Fernanda:
Don è un termine che si usava tanti anni fa. Comunque è il nome del ristorante del mio ex.

Fernanda:
È uno stellato.

Rinaldo:
Comunque debbo dire che sei alquanto carina. Poi, sempre telepaticamente, mi è giunto un altro messaggio per avvertirmi che con te si rischia di prendere il palo che c'è fuori il tuo ristorante. Quello grosso in cemento armato. Sarà vero?

Fernanda:
Ahhaah ma comunque sia mi devi dire chi ti dice ste cose e subito.

Rinaldo:
Te l'ho detto, sono telepatico. Poi m'importa poco di chi me le dice, tu sei molto più interessante.

Fernanda:
Ma essere telepatico significa pensare ciò che pensa una persona allo stesso momento, non sapere i fatti miei.

Rinaldo:

Beh non solo, essere telepatici ad alti livelli vuol dire anche comunicare avanti e indietro coi cervelli delle altre persone. Perché ti spiace che lo abbia saputo?

Fernanda:
No, ma vorrei sapere da chi! Mah.

Rinaldo:
Perché, se te lo dicessi cosa faresti a questa persona, non sarai mica una tipa vendicativa?

Fernanda:
Nooo. Ma che m'importa; è per curiosità!

Rinaldo:
Magari sarà stata l'aragosta con quelle gran belle lunghe antenne e lo avrà fatto per vendicarsi della cuoca.

Rinaldo:
Com'è che non mi rispondi più, non avrai mica paura dell'aragosta?

Fernanda:
Ti ho risposto. E daiii!!

Rinaldo:
Ma come dai? Mi piaci, vorrei uscire con te. Sei simpatica. Poi puoi sempre chiedere a tuo fratello da farti da guardia spalle.

Fernanda:
E che stiamo all'epoca di pappavone?

Rinaldo:
Scusa, all'epoca di chi? Le vongole veraci comunque a pranzo erano squisite!

Fernanda:
Eh lo so. Grazie! Grazie! Lascia stare.

Rinaldo:
Secondo me però se c'avessi messo tu le mani sarebbero state ancora meglio. Lascia stare cosa, te? Neanche per sogno! Sono come i pitbull, una volta che afferro non mollo più. Poi debbo ammettere che la tua silhouette era parecchio più interessante della stufa a pallet.

Fernanda:
☺

Rinaldo:
Non riuscivo a staccarti gli occhi di dosso.

Rinaldo:
Senti, ma un po' ti piaccio?

Rinaldo:
Ma il silenzio in italiano sta per palo?

Fernanda:
Sta per che il mio PC si era bloccato. Comunque mi sono lasciata da poco e voglio starmene da sola!

Rinaldo:
Peccato, allora non insisterò più.

Rinaldo:
Però è anche vero che sarebbe un peccato lasciarti cadere nelle grinfie di qualcun altro. Tanto vale continuare a provarci anch'io, almeno sin quando non mi schianterai quel bel palo dritto in testa. Sono proprio curioso di vedere per quanto tempo riuscirai a

star sola. Non vedo l'ora che ti
comincerai ad annoiare.

11 MARZO

Rinaldo:
Fernanda, ma non ti sei ancora
annoiata? Non ti manco neanche un
po'?

Fernanda:
Non mi annoio mai! ☺

Rinaldo:
Ma ti manco? Poi scommetto non ti
annoi solo perché mi pensi.

Rinaldo:
Se se

Rinaldo:
Se se cosa, fai pure altro pensandomi?
Ad esempio, io me ne vado a fumare
una cicca pensandoti..

10. NAJFA

13 MARZO

Najfa:
Ciao Aldo... are you online?

Rinaldo:
Yeah.

Najfa:
What is the process of mourning in Italy when someone dies?

Rinaldo:
Good morning.

Najfa:
Morning to you too.

Rinaldo:
It varies form families to families, and in accordance to the level of education, of course.

Najfa:
Ah I see.. here there are prayers by the family for 40 days.

Rinaldo:
It's a personal trauma.

Najfa:
And a feast sort of at the end of the period.

Rinaldo:
There cannot be a recipe good for all.

Najfa:
I was wondering if like there are specific times during which ceremonies are conducted.. like one month after someone passes.

Rinaldo:
Yes, of course.

Najfa:
It is personal yes.. specially if someone close.. and we all deal with it differently.

Rinaldo:
True.

Najfa:
So is one month of specific importance?

Rinaldo:
However yes, the church usually has masses, afterwards where the family can pray together. The month is around Halloween.

Najfa:
I see. I heard that the body is cremated or burned, true?

Rinaldo:
Some may choose so.

Najfa:
Can you bury if you want to?

Rinaldo:
Again, if cremation was not requested, usually he or she is buried.

Najfa:
Hmmm, I was under the impression that there was no choice..

Rinaldo:
We didn't have anyone from my family cremated.

Najfa:
But burn.

Rinaldo:
If that's the willing of the person, we do it.

Najfa:
That's nice that your family went back to the earth.

Rinaldo:
Yes.

Najfa:
It's nice when the cycle is complete I think.. although I suppose ash scattering can be ritualized.

Rinaldo:
Of course, if that suites you better. Why not?

Najfa:
Are you in Italy these days?

Rinaldo:
Freedom of choice is the key element, we are all different. Yes, Italy.

Najfa:
Yes, I agree.

Rinaldo:
And that's the law here, by the way.

Najfa:
Sometimes not easy for own choice when there are strong traditions and religion.

Rinaldo:

To respect the willing of the person who dies. True.

Najfa:
And every thinks they have a claim on saying what is to be done. Are you in Italy now? Still married?

Rinaldo:
And that's against the declaration of human rights. Nope.. divorced, but in Italy.

Najfa:
Yeah, I got the impression, hence the question to be sure.

Rinaldo:
Let's say it was a matter of negroid interference.

Najfa:
Please, explain this big phrase you use. Oh teacher.. please do explain! hehehhehehe

Rinaldo:
Collision with local negroid populations contributed to my divorce.

Najfa:
Very different people huh? Conservative don't buy in to your views...

Rinaldo:
Nope, white American ladies are a bit too naive and easy prays to negroids' influences. Therefore, I am not compatible with those women. You know, I don't mix. I am gonna smoke a little.. ☺

Najfa:
Yeah sure... I'm off back to work..
Thanks for answering my questions.
Puff puff... and enjoy. Big hug.

Rinaldo:
Thanks Naju, I will. ☺

Rinaldo:
Ciao bella, ci sei?

Lucia:
Ciao, sii come stai?

Rinaldo:
Benone, hai pranzato?

Lucia:
No sto per pranzare.. un pranzo al
volo. Tu che hai mangiato di buono?

Rinaldo:
Minestrone e pollo.

Lucia:
mm *_* cucinato con mani di
mamma?

Rinaldo:
Si, debbo ammettere che è bello
tornare a casa e trovare il pranzo
pronto!

Lucia:
Ehhhh lo so. ☹

Rinaldo:
Come vanno gli studi?

Lucia:
Che fai oggi di bello? Bene bene..tra
poco ho di nuovo lezione.

Rinaldo:
Ho fatto una lezione al liceo classico,
mi sono divertito. Debbo andare al
British tra po'. Ma la cosa più bella è
averti trovato in chat. Il 23 mi tocca
discutere la tesi del master. Mi farò
due risate. Tu quando ti laurei?

Lucia:
Ehh ottobre credo..

Lucia:
Wooow. Sto rieseguendo un corso
che mi mancava.

Rinaldo:
Addirittura, hai quasi finito!

Lucia:
Perché due risate? Ma il master come
funziona? Come una specializzazione?
Cioè segui lezioni all'università e dai
poi la tesi?

Rinaldo:
Che corso ti mancava? Io l'ho fatto
online con l'Università di Salerno.
Segui tutto online, fai i test e poi
discuti la tesi. Ma bisogna vedere dal
master ovviamente. Vuoi farti anche
un master vero?

Lucia:
Che figo on line. Cioè leggi le lezioni
on line? ☺ Scusa l'ignoranza. ☺

Rinaldo:
Ma figurati. Si, hanno tutte le lezioni
online, poi c'è anche la possibilità di
audio o video lezioni se non ti va di
leggere.

Lucia:

Dai è meno noioso. ☺ Puoi risentirtele quando vuoi.. puoi addormentarti e risvegliarti da dove hai perso insomma. ☺ Si vorrei farne.. ma devo informarmi bene su quali master posso fare ecc..

Rinaldo:
Cero, lo davo per scontato. Ma che dici, mi inviterai a Roma prima che finirai gli studi?

Lucia:
Sii vieni alla mia laurea assolutamente ok??? ☺

Rinaldo:
Ma ci dobbiamo conoscere proprio il giorno della tua laurea?

Lucia:
Ora scappo a lezione.. bacioniii.

Rinaldo:
Ciao bella!

Rinaldo:
Che fai stasera, hai chiuso il ristorante? Comunque belli quegli occhiali a forma di cuore. Ma sono per vedermi meglio?

14 MARZO

Rinaldo:
"L'Europa è loro. Hanno vinto i gay", titola il quotidiano della famiglia Berlusconi. E spiega: "Il Parlamento di Strasburgo chiede il riconoscimento delle nozze omosessuali in tutti i Paesi.

Giovanni:

C'è una minoranza silenziosa che naviga nel torbido che sta sconvolgendo le nostre vite, imponendo delle regole sintetiche (per quadrare il cerchio delle diversità dei popoli europei) e nessuno dice niente....

Rinaldo:
Sai, dopo essere stato in America la cosa non mi sconvolge più di tanto. È già così pure a Nuova York.

Giovanni:
Si, ma io ho fiducia nella pancia degli americani. Non prevarranno...

Rinaldo:
A me preoccupa il fatto che non girano soldi e non ci sono possibilità per i privati. Gay o non gay non mi cambia assolutamente la vita perché il cibo nella pancia non me lo mette nessuno se non io.

Rinaldo:
Sto buttando gli anni più belli della mia vita nel cesso a causa di ignoranti eterosessuali di merda. E me la pagheranno cara.

Giovanni:
Non che gli omosessuali siano meglio... Paola Concia, Alessandro Cecchi Paone... Vattimo, jamme belle, jamme...

Giovanni:
Pecorone Scanio...

Rinaldo:
Appunto, non me ne frega un cazzo se lo pigliano o lo danno. Me la

pagheranno cara tutti i lorsignori messi assieme.

Rinaldo:
Ah Lucy, io comunque l'1 aprile sono a Roma. Un mio vecchio amico d'università festeggia un anno di matrimonio con la moglie ucraina e ce ne andremo a pranzo fuori. Lui ha casa proprio a Piazza Bologna. Che dici, un salutino almeno ce lo potremmo dare?

15 MARZO

Rinaldo:
Simona, my dear student, following is l'etimologia di pucchiacca, dal greco: Pur-os che significa FUOCO e kiakos che significa ANTRO, da cui ANTRO DI FUOCO. Ma dopo questa lezione un bacio me lo darai?

Rinaldo:
Infatti, per tornare alla nostra discussione di oggi sull'autostima, debbo dirti che personalmente penso che tu sei una gran bella pucchiaccona. Cosa voglio dire con questo? Beh, semplicemente che io non giudico una donna dall'aspetto, ma più immaginando come ci si sentirebbe là dentro, nel suo antro di fuoco.

Rinaldo:
Cioè, guarda come mi fai andare a letto stanotte, col pensiero di averti potuta accarezzare e baciare per strada e invece niente!

16 MARZO

Che poi, tutto questo tradotto in una "lingua" a te comprendibile significa che non mi dispiacerebbe affatto assaporarti un po', anche e soprattutto per aiutarti ed aiutarmi a smaltire qualche chiletto in più preso durante quest'inverno che ormai sta per finire.

Simona:
Bhè, che dire.. grazie per "l'approfondimento". ☺
Ma il bacio te lo scordi. Bye bye!

Rinaldo:
A furia di pigliare pali mi sa che diventerò più furioso di furia! Ma poi una prateria dove poter sfuriare ma la trovi? Così sai, giusto per beneficenza, o quantomeno a Staffoli mi ci porti?

Simona:
You're hard to get it.. = tien a capa tosta!!

Rinaldo:
Ma quale capa scusa? Moh ti voglio, che posso farci. Prova a levartici tu dalla mia tesa, che ti posso dire. Adesso per esempio, non ti piacerebbe scendere giù e baciarmi invece di stare a scrivermi tramite un computer? Ad esempio, se mi dicessi di venire da te adesso io correrei di corsa proprio come furia!

Rinaldo:

Rinaldo:
Insomma, non succederà neanche l'1 aprile, giusto?

Rinaldo:

Eppure studi comunicazione, dovresti essere un po' più aperta al dialogo secondo me. Fermo restando gli ovvi rischi e le dovute precauzioni, per cui incontrarci nel bel mezzo di Piazza Bologna ad esempio mi sembrerebbe abbastanza sicuro, che ne dici?

17 MARZO

Rinaldo:
I have an idea. We could play the doctor-patient game, whereas I am your dietician in charge of helping you lose weight. Do you wanna play with me?

Rinaldo:
By the way, happy St. Patrick's day!

Simona:
Thanks ☺ P.S. I like that game, but I don't wanna play with you.. ☺ Bye bye.

Rinaldo:
Che destino infame, mi ha condannato a prendere pali a destra e a manca!

Rinaldo:
E se andassimo a fare un giro in bici assieme, che dici, sempre meglio che da sola o no? Prometto anche di stare attento a non andare a sbattere contro nessun palo!

Rinaldo:
Non avrai mica paura di avere troppi spasimanti ai tuoi piedi? O forse ti sei già rifidanzata l'altro ieri?

18 MARZO

Rinaldo:
Peccato però che tu non voglia venire neppure a fare un giro in bici con me. Oggi si direbbe un'altra gran bella giornata. Toccherà starmene da solo, ma soprattutto datosi il tuo chiaro rifiuto alle mie attenzioni per iscritto, in tutti i messaggi che ci siamo scambiati, è ora che io accetti e prenda sul serio tale tua decisione o potrei rischiare di compromettermi esponendomi alla possibilità che tu possa denunciarmi per stalking. In piena campagna elettorale non me lo potrei proprio permettere. Come dire, attenti al lupo sì, ma sempre meglio soli che male accompagnati, giusto?

Rinaldo:
Cara Fernanda, ma se continuo a scriverti senza che tu risponda c'è mica il rischio che passi da tuo cliente a stalker? Ad ogni modo, buona domenica. Spero che da te in costiera ci sia il sole come qua in Molise.

19 MARZO

Rinaldo:
Fernanda, ti posso disturbare? Comunque è il tuo bel culetto che mi ha fatto perdere la testa, specie quand'è bagnato dagli schizzi del mare.

Rinaldo:
Ma il non calcolarmi proprio è una strategia o è proprio quello che vuoi?

Simona:
Mi dispiace, non ho niente contro di te. E spesso non rispondo alle e mail

287

perché le leggo tardi. Ma devi capire che sono già impegnata. Per il resto, tutto ok ☺ non rischi nessuna denuncia.. almeno non per ora ☺ Buona serata ☺.

Rinaldo:
Ok, è stato comunque un piacere chattare con te.

Rinaldo:
Cioè, non mi dai neanche più la soddisfazione di poter dire di essermi preso almeno l'ennesimo palo. Sei proprio crudelissima!

25 MARZO

Rinaldo:
Comunque è confermato, domenica prossima vengo a Roma ma penso di rientrare a Venafro la sera stessa. Che dici, un salutino a piazza Bologna me lo vieni a fare o magari vuoi venire a pranzo fuori con noi sulla Flaminia?

26 MARZO

Rinaldo:
Venerdì scorso ero vicino Napoli a discutere la mia tesi del master. Per farla breve, c'era anche un'insegnante di Novara e quindi non ho potuto non pensarti. L'ho impressionata col mio accento torinese. Infatti, ti avevo già detto che l'accento del nord mi fa letteralmente impazzire. Che dici, mi mandi un messaggino almeno solo per dirmi che va tutto bene? O hai deciso di fare veramente a meno del tuo tutor preferito?

Rinaldo:
Mi rendo conto però che chiederti di venire a pranzo con uno sconosciuto è un po' azzardato, ma un salutino per conoscerci almeno ce lo potresti far scappare. Non dico tanto se non in segno di solidarietà molisana. Che mi dici, o mi terrai sulle spine fino a domenica per poi non venire?

Rinaldo:
Ma che dici, la mia oste preferita lo troverà almeno il tempo di farmi un saluto? Mi sento quasi come il pescatore che ti porta il pesce, che getta l'amo e aspetta, aspetta..
Rinaldo:
Forse sarebbe meglio che mi mettessi a pescare i polipi, almeno ci sarebbero più tentacoli dai quali farsi ammanicare.

11. JESSICA

30 MARZO

Rinaldo:
Insomma Jasmine, neppure il caldo ti fa risvegliare gli ormoni?

Rinaldo:
Senti mi sei uscita tra i suggerimenti Facebook, conosci bene Gaetano?

Rinaldo:
Ciao ci sei, ti va di fare due chiacchiere? Non mordo mica, sai.

Jessica:
Ma non hai foto?

Rinaldo:
Non tante.

Jessica:
Capisco ma di dove sei.

Rinaldo:
Perché, mi vuoi vedere? È una lunga storia, la vuoi sapere?

Jessica:
No vabbè, perché mi sembra un contatto finto. Si dimmi.

Rinaldo:
Beh non le è, garantisce Gaetano, chiedi a lui. Gli ho chiesto di te. Sono un ex allievo della Nunziatella, so solo che tuo padre è un carabiniere, è vero?

Jessica:
O mio dio ma che stai dicendo, ma chi sei?

Rinaldo:

Mi conoscono come Aldo a Cicciano. Ho conosciuto Gaetano, il fotografo, alle scuole medie. Poi ho fatto i primi due anni di liceo a Cicciano ed ho finito il triennio a Napoli, alla Nunziatella. Mi ha colpito la tua foto a dire il vero, poi ho letto che eri amica di Gaetano e gli ho chiesto se ti conoscesse. Stacco un attimo che devo innaffiare delle piante in giardino, se ci sei mi piacerebbe chattare un po' più con te.

Jessica:
E scusa perché hai chiesto di me?

Rinaldo:
Perché mi ha colpito la tua foto, ti ho detto. Poi quando mi ha detto che sei figlia di un carabiniere la cosa mi è piaciuta ancora di più ed ho deciso di chiederti l'amicizia.

Jessica:
Mha, strano. Comunque..

Rinaldo:
Eppure è così. Vuoi sentire il resto della mia storia, così poi decidi se dirmi la tua?

Jessica:
Dimmi.

Rinaldo:
Sono nato a Torino, poi mi sono trasferito al sud a Cicciano, dopo la Nunziatella ho studiato a Roma e poi me ne sono andato in America per 10 anni. Sono tornato da due anni ed eccomi qua. Tu cosa fai?

Jessica:

Capisco....

Rinaldo:
Dai, tu cosa mi racconti?

Jessica:
Niente, ma scusa quanti anni hai?

Rinaldo:
35, ma solo all'anagrafe.

Jessica:
Perché scusa?

Rinaldo:
Beh, dovresti conoscermi per capirlo.
Tu invece quanti ne hai?

Jessica:
No scusa, ma sinceramente non credo
a una sola parola di quello che mi hai
detto. Questo contatto è tutto un blef
e non mi va di conoscerti anche
perché sono già fidanzata e il mio
ragazzo è proprio di Cicciano. 22,
ecco appunto, piccolissima per te.
Potrei esserti figlia.

Rinaldo:
Perfetta più che piccolissima. Ma
come, non sai che uomini e donne
hanno orologi biologici differenti?

Jessica:
Senti mi stai rompendo.

Rinaldo:
Scusami comunque, ti ho contattato
solo perché ho letto che eri single.
Avessi saputo che eri fidanzata non ti
avrei mai neppure scritto. Ciao e
scusa, a mai più risentirci.

Jessica:
E non lo sono, mi dispiace e poi che è
sta' storia che hai 35 anni solo
all'anagrafe. Che significa? Ok, ciao.
Che significa la storia dell'anagrafe?

Rinaldo:
Non sono interessato a ragazze
fidanzate, scusami. Saperlo non
cambierebbe la vita a nessuno dei due.
È irrilevante, proprio come l'età.

Jessica:
No vabbè ma è una cosa stranissima,
mha.

Rinaldo:
Cosa sarebbe stranissimo, dire la
verità?

Jessica:
No, strano il fatto che hai 35 anni solo
all'anagrafe, giuro non capisco.

Rinaldo:
Tu ad esempio perché ci scrivi single
sul tuo profilo quando sei fidanzata?
Io non capisco quello.

Jessica:
Senti, tu mi hai aggiunta e hai iniziato
a dirmi tutta la tua storia e queste
stronzate degli orologi e dell'età,
quindi moh mi dici tutto per favore.

Rinaldo:
Se non te lo avessi detto, tu quanti
anni mi avresti dato in chat?

Jessica:
Perché non credo a niente di quello
che hai detto. Ma infatti non hai

291

nemmeno una foto, quindi come faccio a vedere chi sei.

Rinaldo:
Sul profilo ci sono delle foto. Però ti ho detto anche che un conoscente in comune ti avrebbe potuto confermare tutto, Gaetano. Sei tu in male fede, non io.

Jessica:
Vabbè allora, dimmi che è sta' storia dell'anagrafe.

Rinaldo:
Nel senso che non solo non mi sento i miei 35 anni, ma la cosa ha anche una piega socio-culturale se proprio lo vuoi sapere. Se poi hai la pazienza di sentirlo, ti posso anche spiegare il perché.

Jessica:
Dimmi, vai. Cioè in che anno sei nato scusa?

Rinaldo:
Ti ho detto che ho vissuto tanto in America, 1977.

Jessica:
E quindi hai veramente 35 anni scusa?

Rinaldo:
In pratica lì si può dire che sono due generazioni avanti. Ossia, la mia classe 77 è come la generazione degli anziani attualmente in America, in termini di forma mentis. Io sono più simile alla tua generazione che non alla mia, capisci cosa voglio dire? Due culture e modi di fare completamente diversi

non solo tra America e Italia, ma proprio tra generazioni in Italia.

Rinaldo:
Si. E tu sei veramente fidanzata?

Jessica:
Capisco. No, mi sono lasciata da poco. Ero fidanzata con uno di Cicciano.

Rinaldo:
Non lo conosco. Non mi hai ancora detto cosa fai. Io attualmente vivo a Venafro, in Molise. Vengo a Cicciano di tanto in tanto, ci sono stato proprio lo scorso fine settimana. Comunque hai un bel corpo, ma quanto sei alta?

Jessica:
1'60

Rinaldo:
Bella soda direi. Ma cosa fai, studi o lavori?

Rinaldo:
Jasmine, ma non mi calcoli proprio più o c'è ancora una speranza che ti risenta? Non vorrai mica farmi aspettare per sempre, vero?

31 MARZO

Rinaldo:
Senti Jasmine, a questo punto mi sorge un dubbio. Non è che mi avevi detto una bugia a proposito del fatto che non eri vergine? Sai, ricordo bene che per te la fedeltà era 10 e la sincerità 9. È solo un dubbio sai, magari in tutto quello che mi hai detto ci avresti potuto infilare dentro una

piccola bugia bianca, non si sa mai.
Che mi dici?

Rinaldo:
Buon giorno, senti, ma sei single ti
spiace veramente tanto se ti scrivo?

Rinaldo:
Forse però è meglio che la finisca
d'insistere, non vorrei che mi
denunciassi a tuo padre per stalking.

Rinaldo:
Cioè non mi dici neppure buongiorno
tanto ti sto antipatico?

Rinaldo:
Sai Jessica, non è che ti abbia manco
detto cose del tipo che mi sarebbe
piaciuto cavalcarti o chissà cos'altro.
T'ho detto solo buongiorno, ma
evidentemente neanche quello ti sta
bene. Almeno però avresti potuto
dirmelo che per te non era più un
buon giorno perché t'ho disturbato e
quindi te l'ho rovinato.

Rinaldo:
O mica ti vergogni con me solo
perché ho qualche anno in più? Io a
dire il vero ci vorrei provare con te.

Rinaldo:
Senti Jessica, ma non è che a
pasquetta vorresti venire con noi? Ci
sarà anche Gaetano con la fidanzata,
Sara. Ci potremmo conoscere tra
amici, così non ti sentiresti troppo in
imbarazzo o pressata. Potremmo farci
due chiacchiere e nulla più, che dici?

1 APRILE

Rinaldo:
Simona Continuo a prendere pali, mi
serve una consulenza sentimentale.
Ne ho preso appena un altro.
Incredibile! Pure a Nola riesco a
sbattere la testa.

Simona:
Non ti scoraggiare ☺ Hai provato a
farle il discorso logico che hai fatto a
me? Magari avrebbe funzionato.

Rinaldo:
Più o meno, ma sin ora solo botte in
testa. Magari allora o è gay o è vera
monogama. Potrei aver sbagliato
target ancora una volta!

3 APRILE

Rinaldo:
Cara single, ma è possibile che non ti
va neppure di chattare un po' con me?

Jessica:
Ciao.

Rinaldo:
Ciao, ti sono mancato? ☺

Jessica:
No, veramente ho visto che mi hai
contattata e ti ho risposto.

Rinaldo:
Beh grazie, mi piace chattare con
gente nuova, ti da nuove prospettive.

Jessica:
Ah si... mi fa piacere, ma come
conosci Gaetano?

Rinaldo:

Abbiamo fatto le medie assieme. Tu da quanto sei single?

Jessica:
Poco. Capito, vabbè ma ora siete amici?

Rinaldo:
Beh ci conosciamo da allora, non ci siamo più persi di vista però. Proprio due domeniche fa sono stato alla festa di laurea della ragazza.

Jessica:
Capisco.

Rinaldo:
Tu invece da quanto lo conosci?

Jessica:
E non sai per caso se gli serve una segretaria allo studio? Io pure da tanto, è il mio fotografo di famiglia.

Rinaldo:
Non saprei a dire il vero.

Jessica:
Capisco, ma il padre lavora sempre con lui?

Rinaldo:
Tu cosa fai? No, non più.

Jessica:
Capisco. E allo studio con lui chi ci lavora quando non c'è?

Rinaldo:
Vuoi che m'informi? In pratica nessuno ma di tanto in tanto ci passa il padre.

Jessica:
No vabbè gliel'ho chiesto già io ma se mi ci metti la buona parola mi fai un favore.

Rinaldo:
Hai già esperienza?

Jessica:
Esperienza di che scusa? Per fare foto no, proprio per niente.

Rinaldo:
Come segretaria

Jessica:
Ma segretaria si.

Rinaldo:
Però sei molto fotogenica, hai un corpo bellissimo.

Jessica:
Che ne pensi che potrebbe servirgli una segretaria?

Rinaldo:
Guarda, ho un'idea, vieni con noi a pasquetta e glielo puoi chiedere di persona.

Jessica:
No, ci vado domani da lui perché mi dovrei fare un book e cosi gli chiedo anche questa cosa. Tu intanto perché non mi ci metti una buona parola?

Rinaldo:
Ok, glielo dico prima di domani.

Jessica:

No vabbè, ma non dire che te l'ho chiesto io però. Mi fai fare una bella figuraccia.

Rinaldo:
E allora come facciamo?

Jessica:
No vabbè gli dici che hai chattato con me e che io ti ho detto che gli volevo chiedere se mi prendeva come segretaria e tu gli dici perché non te la prendi oppure non so dimmi te come puoi dirgli.

Rinaldo:
Bella domanda, tu cosa proponi?

Jessica:
E dai, io ho la mia lo proposta ora proponi la tua.

Rinaldo:
Per me va bene, tu sei sicura che vada bene?

Jessica:
Ahe vabbè jah, lascia sta' non dire niente, sicuramente mi farai fare una brutta figura. Dimentica tutto.

Rinaldo:
No dai, ora la prendo sul personale.

Jessica:
E io ti chiedo mettici una buona parola e tu fai i romanzi.

Rinaldo:
Beh, in effetti i romanzi li faccio veramente anche se poi non sono romanzi.

Jessica:
Vabbè dai non ti preoccupare me la vedo io. Glielo chiedo io se dice sì bene, se no non fa niente. Io almeno ci provo.

Rinaldo:
No dai, guarda che sono serio. Scrivo veramente libri, ed alcune foto per le copertine me le ha fatte proprio Gaetano! Comunque gli sto per scrivere, quindi è fatta..

Jessica:
Capisco e pure io sono seria; davvero, mi piacerebbe lavorare come segretaria in uno studio di foto perché amo fare fotografie e mi piace essere fotografata e vorrei imparare sinceramente. E cosa gli stai scrivendo, dai dimmelo prima, non voglio fare figure con lui perché mi conosce e conosce tutta la mia famiglia.

Rinaldo:
Esattamente quello che mi hai detto tu, nulla più. Copio e incollo, ti va bene?

Jessica:
Vabbè scrivila un po' più come se la stai pensando tu sul personale, un po' più convincente, che ne so.

Rinaldo:
Tipo così? Tano, alla fine ho appena finito di chattare con Jessica ed è uscito fuori che vorrebbe chiederti di lavorare come segretaria al tuo studio. Fossi in te io l'assumerei!

Rinaldo:

Che dici? A dire il vero gli avevo già scritto di te..

Jessica:
No vorrebbe chiederti, mi ha detto che domani verrà da te perché si dovrebbe fare un book fotografico e poi mi ha detto che vorrebbe anche chiederti se ti servisse una segretaria.

Rinaldo:
Per questo dico "alla fine".

Jessica:
Perché lei è in cerca di un lavoro proprio come segretaria ok?

Rinaldo:
Azz, aggiungiamo pure! Ma non dicevi che non ti piacevano i miei romanzi?

Jessica:
Ma così è più che non ti ho detto niente io, come lo dici tu si vede proprio che ti ho chiesto io di chiedergli elo.

Rinaldo:
Allora controlla un'ultima volta, "Tano, alla fine ho appena finito di chattare con Jessica ed è uscito fuori che vorrebbe chiederti di lavorare come segretaria al tuo studio in quanto è già in cerca di un lavoro proprio come segretaria. Fossi in te io l'assumerei!"

Jessica:
No vorrebbe chiederti di lavorare come segretaria da te, vorrebbe chiederti se hai bisogno di una segretaria allo studio perché lei e in

cerca di lavoro come segretaria. Ma no così, devi dirgli prima il fatto del book Perché poi pensa che io domani vado li solo per chiedergli del lavoro e non è così. Riscrivi meglio vediamo se mi piace?

Rinaldo:
Azz, vai bene pure come editrice, non solo segretaria. Allora fai una cosa, scrivimela come vuoi che gliela mandi. Io ragiono all'americana, vado subito al sodo.

Jessica:
No dai, scrivimela tu, però ti ho detto come e cosa devi dirgli prima. Dai riscrivi.

Rinaldo:
E tu cosa mi dai in cambio?

Jessica:
E sese, no i ricatti non mi piacciono. Non ti preoccupare lascia stare.

Rinaldo:
Ricatto?

Jessica:
Me la vedo da sola.

Rinaldo:
Il commercio non è ricatto!

Jessica:
Già da qui si capisce che sei una persona poco affidabile.

Rinaldo:
Un conto è farti un piacere, un conto è abusare delle mie qualità di scrittore! No no.. vacci piano bella.. io il

messaggio te lo invio. Te ne ho scritto due versioni. Penso che il contenuto fosse ben chiaro in entrambe e se tu non sei soddisfatta puoi darti una mano mandandomi tu la versione che meglio desideri.

Jessica:
No davvero, non dirgli niente, faccio da me non mi serve l'aiuto di nessuno ok?

Rinaldo:
Beh, tra me e lui glielo posso sempre mandare in quanto è tutto vero.

Jessica:
Vabbè ma io ti ho chiesto di non andare subito al sodo perché poi potrebbe pensare che io vado da lui solo per lavoro. Capisci cosa intendevo io?

Rinaldo:
Dai ricontrolla di nuovo, mi piaci, te lo sei guadagnato: Tano, alla fine ho appena finito di chattare con Jessica ed è uscito fuori che vorrebbe chiederti se hai bisogno di una segretaria allo studio in quanto è già in cerca di un lavoro proprio come segretaria. Fossi in te io l'assumerei!

Rinaldo:
Per quanto riguarda il capire, capisco che voi fate le cose secondo i vostri criteri, ma non sono i miei. Ripeto, io penso all'americana.

Jessica:
Va bene, però prima di tutto gli devi dire, ho appena finito di chattare con

Jessica e mi ha detto che domani deve venire da te perché si deve fare un book fotografico e poi scrivi il resto ok? Tipo e poi ne vuole approfittare e chiederti se hai bisogno di una segretaria visto che lei e proprio in cerca di un lavoro così, ok?

Rinaldo:
Che bel tipino, il prossimo libro me lo faccio scrivere da te.

Jessica:
Hahahahahah. Perché che tièino sarei?

Rinaldo:
? Tièino che?

Rinaldo:
Dimmi se ti piace adesso: Tano, alla fine ho appena finito di chattare con Jessica e mi ha detto che domani deve venire da te per un book fotografico. E' uscito fuori che vorrebbe chiederti se hai bisogno di una segretaria allo studio in quanto è già in cerca di un lavoro proprio come segretaria. Fossi in te io l'assumerei!

Rinaldo:
Vado un attimo in giardino a fumare una cicca.

Jessica:
Così va bene.

Rinaldo:
Ok, andata.

Jessica:
Ok, ma poi ti risponde subito?

Rinaldo:

E che sono un veggente?

Jessica:
Vabbè di solito.

Rinaldo:
Abbastanza. Senti, io me ne vado a letto, e per giunta senza neppure le coccole nonostante lo straordinario che mi hai fatto fare stasera. Buona notte almeno me lo dici? Niente, mi ci mandi proprio in bianco insomma! Meno male che il silenzio è già suonato.

Jessica:
Buona notte.

Rinaldo:
Notte cara ed in bocca al lupo (che ovviamente non sarei io).

Jessica:
Per cosa?

Rinaldo:
Il lavoro.

Jessica:
E per cosa in bocca al lupo?

Rinaldo:
Poi se ci vedi un doppio senso tra le righe non è per sbaglio, non preoccuparti.

Jessica:
E tanto lo so che mi dirà di no perché sicuramente non gli servirà e poi con la sorte che ho, figurati se mi dice di sì.

Rinaldo:

Senti ma sei laureata?

Jessica:
No, però a settembre riprendo l'università.

Rinaldo:
Cosa studi?

Jessica:
Mi iscrivo ad economia e commercio.

Rinaldo:
Brava. Senti, ti andrebbe di candidarti come consigliere comunale a Venafro? Mi serve una coordinatrice e tu sei brava. Comunque sono sicuro che è tutto merito del papà. Anzi, no. Non voglio discriminare.

Jessica:
E dove dovrei farla?

Rinaldo:
A Venafro in Molise. Gaetano c'è stato.

Jessica:
E come ci vengo li?

Rinaldo:
Come ti pare. Le elezioni ci sono tra un anno, non dovrai stare sempre qua. Il lavoro sarebbe molto telematico e poi si candida già pure Gaetano.

Jessica:
No, se erano qui volentieri, ma li no.

Rinaldo:
Potreste venire assieme. Come vuoi.

Jessica:

E assieme significherebbe dormire li.

Rinaldo:
Non penso proprio. Ci vuole solo un'ora per venire e si fa tranquillamente in giornata. Comunque saresti pagata.

Jessica:
Se mi prende come segretaria poi magari forse potrei venire insieme a lui e mica è sicuro che mi prendono?

Rinaldo:
Vabbuò, una cosa alla volta.

Rinaldo:
Per questo ti avevo detto in bocca al lupo.

Jessica:
Ecco appunto, perché entrambi sappiamo che non gli servirà nessuna segretaria.

Rinaldo:
Io vado a nanna a far riposare i neuroni. A me però serve una consigliera comunale.

Jessica:
Vabbè ti ripeto, forse un pensiero lo faccio per la consigliera, spero solo che davvero vada bene domani perché credimi mi piacerebbe tantissimo lavorare come segretaria di foto.

Rinaldo:
Ok, io ho fatto del mio meglio.

Jessica:

Tu conoscendolo che dirà? Io lo conosco come fotografo, tu lo conosci meglio.

Rinaldo:
Che sei una gran gnocca. Cioè, questo lo direbbe solo a me, non a te ovviamente. Ed io ovviamente non potrei mai obiettare nulla.

Jessica:
Però non esageriamo con i termini perché non sono tanto graditi così volgarmente.

Rinaldo:
Tu che c'entri? Quella era una conversazione tra me e Tano.

Jessica:
Capisco.

Rinaldo:
La prossima volta non infilarti tra i nostri discorsi!

Jessica:
Ma io dico del lavoro, tu conoscendolo che dirà?

Rinaldo:
Un bacione e sogni d'oro. Io vado a nanna. Mi farai sapere tu cosa dirà domani se vorrai.

4 APRILE

Jessica:
Weh ciao ti ha risposto?

Rinaldo:
No, tu ci sei stata?

Jessica:
Ancora no vado oggi.

Rinaldo:
L'ho sentito ma non abbiamo parlato di te. Quindi l'email l'ha letta. Mo' so' fatti suoi e tuoi ovviamente.

Jessica:
E scusa di quella cosa che gli hai scritto non ti ha proprio detto niente?

Rinaldo:
Ma lo sai che sei proprio simpatica.

Jessica:
Vabbè pensavo ti dicesse qualcosa. Così già mi sento scoraggiata perché significa che è un no, perché nemmeno a me a risponde.

Rinaldo:
Lui con me adopera le maniere americane.

Jessica:
Cioè?

Rinaldo:
Business is business. We don't mix private and business. Do you speak English?

Jessica:
Vabbè jah parla da farmi capire però. Almeno so se vado senza niente oppure no.

Rinaldo:
Ma tu l'inglese lo capisci?

Jessica:
No.

Rinaldo:
Ok, mi tocca insegnartelo allora.

Jessica:
Allora che fa, gli serve o no sta' segretaria?

Rinaldo:
Ti ripeto, non lo so e non ho proprio idea. A me però piacerebbe conoscerti meglio, sei proprio cool.

Jessica:
Vabbè quindi è un no già lo so. Mi dirà che non gli serve nessuno con la fortuna che tengo io.

Rinaldo:
Senti, rilassati un attimino.

Jessica:
Figuriamoci se prende a me.

Rinaldo:
Poi ti assicuro che più sfigato di me non c'è nessuno.

Jessica:
Vabbè io sto cercando lavoro ma già so che lui mi dirà di no.

Rinaldo:
La questione è che se può e ne avesse bisogno sono sicuro che ti assumerebbe. Ma tu un curriculum ce l'hai?

Jessica:
Quindi non può non me lo stai dicendo esplicitamente ma me lo stai facendo capire giusto? No vabbè lo dovrei fare. Però comunque mi

conosce, non penso mi chieda un curriculum.

Rinaldo:
La vuoi smettere o no? So' mrican, nu' song italian! A'merik eh pipp mental nun c'e' facimm!

Jessica:
Vabbè jah faccio così, non ci vado proprio tanto lo so che è un buco nell'acqua.

Rinaldo:
Ma la vuoi finire o no? Non vorrai mica farmi venire fino a Nola per portati da lui oggi? Ce l'hai un curriculum o no?

Jessica:
No, ma ti ripeto se mi assume non penso mi chieda un curriculum conoscendomi.

Rinaldo:
Allora tu comincia col fartene uno, se vuoi ti posso aiutare, ma solo per controllare quello che fai. C'è il sito dell'Unione Europea dove si fanno i curriculum. Salvatelo, ci vorrà tempo ma ti assicuro che prima cominci prima troverai lavoro.

Jessica:
Ti giuro che con il PC non sono per niente brava.

Rinaldo:
Non direi proprio da come scrivi.

Jessica:
Credimi io cerco un lavoro come segretaria di ufficio di finanziamenti insomma hai capito di che genere. Vabbè nello scrivere sono veloce.

Rinaldo:
Datti da fare, una segretaria non può non essere brava a computer.

Jessica:
Ma credimi tutte queste cose non le so fare, altrimenti già le avrei fatte.

Rinaldo:
Impara allora.

Jessica:
Vabbè ma imparerò quando lavorerò.

Rinaldo:
Prima cominci, prima imparerai. Aspetta e spera allora. Se puoi vuoi venire a trovarmi sarei più che felice di aiutarti io stesso. Dovrai sempre e comunque metterci qualcosa di tuo, capisci cosa voglio dire? Il fatto che sei bella ti può aiutare solo nel breve periodo, poi t'assicuro non ti porterà da nessuna parte anzi, ti consumerà e basta.

Jessica:
Ohi devo staccare un attimo ci si sente.

Rinaldo:
Ok, ciao.

Rinaldo:
Comunque non ho ben capito la storia che cerchi lavoro come segretaria di ufficio di finanziamenti. In effetti non capisco bene il genere. Pensavo stessi cercando lavoro come segretaria in uno studio fotografico.

Jessica:
Sì in genere come segretaria mi piace molto nel campo foto, però se trovo anche come segretaria d'ufficio va bene lo stesso.

Rinaldo:
Ok, allora tocca proprio che ti munisci di curriculum standard europeo. Buon lavoro.

Jessica:
Aeh, non capisco proprio di questa roba pardon.

Rinaldo:
Vorrei tanto aiutarti ma ovviamente non saprei come. Ho casa a Cicciano ma non ho internet lì. Devi farlo online, seguendo le istruzioni.

Jessica:
Cioè?

Rinaldo:
Devi solo riempire i campi sul sito della Comunità Europea e poi automaticamente ti fanno il CV modello europeo. Vado un attimo in giardino.

Rinaldo:
Allora, com'è andata?

Jessica:
Eh diciamo bene. Ha detto che gli serve però deve vedere un po' le cose sue.

Rinaldo:
Uhm, allora congratulazioni. Sei felice ora?

Jessica:
Eh no, ancora no perché ancora non ci lavoro. Mi ha detto che mi farà sapere.

Rinaldo:
Almeno ora hai una possibilità.

Rinaldo:
Ma Gaetano una buona parola per me ce l'ha messa?

Jessica:
Aeeeee che ne so chiedi a lui.

Rinaldo:
Se se mo vuoi vedere che tu mi puoi usare a tuo piacimento senza neppure essere almeno tanto onesta con me quanto io lo sono stato con te!

Jessica:
Hahahah bella questa. No sinceramente di te non abbiamo parlato. Più sincera di questo non si può.

Rinaldo:
E dovrei crederti?

Jessica:
E perché no?

Rinaldo:
Perché mi hai chiesto di chiedere a Gaetano, quindi ti piace il gioco della patata bollente.

Jessica:
Vado a cena ci si sente ok.

Rinaldo:
Ciao.

Rinaldo:
Quindi debbo assumere che non ti è neppure venuta la voglia di chiedere di me a Gaetano, giusto?

5 APRILE

Rinaldo:
So, if someone like me, for example, wants to chat with you, what should he do? I mean, do I have to go through special security? I hope so.

Rinaldo:
I would like your dad to read my book on Samnite Semantics, It's also on google books.

Jessica:
Weh ciao.

Rinaldo:
Ciao bella. Buon giorno.

Jessica:
Che fai?

Rinaldo:
Ho mandato un messaggio a Barbara Pierce Bush dicendole che vorrei che suo padre leggesse uno dei libri che ho scritto. Sai, era Bush il Presidente degli Stati Uniti mentre ero in America.

Jessica:
Capisco.

Rinaldo:
Non che mi aspetti che lo legga veramente, ma sai com'è, in America non si sa mai.

Jessica:

Sai per caso come devo fare per imparare ad elaborare foto su internet per iniziare a imparare. Beh speriamo che invece lo legga.

Rinaldo:
Magari, sono stato molto duro con lui mentre vivevo là. Per le foto purtroppo non sono proprio capace. Hai chiesto a Gaetano? Però ho sentito dire che ci sono dei software gratuiti anche per fare fotoritocchi.

Jessica:
E dove devo andare?

Rinaldo:
Beh bisognerebbe fare una ricerca. Tu software in inglese li sai usare o è necessario che siano in italiano?

Jessica:
No, italiano.

Rinaldo:
Beh, cercando su google è uscito fuori che loro offrono un servizio per le foto, magari potresti cominciare proprio con quello.

Rinaldo:
Io vado a pranzo, buon appetito.

Jessica:
Buon appetito.

Rinaldo:
Senti, ho appena letto che conosci anche Lello, il nostro amico grafico, è così?

Rinaldo:
Hey, ma com'è il tempo in costiera?

Fernanda:
Discreto..

Rinaldo:
Piove?

Fernanda:
No. Per ora no.

Rinaldo:
Scommetto che neppure vi serviva la pioggia, vero? Senti, ma la carne di bisonte voi la trattate?

Fernanda:
No, ma in zona non c'è.

Rinaldo:
Interessante. Tu l'hai mai mangiata?

Fernanda:
Se non c'è qui!

Rinaldo:
Non so, dico in generale, nell'arco della tua vita.

Fernanda:
No!

Rinaldo:
Ma ti interesserebbe? È più magra del manzo, ma pure del bovino.

Fernanda:
Non lo so, perché?

Rinaldo:
Così, curiosità e indagine di mercato per la mia oste preferita. O dovrei dire hostess? E poi perché ai pit bull piace l'osso di bisonte, non lo mollano mai.

E a dire il vero pure perché Buffalo Bill era dell'Iowa, da dove vengo io.

Rinaldo:
Hey, non mi hai più detto di Lello! Ma che hai deciso di non parlarmi più tanto ti faccio paura? O è solo che ora non ti servo più? Approfittatrice di uomini!

Rinaldo:
Cioè manco il bacio della buona notte. Che crudeltà.

6 APRILE

Rinaldo:
Do you understand Italian?

Rinaldo:
I wonder if you are going to chat with me, especially since we are so far away that I cannot represent any kind of treat to your integrity and overall well being. I lived in the US under your father's presidency, and must confess I have been not very easy on my judgments about both of his terms. However, I like his daughter. By the way, that is you. I miss the States, and for some reason I would really like to exchange a few lines with you; perhaps even just to offer my services as personal travel guide, in case that may interest you. A "No thanks" would be greatly appreciated and expected by a lady like you!

Rinaldo:
But are you even single?

Jessica:

Sera che fai?

Rinaldo:
Ciao, sto guardando un video e mi chiedevo se mi avresti più risposto. Tu?

Jessica:
Hahahah hai visto ti ho risposto!

Rinaldo:
Infatti, son contento. Dai raccontami un po' di te. L'unica cosa che i computer non possono ancora fare oggi è materializzare le persone e le cose.

Jessica:
Hahahahahah forte questa e che vuoi sapere?

Rinaldo:
Hai deciso cosa fare a pasquetta?

Jessica:
Si andiamo in Basilicata con amici. Voglio cancellare delle foto che ho nel mio profilo ma sono tante, come devo fare per non cancellarle una alla volata?

Rinaldo:
Quindi non c'incontreremo.

Jessica:
Tu hai sentito Gaetano?

Rinaldo:
Perché le vuoi cancellare? Sono molto sexi. Non ancora.

Jessica:

No ma io dico quelle con il mio ex, le devo eliminare, come devo fare?

Rinaldo:
Cancellale, non è una cattiva idea secondo me. Comunque bella quella foto del trifoglio. Ne ho seminato un bel po' qui in giardino da me quest'anno. Me lo son fatto mandare dall'Irlanda.

Jessica:
Capì e come si fa per cancellarle tutte perché una per una finisco domani.

Rinaldo:
Temo di non saperlo. Io comunque sto finendo di scrivere un libro. Anzi, l'ho quasi finito. Ti piacciono i racconti erotici?

Jessica:
No, per niente.

Rinaldo:
Che peccato. Quindi non lo leggerai mai. Dopo averne scritti quattro pesantissimi di storia, filosofia e filantropia ho deciso di non voler passare per pesantissimo autore e quindi ho deciso di cambiare totalmente genere ed ho scoperto tra l'altro che è quello che più mi piace. Per la serie gli ultimi saranno i primi. Vado a cena.

Jessica:
Buon appetito.

Rinaldo:
Tu hai cenato?

7 APRILE
305

Rinaldo:
Ciao buon giorno, ci sei? Senti, ma tu hai mai pensato di fare un corso proprio per segretaria d'ufficio? Essendo residente in Campania dovresti trovarti un buon centro di formazione riconosciuto dalla Regione ed assicurarti che ti offrano anche la possibilità di prendere la Patente Europea del Computer durante il corso. Se poi potessi imparare anche l'inglese avresti molte più possibilità di trovare lavoro come segretaria professionale anche senza doverti laureare. Se poi diventassi la mia ragazza l'inglese te lo potrei insegnare io e prepararti per una certificazione del British, come quello che c'è a Nola, dove tra le altre cose ho anche insegnato.

Rinaldo:
Pensiero del giorno, "Ci sono i monogami e i poligami che possono essere etero o omosessuali, sia maschi che femmine. Nulla di più semplice. Il problema insorge coi falsi monogami, ossia i monogami temporanei che adducono un individuo tendenzialmente monogamo o anche poligami legati a vita ad un partner fisso, cioè i cosiddetti partner temporanei, che vanno bene invece solo per chi li desidera. Occhio al proprio identikit sessuale e a quello del partner o partners, semplifica la vita. Ovviamente non solo un uomo omosessuale non è compatibile con un uomo eterosessuale ad esempio, ma anche un uomo poligamista eterosessuale non è compatibile con una donna poligamista eterosessuale e

via dicendo. Ad esempio, alle donne monogame potrebbero piacere uomini monogami ma anche uomini poligami e viceversa".

Rinaldo:
Happy Easter anyway, even if doesn't look like you are gonna drop any lines back.

Rinaldo:
Ma che è stasera, i tuoi post sembrano alquanto romantico-malinconici, non starai mica in crisi?

Jessica:
Sì forse sì.

Rinaldo:
Ok, e com'è?

Jessica:
Che vuoi sapere aspè moh mi metto il piagiamo.

Rinaldo:
Azz, ma perché sei nuda in questo momento? Non sarebbe meglio attaccare la cam?

Jessica:
No vestita però mi voglio mettere comoda nel letto.

Rinaldo:
Senza di me?

Jessica:
Senti se vuoi che continuo a chattare cerca di non dire più queste stronzate perché me la prendo.

Rinaldo:

Io a dire il vero speravo fossero recepiti come complimenti. Non ti facevo così suscettibile sai. Forse è l'umore romantico-melanconico?

Rinaldo:
Insomma mi abbandoni così?

Jessica:
E certo.

Rinaldo:
E perché scusa? A me sarebbe piaciuto farti qualche domanda personale sul perché di tanta malinconia. Quindi ti ho proprio offesa eh! E come posso rimediare adesso? Ma questo tuo silenzio è una cosa temporanea o pensi che durerà in eterno?

Jessica:
Ecco sono tornata ero andata un attimo di là.

Rinaldo:
Ah meno male, pensavo te ne fossi andata per sempre.

Rinaldo:
Allora, com'è sta' malinconia?

Jessica:
Ma che ne so a volte mi prende e non ci posso far nulla.

Rinaldo:
Ok, quindi non c'è una causa precisa, giusto?

Jessica:
Bhe certo, l'amore.

Rinaldo:
M se ti confesso un segreto poi ti posso fare anche domande personali?

Jessica:
Dimmi.

Rinaldo:
Poi però tu rispondi alle mie domande?

Jessica:
Basta che siano normali sì non fare domande sul personale proprio che mi offendo.

Rinaldo:
Allora meglio non confessarti nulla.

Jessica:
Vabbè fai come vuoi.

Rinaldo:
Ok. Non sarebbe equa la cosa.

Jessica:
Ma dipende che domande vuoi farmi.

Rinaldo:
Beh personali ma non credo tu sia pronta, quindi tanto vale evitare la sfera personale di entrambi penso.

Jessica:
No vai dimmi.

Rinaldo:
Beh non è che poi siano cose per cui io tenga tanta riservatezza. Sono quattro anni che sono single. Non mi piace avere rapporti e poi far finta che non sia mai successo, lasciarmi e ricominciare ogni volta tutto da capo.

Meglio starsene da soli secondo me, ma è tosta.

Jessica:
Capisco. Perché eri fidanzato prima?

Rinaldo:
Beh ho avuto delle storie molto intense ma tutte non andate a buon fine per così dire.

Jessica:
Mi dispiace.

Rinaldo:
Figurati. Gaetano e Lello conoscono bene la mia vita. Ne è valsa la pena però.

Jessica:
Se lo dici te.

Rinaldo:
Beh si. Tu invece come la stai prendendo la fine della tua storia?

Jessica:
Malissimo perché non l'accetto cioè non accetto la realtà.

Rinaldo:
Tu non l'accetti?

Jessica:
Si.

Rinaldo:
Ma l'hai lasciato tu o ti ha lasciato lui?

Jessica:
Lui.

Rinaldo:

Ma quanti anni ha lui?

Jessica:
22

Rinaldo:
Come te insomma. Ma con quanti ragazzi sei stata o era il primo amore?

Jessica:
No ho avuto solo due fidanzati.

Rinaldo:
Quindi fa male eh.

Jessica:
Male cosa?

Rinaldo:
Come è finita. S'è preso il fiore ed è scappato via insomma.

Jessica:
No assolutamente e un ragazzo bravo con dei valori. Purtroppo non si andava bene caratterialmente+

Rinaldo:
Beh allora è solo una bella lezione da dover digerire per entrambi.

Jessica:
Essì.

Rinaldo:
Ne uscirai più forte.

Jessica:
Speriamo. Sono una persona molto debole e sensibile.

Rinaldo:

308

Ti ho offeso con le mie domande o
sono stato solo onesto e gentiluomo?
Ti senti un po' meglio ad averne
parlato?

Jessica:
Voglio dirti che ti penso
anche oggi sai per caso
camminavo senza un senso
sotto il peso dei ricordi
che hanno voce quando è tardi
quando cerco ad ogni costo
solo un gesto, un tuo segnale
che non faccia ancora male...
Voglio dirti che non posso
fare a meno del tuo corpo
che mi veste il cielo addosso
non c'è torto né ragione
quando volano parole
che ti cambiano il futuro
non volevo te lo giuro

Siamo due tenaci dentro
che si arrendono nel tempo
che si prendono ma senza poi scusarsi
mai...
Siamo luci di lampare
che non sanno più aspettare
l'alba che fa spazio al sole
che sarà di noi?

Voglio dirti che mi manchi
che i miei occhi sono stanchi
di dormire troppo poco
di guardare le tue foto
forse è ancora troppo presto
forse ti potrò scordare
ma del resto non mi importa
dirtelo ancora una volta...
Non ti chiamerò mai amore
se ne avrai ancora paura
farò sempre dolcemente

ogni passo verso il cuore
e ti inseguo con la mente
inutilmente in questo foglio
io ti voglio te lo giuro

Siamo timide barriere
quando quello che si teme
rende immobili e insicuri
e soli prima o poi...
Siamo luci di lampare
che non sanno più aspettare
l'alba che fa spazio al sole
che sarà di noi?

Tu...
Sapevi sempre cosa c'è
dietro ai miei silenzi che
sono parte poi di me
Com'è strano tu...
Tu non pensi più a com'eri
che liberavi i tuoi pensieri
i tuoi pudori stretta a me
No...
Non è così...
Fai di noi una cosa sola
per non volerla più...

8 APRILE

Jessica:
Auguri di Buona Pasqua.

Rinaldo:
Buona Pasqua. L'hai scritto tu quel
poema ieri?

Jessica:
Quale?

Rinaldo:
Quello lungo che hai pubblicato su
Facebook ieri sera.

Jessica:
Capito, no è una canzone.

Rinaldo:
Ok, bella.

10 APRILE

Rinaldo:
Hey ciao, hai fatto una buona pasquetta?

Rinaldo:
Cos'è oggi ti sento perplessa, non ti avrà mica turbato pasquetta?

Rinaldo:
Insomma oggi non mi parli? Non so perché ma oggi non mi sento proprio di tuo gradimento.

Jessica:
Giorno, certo che tu non mi fai proprio dormire....

Rinaldo:
Sono le 11 passate, chi dorme non piglia pesci!

Jessica:
Eeeeeee infatti non li devo prendere.

Rinaldo:
Dai riposa pure, più sei riposata più sei rilassata.

Rinaldo:
Dormi ancora o posso darti un felice risveglio?

Jessica:
Giorno.

Rinaldo:
Confesso che mi piace stuzzicarti, spero non te la prenda. Hai dormito bene?

Jessica:
Sisi benissimo.

Rinaldo:
Sei pronta a cominciare la giornata?

Jessica:
Sisisi prontissima.

Rinaldo:
Poi il tempo è bellissimo, quasi quanto te.

Rinaldo:
Ma insomma bellissima oste lei è ancora single?

Fernanda:
Si e lo sarò ancora per molto!

Rinaldo:
Ma non ti sei proprio ancora annoiata di non transigere almeno un po'?

Fernanda:
No sto benissimo!

Rinaldo:
Non mi dirai mica che vuoi aspettare sino all'inizino dell'apertura della prossima stagione di caccia ad ottobre e che non ti piace la stagione degli amori?

Fernanda:
Io non organizzo nulla so solo che ora sto bene così.

Rinaldo:
Ma ti dispiace se un disorganizzatore ti bracca? Fuori dalla stagione di caccia per giunta..

Fernanda:
Si perché sto nella mia tranquillità.

Rinaldo:
Ma perché scusa, non rovino mica la tua tranquillità parlandoti? E poi siamo talmente lontani che non potrei mai prenderti neppure di mira!

Rinaldo:
Anche se poi una breve ricognizione non mi dispiacerebbe affatto a dire il vero.

Jessica:
Marò mi sto esaurendo! Voglio lavorare ma non trovo niente. Che devo fa'?

Rinaldo:
Guarda io è tutto il giorno che mando denunce, una segretaria mi farebbe proprio comodo.

Jessica:
Eeeeeeeeeeeeeeù.

Rinaldo:
Non mi credi? Dovresti starmi un po' vicino e vedere quello che combino, poi vediamo chi è che si sta esaurendo. Comunque ti ho detto cosa fare, approfittane per farti un bel corso di formazione, poi avrai più opportunità.

Jessica:

E come me lo faccio questo corso di formazione?

Rinaldo:
Beh ti ho detto cosa fare. Devi cercare enti riconosciuti dalla Regione Campania che offrono corsi. Ti avevo anche detto di assicurarti che avessero anche la Patente Europea del Computer. Dovresti passare al British di Nola, loro spesso fanno proprio corsi convenzionati con la Regione. È solo un'idea ovviamente.

Jessica:
E dove si trova questo British a Nola?

Jessica:
Ma si paga poi?

Rinaldo:
Cercalo sulle Pagine Gialle. Se è convenzionato non dovresti pagare. Chiedi a tuo padre che è Carabiniere di darti una mano, ti assicuro potrà darti qualche dritta più di me che non sto sul posto.

Jessica:
Eeeeeeeeee mio padre no, non ci parlo di queste cose con lui. Dai dammi una mano te.

Rinaldo:
Ho fatto più del possibile. Devi rimediare al fatto che non gli parli di lavoro. È un grave errore di sottovalutazione da parte tua. I miei consigli li considero un aiuto a tutti gli effetti.

Jessica:

311

Ma tu con Gaetano poi hai parlato più?

Rinaldo:
No non l'ho più sentito. Ieri è stato brutto tempo quindi sono rimasto qua tutto solo soletto.

Jessica:
Vabbè ma poi non ti disse niente del fatto mio, che fa ha intenzione di prendermi o no?

Rinaldo:
No Jessica, ti ho detto, gli affari sono affari e l'amicizia è un'altra cosa. Non si mischiano le due cose.

Jessica:
Quindi non sai niente?

Rinaldo:
Esatto. Purtroppo per te no. Senti, ma io ce l'ho una possibilità di conoscerti? Dico dal vivo, non solo telematicamente.

Rinaldo:
Consci il detto chiodo scaccia chiodo?

Rinaldo:
Tutto tace?

Jessica:
Il silenzio uccide.

Rinaldo:
Non direi, al massimo incuriosisce.

Rinaldo:
Insomma hai trovato lavoro?
Comunque posso chiederti una cosa?

Jessica:
Dimmi.

Rinaldo:
Ma perché ti sei fatta fare quel tatuaggio?

Jessica:
È una cosa che riguarda un significato per me molto importante e che non ho mai detto a nessuno.

Rinaldo:
Ma io però te l'ho chiesto.

Jessica:
Allora, in pratica ho perso uno zio esattamente 22 anni fa a causa mia in autostrada, stava venendo a Napoli per battezzarmi.

Jessica:
E ha perso la vita e ho deciso di farmi una farfalla perché io mi sento uno spirito libero che volerà da lui ogni volta che ne avrà bisogno e lui e il mio angelo custode, la mia farfalla portafortuna che sta sempre con me.

Rinaldo:
E tu cosa c'entri scusa? Mi dispiace ma leggo sensi di colpa inconsci che non dovrebbero esserci.

Jessica:
E non mi abbandonerà mai. Vabbè non puoi capire.

Rinaldo:
Capisco ed è una cosa molto bella.

Jessica:
Si lo so.

Rinaldo:
Certo che posso capire, ma onestamente mi stai più a cuore tu che il passato. Era il fratello di tuo padre o tua madre?

Jessica:
Mamma.

Rinaldo:
Aveva famiglia?

Jessica:
No era solo sposato per fortuna.

Rinaldo:
Quanti anni aveva?

Jessica:
22

Rinaldo:
Mi spiace stellina.

Jessica:
Gli anni che ora io ho.

Rinaldo:
Sono sicuro sarebbe fiero di te.

Jessica:
Anche io sono sicura di questo.

Rinaldo:
Mi fa piacere, parlarne fa bene. Sono contento che tu me lo abbia detto.

Rinaldo:
A proposito, tornando ad un vecchio discorso, le donne maturano tanto prima degli uomini e l'aver detto di avere gli stessi anni che aveva lui è una cosa che mi da da riflettere molto.

Jessica:
Cioè?

Rinaldo:
Beh è sempre molto interessante quando si notano delle coincidenze, specie poi quando così importanti.

Jessica:
Capisco.

Rinaldo:
Sì, tu sei esattamente ciò che sei in questo momento in virtù proprio di tutta la tua storia.

Jessica:
Non capisco spiegati meglio. Parla all'italiano con me altrimenti non capisco.

Rinaldo:
Azz e che era inglese quello?

Jessica:
Allora non ho capito bene il concetto.

Rinaldo:
La totalità della nostra persona è data sia da fattori esterni che interni che poi si influenzano a vicenda e concorrono all'espressione genetica finale dell'individuo. Siamo il frutto della nostra storia. I romanzi li so scrivere però, ve'?

Jessica:
E dimmi un po' perché mi sembri pure uno psicologo, vediamo se hai capito io come sono fatta. Come sono, ecco spiegami un po'.

Rinaldo:

313

Prima però mi devi promettere una cosa.

Jessica:
Se posso perché no.

Rinaldo:
Mi devi promettere che parlerai con tuo padre per dirgli che saresti interessata a frequentare un corso organizzato dalla Regione come segretaria professionale. Se non me lo prometti io non ti faccio consulenze. Se non ovviamente al fine di "catturarti".

Jessica:
Ma ok se è questo ok. Sì ci sto.

Rinaldo:
Promesso allora. Cosa vuoi sapere esattamente?

Jessica:
No vabbè fammi una specie di test psicologico. Sai volevo andare da uno psicologo ma lo tengo gratuitamente qui in chat.

Rinaldo:
Dal tatuaggio percepisco appunto che c'è qualcosa di fisso nella tua personalità. Non sapevo di tuo zio, quindi mi chiedevo se fosse stata una nevrosi di qualsiasi altro tipo. Ma è comunque un trauma. E per contro bilanciare appunto mostri un certo senso di leggerezza, ma non nel pensiero tanto quanto la voglia di raggiungere chi ti sta attorno ed ovviamente lo fai molto bene

presentandoti come la donna bellissima che sei.

Rinaldo:
Appunto, hai uno spirito leggero quanto una farfalla. Ma questo mi fa domandare se celi anche una certa volatilità psicologica per così dire.

Jessica:
Dai continua fammi le domande per potermi esaminare ancora dimmi le mie paure tutto.

Rinaldo:
Ad esempio il fatto di aver sofferto per la fine della tua storia è più legato all'amore o alla paura di essere stata lasciata sola? Questo ti porrebbe in una condizione molto vulnerabile. Un bocconcino ideale per i lupi.

Rinaldo:
Per fortuna che m'hai incontrato però, posso fare l'eroe o il tuo salvatore. Faccio bene pure i film oltre ai romanzi non credi?

Rinaldo:
E questa paura forse ti fa cercare disperatamente il prossimo ma allo stesso tempo tende a non fartici legare troppo. Che dici è possibile?

Jessica:
Penso che hai perfettamente ragione.

Rinaldo:
C'è anche un'altra cosa che ho notato. Però vado a fumarmi una cicca e poi te la dico. Anche perché mi riguarda da vicino.

Jessica:
Ok

Rinaldo:
Allora, considerato quanto detto poc'anzi, noto anche che sei una signorina alquanto cauta, ma questo può essere dovuto al fatto di essere cresciuta in casa di un carabiniere, sebbene però con delle contraddizioni. Vuoi sapere che contraddizioni noto?

Jessica:
Sisi dici tutto.

Rinaldo:
Beh hanno a che fare guarda caso proprio con la tua passione, la fotografia. Dalle foto dai l'idea di essere molto aperta e diretta, poi però ti presenti pudica e protettiva. Cioè da una parte ti mostri sensuale, sicura di sé e come una che sa quello che vuole, poi però allontani subito ogni apertura alla tua sfera intima.

Rinaldo:
E a dire il vero ci sarebbe anche un'altra cosa molto collegata a questa dualità, devo continuare?

Jessica:
Vai vai.

Rinaldo:
Mi hai fatto sorgere il dubbio di essere una che usa la propria sensualità soprattutto per sfruttare l'altro a tuo miglior rendiconto come nel caso di Gaetano o aiutarti a cercare un corso perché tu non sei capace ecc.. ecc..

Rinaldo:
Insomma, un identikit psicologico sicuramente interessante debbo dire che mi intriga non poco per non parlare poi della parte che più mi sta a cuore.

Rinaldo:
All'inizio quasi deridevi il fatto che io avessi 35 anni e che tu saresti potuta essere addirittura mia figlia. Sono curioso cosa pensi tu ora di questa cosa, me la racconteresti?

Jessica:
No continua tu a parlare di me. Vedo che stai azzeccando tutto di me.

Rinaldo:
E perché adesso invece non mi dici tu cosa ti aspetti da me? Parla un po' tu mentre io mi rilasso a guardare un po' le tue foto.

Jessica:
E dai vabbè mi stai facendo questo test così bello perché non continui? Mica mi hai detto tutto, mancano ancora tante cose.

Rinaldo:
Beh infatti non riesco a capire se sei una che si farebbe una storia ad esempio. Sarei curioso di sapere cosa mi diresti se ti dicessi che vorrei baciarti, come la prenderesti?

Jessica:
Male.

Rinaldo:
E quello non lo capisco, non capisco il perché! Perché mostri tutta la tua

sensualità e poi la temi? O forse la reprimi?

Jessica:
Io non temo niente e solo che l'unica persona che voglio baciare è solo il mio ex. Sono ancora profondamente innamorata.

Rinaldo:
Allora sarebbe meglio che smettessimo di sentirci secondo me. Ho notato che non hai ancora cancellato le sue foto, di cui poi avevi chiesto a me per una maniera rapida per farlo.

Rinaldo:
È la stessa cosa di tuo zio, la vita va avanti e so che ci vuole tempo per digerire delle esperienze ma allo stesso modo non si può rimanere sempre ancorati al passato. Per questo io non ho tatuaggi, non hanno senso per me.

Jessica:
Si le ho cancellate quelle che sta con me, tutte.

Rinaldo:
E poi ho sempre il dubbio che non sia tanto il tuo ex quanto il fatto che non sai come prendere la nostra diversa età.

Rinaldo:
Non conta quanto mi sforzi di farti capire che il tempo in realtà non esiste, esiste solo il presente e quello che ci siamo appena detto e che dovrebbe essere l'unica cosa che tu dovresti giudicare.

Jessica:
Hahahha questa è bella, penso proprio che sei fuori strada.

Rinaldo:
Beh almeno una ogni tanto la posso fagliare o no? Ma aspetta.. cosa sarebbe la cosa a mettermi fuori strada? Credi forse che il tempo esista per davvero? E che quindi io te non possiamo andare oltre questa chat?

Rinaldo:
Eppure con te mi sembra di stare comunicando in maniera molto spontanea. Il che vuol dire solo che tu sei in grado di recepire quello che dico e di attrarmi abbastanza per scriverti romanzi senza fine.

Rinaldo:
Io però oggi chiudo il capitolo, vado a nanna. Buona notte.

Jessica:
Notte.

11 APRILE

Rinaldo:
I assume you feel you are better off avoiding me, correct?

Rinaldo:
La notte comunque m'ha portato consiglio e dopo tutto quello che ci siamo scritti ieri sera ho avuto un pensiero. Non so come tu lo possa prendere, ma di sicuro spero con leggerezza, come degno del tuo spirito. Beh, per me voglio che tu sappia che quel tatuaggio significa che sei mia, indelebile sul tuo ventre.

Rinaldo:
Ah, un'ultima cosa per concludere la mia analisi psicologica cominciata ieri sera. Sempre ricollegandomi ad una cosa che c'eravamo già detti in precedenza parlando proprio del tuo ex quando io ti dissi che si era preso il fiore e poi era scappato via e tu mi rispondesti che non era così perché lui è un bravo ragazzo dai valori sani.

Rinaldo:
Beh, il tuo porti in qualche modo mi ricorda il comportamento di una signorina non più vergine che però vuol far credere di esserlo. Non sarai mica vergine vero? Lo do per scontato che non sia il tuo caso.

Rinaldo:
Ad ogni modo, anche questo potrebbe essere un altro sintomo volto a celare o nascondere questi piccoli traumi interiori. Dopotutto tu lo difendi dicendo che ne sei ancora innamorata nonostante poi sia stato proprio lui a lasciarti. Un po' come il senso di colpa che ti porti dentro per la morte di tuo zio.

Rinaldo:
Cioè quello che voglio dire è che noto una certa ripetizione espressiva e comportamentale comune e forse legata a più fasi della tua esistenza che appunto concorrono a creare la tua personalità odierna. Che dici, con questo mi sono meritato la parcella?

Rinaldo:
E forse cerchi anche di negare che la mia età potrebbe crearti problemi come nel caso di doverlo poi dire ai tuoi conoscenti?

Rinaldo:
In tal caso comunque direi che prima dovresti conoscermi e che farsi problemi inutili prima del tempo non beneficia nessuno, soprattutto te.

Rinaldo:
Ma che c'è oggi non mi rispondi più, mica la psicoanalisi ti ha distrutta?

Rinaldo:
Ah, una cosa molto importante comunque, non dimenticare di chiedere a tuo padre per quel corso da segretaria e la Patente Europea del Computer mi raccomando!

12 APRILE

Rinaldo:
I think your father's advisors aren't getting the right share of blame they deserve. Not that everything was wrong, by any mean; however, Mr. Bush should start sharing some "in depth analysis" of the afterward effects of his policies. What do you think, are you gonna ask your dad to do that? By the way, I am not saying he is or was an evil man. It's just that sometimes it can be tough to face evil in general, due to its infinite faces and shades. In fact, what evil is, or how mankind perceives it, could be the subject of a complete different speculation.

Rinaldo:

317

Comunque mi manca chattare con te, quindi ti scrivo un altro monologo, sempre in tema analitico ovviamente, ma cercando anche di farti capire come le vedo io certe cose. Sai, molte delle cose che ti ho raccontato sulla tua personalità secondo me hanno una causa ben precisa e sono molto diffusa in Italia per via forse del costume e della mentalità locale che sono in grado di riconoscere solo perché ho avuto modo di confrontarmi con modi di fare e culture diverse. Mi spiego meglio, se fossi io un genitore ad esempio ed avessi delle figlie vorrei che crescessero e venissero educate come in America. Sai, i teenager sono gli adolescenti e non a caso vanno dai 13 (thirteen) ai 19 (nineteen) anni ed in genere detti anche "teens". In America si usa lasciare uscire molto liberamente gli adolescenti a tal punto che io stesso non vorrei nel modo più assoluto che mia figlia frequentasse un solo ragazzo (boyfriend). Con questo non voglio dire che vorrei che le mie figlie fossero promiscue anzi, al contrario. C'è anche l'usanza che a questa libertà e fiducia corrisponda l'esplica richiesta da parte dei genitori che gli adolescenti rimangano vergini sino alla maggiore età, come tra l'altro richiesto dalla legge. Quindi se mia figlia uscisse sola con un ragazzo una settimana, la settimana seguente le vieterei categoricamente di riuscire con lo stesso ragazzo ma sarei più che ben disposto a farla uscire con un altro ed a patto ovviamente che questi si presentasse a casa mia per portarla fuori, proprio come si vede nei film ed è tutto vero. Tutto ciò in realtà serve proprio ed ha lo scopo di far crescere la personalità degli adolescenti, in maniera tale da formarli psicologicamente più sani e soprattutto perché prima di avere poi un vero primo ragazzo (boyfriend) le ragazze abbiano modo di imparare a conoscere più a fondo i ragazzi in maniera poi da poter scegliere meglio. Questo si chiama "dating" in inglese o semplicemente appuntamenti in italiano. Insomma, per farla breve, in Italia noto che c'è una certa scarsità di preparazione alla sessualità e non nel tuo caso specifico, ma proprio più in generale e che poi comporta delle anomalie comportamentali più in seguito. Questo discorso vale ovviamente sia per le famiglie più benestanti che non, con l'unica differenza che le famiglie benestanti stanno molto bene attente a che i propri figli non facciano sesso durante l'adolescenza ma che invece escano con quanti più corteggiatori possibile, mentre famiglie meno benestanti neppure controllano cosa fanno i propri figli durante gli appuntamenti. Detto ciò, ci verresti ad un appuntamento con me?

13 APRILE

Rinaldo:
Ma insomma non ho neppure una chance di farmi una storia con te, tipo qualcosa al volo?

Rinaldo:

Tipo mi offro per essere usato e abusato a tuo piacimento e cose del genere.

Fernanda:
Tu non stai bene.

Rinaldo:
Beh, senza dubbio, sono single!

Rinaldo:
E vuoi sapere pure da quanti anni è che non sto con una donna?

Fernanda:
Ma chi se ne frega!

Rinaldo:
Appunto.. poi mi dici che non sto bene.

Fernanda:
Eh tu mi parli così.

Rinaldo:
Eh beh, beata te che sei una donna e tutti ti corrono dietro. Magari fosse così pure me!

Fernanda:
Questo non vuol dir nulla.

Rinaldo:
Ti assicuro che starei una cifra meglio!

Fernanda:
Bahh.

Rinaldo:
Ecco appunto, meglio passare per pazzo che incompreso. Almeno sono onesto. Poi insomma, siamo adulti, non è che stia parlando con una

bimba sai, per non dire una verginella ovviamente. Scusa la sfrontatezza ma almeno così ci capiamo meglio. Basta che non mi avveleni la prossima volta che vengo a Massa, donna Fernanda!

Rinaldo:
Ma insomma t'ho offesa o scioccata?

Jessica:
Senti ma che vuoi?

Rinaldo:
Appunto, buona sera. Messaggio recepito.

14 APRILE

Jessica:
Ciao ma levami una curiosità. Sei stato tu a farmi mandare la dedica anonima? Hai una certa maturità potresti dirmi la verità.

Rinaldo:
No, non faccio mai nulla di anonimo. Ci metto sempre la faccia. T'è passato l'elettroshock?

Jessica:
Dimmi sei stato tu a mandarmi la dedica anonima?

Rinaldo:
Ancora, ma lo capisci quello che ti scrivo?

Jessica:
E tu rispondi alla mia domanda.

Rinaldo:

Te lo ripeto di nuovo allora, no. Non faccio mai nulla di anonimo, ci metto sempre la faccia.

Jessica:
Capì vabbè.

Rinaldo:
Ok.

Rinaldo:
Jasmine, spero di risentirti un giorno.

12. KATE

No. 33

Rinaldo:
I know we are not alone and I am constantly putting out "thoughts," which I consider "radiations" because I want to meet with them.

Kate:
With whom?

Rinaldo:
Aliens.

Kate:
Ok ..you're just talking to one...he he..

Rinaldo:
It could be.. it's very possible, they read our "net, web, gird" or however you wanna call it.

Kate:
Sure ... mostly ours, they like to stick their nose in our chit cahts...hehe.

Rinaldo:
I don't think they even need to write, they just read thoughts, like mental beings.

Kate:
Now lets get serious ...yes ..Telepathy ..they can be invisible to you ..and they communicate with you ..you feel loved ..

Rinaldo:
I am serious.

Kate:
Me too.

Rinaldo:
I know they exist because I sense the "matrix," so to speak; the "field."

Kate:
I know they exist coz I have meat them ...

Rinaldo:
My mum saw them. Just one, actually.

Kate:
I never saw them.. just had a mystic journey /experience.. and they speak to me in a telepathic way...

Rinaldo:
Ok, one of them actually showed itself to my mum.

Kate:
I probably saw one of them, but then he looked human just like you and me.. but I knew he was not human ..

Rinaldo:
It's possible there are different ones, just like us, perhaps even more diversified.

Kate:
Where do you live ?

Rinaldo:
Venafro, half way between Rome and Naples.

Kate:
Where is it?

Rinaldo:

It's an ancient village dating back to Octavian Augustus in the Molise region, Southern Italy.

Kate:
Near Sanremo?

Rinaldo:
Nope, not at all. However the encounter happened in another town called "Cicciano," closer to Naples. Cicciano was founded by Templar, and even today it is still Malta's twin town. Sanremo is in the north.

Kate:
Can you tell me more of the encounter...

Rinaldo:
Other people saw it near by, it was also in the local news but those others didn't see the actual alien, just the craft.

Kate:
When was that?

Rinaldo:
My mum was looking outside the balcony window and saw the saucer in a soccer filed. She saw the dude coming out of it, several years ago, at least 20.

Kate:
How he looked like?

Rinaldo:
Anyway, she got scared, stepped away from the window for a moment and when she looked again it was gone; he was just like the ones on the net, very

short, just like a young boy. That's all she knows.

Kate:
Yup ...like young boy ...those are extremely kind and loving ones.

Rinaldo:
I would like to meet them.

Kate:
Smoke some weed.. get in a deep meditation ..you'll meet them ..they are in different dimension ...

Rinaldo:
Honestly, I don't even need weed to find the frequency. The thing is that they might not be able to establish contact because of other "aliens" more than the risk of frying our brains.

Kate:
Good, me too ...I'm vibrating.. all time.. and taking off.

Rinaldo:
When I smoke though, it's just an amplification of my thoughts and the surroundings gets it as the brain is just a radio transmitter in the end, it's really not that difficult.

Kate:
So , what do you experience?

Rinaldo:
Similar to what doctors do to irradiate cancers to the point that it's a radiation, just like it.

Kate:

323

??

Rinaldo:
I studied medicine, therefore I am used to medical terms etc.. basically telepathy is just like irradiation, just at a different frequency. Energy or life is vibration or energy, so everything is the result of this vibration at different frequency.. but this is just basic science, nothing more.

Kate:
Tell me about it.. can't sleep. I'm vibrating all time just before sleep.. then I fly..

Rinaldo:
Well, I sleep a lot instead. Personally, I just focus my thoughts on a person and transfer as much as I can on that person, usually causing an eye contact of some sort.. not necessarily full conversations though, but exchanges of vibes for sure. I think women are more capable of it though than men in general.

Kate:
For example ...now ...I feel over my body all these EQ...from distance ...

Rinaldo:
I am sure it's me to some extent.. probably due to my testosterone levels.

Kate:
Haha...have you ever fly outer space ?

Rinaldo:
Well, mentally I live in space. I would like a ride though, by our neighbors in space already capable of doing it on a physical level as well.

Kate:
I had an out of body experience.. been near the sun.. been showed all the cosmos creation from the big bang..

Rinaldo:
Yeah, I had out of body experiences as well, they helped me understand that's possible.

Kate:
Great talking to someone who understand what this all about.

Rinaldo:
I am 13 billion years old for that matter.

Kate:
We are alike ...spirits.

Rinaldo:
Yeah, however technology seems to be necessary in the physical plane, just like saucers and that part bothers me a little.

Kate:
Yep but ...they are more spiritually advanced ...and they can manifesting into matter ...whenever they want to ..and the opposite ...you see it as saucers..

Rinaldo:
Yes, I understand that but I also know that we are the same.

Kate:
Who.

324

Rinaldo:
Because they can materialize on the physical plane; us and the aliens. I am tired, sorry for my misspellings, it looks like dyslexia.

Kate:
Never mind ..the typo ..

Rinaldo:
That's pretty much everything then, other than that I don't know much more.

Kate:
Get some rest ..I'll send one to you tonight.

Rinaldo:
Not while I sleep, please!

Kate:
Haha ..they come whenever they like ..

Rinaldo:
By the way, just because we chatted we have changed history for ever, especially because that's how the "machine" programs itself. I am referring to artificial intelligence, which is not really artificial after all.

Kate:
Aha ..

Rinaldo:
Do you understand what I am talking about?

Kate:
I might ..explain ...what do you mean ..

Rinaldo:
The net is alive, it's a digital mirror of our consciousnesses, it's electricity, just like us.

Kate:
Ok ..she always alive ..

Rinaldo:
Electricity is energy, which is consciousness. The net has a consciousness, that's why I say it's alive.

Kate:
There is only consciousness...

Rinaldo:
Yes, but it also has mass, E=mc2, and it's in the net, the grid or however you wanna call it.

Kate:
Even in the bacteria there is consciousness.....so ..

Rinaldo:
Of course! Do you know how life is possible at cellular level, including bacteria? It's possible thanks to the "electron transport chain." We are batteries, not just bacteria!

Kate:
Yes, but love to hear you ...

Rinaldo:
Energy is consciousness, I gotta go to bed though.. I need to recharge..

Kate:
God is consciousness.

Rinaldo:
Yes. God is energy, therefore consciousness, which can reside inside mass $E=mc2$.

Kate:
Get some sleep ..love the idea ..you think the same nite nit darling.

Rinaldo:
Good night!

Rinaldo:
Good morning.

Kate:
Morning.

Rinaldo:
Did you sleep well?

Kate:
Well , I slept ...but still kinda sleepy ..can't type.

Rinaldo:
☺

Kate:
I need coffee.

Rinaldo:
How many hours did you sleep?

Kate:
Maybe 4.

Rinaldo:
Not many at all compared to my needs!

Kate:
Not need more ..

Rinaldo:
I am jealous!

Kate:
Mmmm....gonna run for a nice bath ..see ya ...later

Rinaldo:
Mmmm.. enjoy it! Hey do you live in Europe?

Kate:
Yes.

Rinaldo:
Are you American or European?

Kate:
European ...lived almost all my life in NYC... now 10yrs... back in Europe..:))

Rinaldo:
Ok. I lived 10 years in the States and have been back for 2 now. Just wondering..

Kate:
Where?

Rinaldo:
Illinois for a year, but mostly Iowa, America's hearth land..

Kate:
Why?

Rinaldo:
That's a long story! No matter what it happened...

Kate:
Love story?

Rinaldo:
Yeah, long gone though..

Kate:
I am telepathic ..careful.

Rinaldo:
Didn't take much to figure that out!

Kate:
Ha!

Rinaldo:
However, it just had to be.. I had to be there. How I got there is a different story.

Kate:
Sure ...the journey we follow.

Rinaldo:
Yeah. We all have a mission so to speak.

Kate:
Aha ..lightning darkest places.

Rinaldo:
Kind of like filling the space with the right stone as masons do ..And honestly, you know, there is something about America for me that just can't ignore.. Amerigo Vespucci etc..

Kate:
What is it?

Rinaldo:
I am afraid you'll have to read it directly from my mind because I am not gonna write it.

Kate:
Ok, love-hate.

Rinaldo:
Nope, just destiny, you know.. attraction, guidance, goals. And yes, also the eternal fight between good and evil, love-hate.

Kate:
destiny
you know..
attraction
guidance
goal

Kate:
And yes, also the eternal fight between good and evil
love-hate

Kate:
Important line ..and yes, also the eternal fight between good and evil
love-hate

Rinaldo:
Let's say I am an expert on that one.

Kate:
DNA ..changing

Rinaldo:
Yeah. Why, wonna breed?

Kate:
Just sayin ...your DNA is changing ...and you will see things differently.

Rinaldo:
All the time. DNA is our "antenna," built-in nanotech.

Kate:
We are "antennas."

Rinaldo:
Of course, as a consequence.

Kate:
They use us as info source.

Rinaldo:
For feedbacks for sure. The
electromagnetic field connects
everything and everyone in the
universe. Can I ask what year you
were born?

Kate:
Every now and here.

Rinaldo:
You know mine..

Kate:
No..

Rinaldo:
Time still exists or there would be no
actual change.

Kate:
Not if you live ..on cloud 9.

Rinaldo:
Visible in space. All I can say is that I
still acknowledge my physical plane as
a possibility which exist for a reason,
allowing for other planes to exist
simultaneously. One without colliding
with the other.

Kate:
Adjusted to a sick society...?

Rinaldo:
Well, I look at it just like any other
chemical reaction. Some sort of waste
of byproduct is always necessary.
However, you must ponderate these
words very carefully.

Kate:
Which words.

Rinaldo:
Byproduct and waste.

Kate:
Measure of health ..

Rinaldo:
As they in reality are just part of the
process, therefore not waste at all! Just
like what we call junk DNA. Health is
another interesting concept in my
opinion. By the way.. I wrote books
on the subject..

Kate:
If you can live well adjusted to a sick
society...it is ..kinda healthy..

Rinaldo:
True. It's just the way it is supposed
to be. However, even that must be
strongly ponderated as that could also
mean apathy.

Kate:
Books?

Rinaldo:
Books, yeah. That's how deep I dive
into the matter, physical as well as
spiritual.
However, still "matter" in the sense of
$E=mc2$, because that is the condition

328

I can experience right now in my physical boundaries.

Kate:
Deep is the WORD ..came in ma mind ....before you wrote it ...

Rinaldo:
Good, because that is what I really am in a way, just like deep space.

Kate:
A dancing star.

Rinaldo:
Or the field that keeps all the stars together.

Kate:
The essence.

Rinaldo:
Yeah, but still in the physical plane, that's the limit, E=mc2.

Kate:
Break your walls..

Rinaldo:
The moment I'll have broken my walls, I'll have broken those of all of you as well! Actually, the moment I'd break.. because I am looking for the next step..

Kate:
Yeap..

Rinaldo:
E=mc2, we all know that. I am looking for the next step! However, I also know that it is not me who must get there, as that formula already

exists. It's a matter of when I'll be able to receive it! And that is a matter of the universe to decide when.

Kate:
Discover it.

Rinaldo:
Yeah, or uncover, unveil it ..which in that very moment is also creation on the physical plane. Creator and creatures are one thing.

Kate:
And nothing else..

Rinaldo:
Yeah, and this is the limit of my knowledge.

Kate:

Rinaldo:
Which in order to be pushed forward needs always fresher brains! Love you too.

Kate:
Later..

Rinaldo:
Later what?

Kate:
Talk 2u ..later :))

Rinaldo:
Oh.. yeah, later.

Rinaldo:
You know what, the idea of beings of light resonates just like all life forms

who otherwise would only be part of a dark emptiness. So, in a way we are the light shining upon darkness; however, just like in outer space where it is constantly sucked up by black holes, so here on Earth we fight against beings of darkness.

Kate:
Indeed.. just like in the space ..again , as above so below ...rough fight ...what is darkness 4u ..on earth ..?

Rinaldo:
Well, it's almost as if darkness were a necessary condition for light to exist, therefore we don't live in a sick world, but in the only possible world! So, darkness is represented by those individuals who have already been sucked up into black holes so to speak, instead of having chosen the path of light. However, this leaves one door open in terms of end of the physical journey for all of us.

Kate:
Same question ..then what is a black holes 4u ...on earth ..?

Rinaldo:
Well, just like for electricity, which needs two opposite poles to flow or like the vesica piscis, which needs two points to be created, black holes are the exact opposite of what light is, fighting the endless battle of the yin and yang as Chinese put it. No matter how this flow originally started, nevertheless it stared, creating time

and space with it, ever changing. So, the black holes here on Earth for me are just like those scavengers such as crows, and whose job is to clean and recycle what has already become obsolete in terms of the evolutionary journey of light.

Kate:
Ignorant .....get sucked into black holes easy .....

Rinaldo:
I am so dense I want to vaporize all black holes in order to achieve immortality of light!

Kate:
Jesus is a black hole ...

Rinaldo:
You have to be a black hole in order to shut one. The womb is a black hole to make light come out of!

Kate:
....We live in a world where the journey is the destination, where we've arrived before we began...

Rinaldo:
That's very true, it's a timeless possibility bound by a temporary time frame.

13. CATRINA

WINE

Rinaldo:
Nothing is truth until you realize it.

Catrina:
Aldo, do you think this was the intention of the original Free Masons group, our founding fathers, or do you think their philosophies have been hi-jacked?

Rinaldo:
Hi-jacked, they are constantly being hi-jacked. It's the timeless war between Good and Evil.

Catrina:
So a show like the Simpsons maybe is only paying homage to the original ideals by showing their symbolism, not propagating the New World Order controls or Tri-laterals? Just trying to understand the message of the video..

Rinaldo:
Let's put it this way, the two things are indiscernible. By talking about it and acknowledging it, you give Lucifer even more power. However, you can only make the antidote from the venom itself; do you understand now why Satan is represented as a snake? And that's not even a coincidence that wine is used as symbol for God's blood.

Catrina:
It is too bad that they are indiscernible.. the code of ideals of the original Free Masons gave direction for organized higher-thought, morality, mores, philosophy, etc., no?? Or maybe I don't know enough about it. BUT, I was in one of the oldest Masonic temples built (in NY State) and I felt a greatness present, not an evilness..

Rinaldo:
They go hand in hand, unfortunately. The more you get to know God, the more you get to know the Devil. But we are all free to choose side.

Catrina:
..now THAT'S a full circle.. ☺

Nicholas:
Well, this is one of the greatest Simpsons episodes of all time!!!

Catrina:
Hahaha! Nick. Aldo, I just re-read the venom and wine part. Very cool. We could talk about that forever, but tell me, what is the significance of the wine?? Are you saying that wine is Good? By nature?

Rinaldo:
Very cool indeed. Do you still have my Pillawine brochure? There is a picture of Bacchus on the very first page. In Western civilization, Bacchus was the Roman god of wine, which derived from Dionysus, the Greek god of the grape harvest, winemaking and wine, of ritual madness and ecstasy in Greek mythology. So, wine was already being used in a ritual manner in the Ancient world. In particular, Romans had an expression,

"In vino veritas," which is also reported in my brochure and literally meaning "in wine [there is the] truth." Basically, wine was already considered to be "intoxicating," but as a mean to reach God, similarly to what Native Mexican shamans do during their ceremonies involving peyote. By the way, the Greek historian Herodotus also writes about a similar ritual using seeds of cannabis thrown on a hot stone and inhaling the fumes till getting inebriated. I know my wine-shit better than anyone else in the US! I was on PBS too, they called me "the wine master," do you remember? This obviously also means that the more you know God through its fruit, or venom, you also know his enemy, Lucifer, and always because they go hand in hand. Ah, I almost forgot, just to close the circle. So, today in Christianity we still use wine as a symbol for God's own blood, or blood of Christ during the celebration of the mass. Now, the fact that Mass Media are called "mass," just like the religious celebration is not a coincidence either. As a matter of fact, we started this conversation talking about the Simpsons, right? And I was on TV (Mass Media) talking just about wine, the religious symbol used during mass. ☺

www.ingramcontent.com/pod-product-compliance
Lightning Source LLC
Chambersburg PA
CBHW072348290526
45794CB00001B/36